从书籍到报刊
晚清文人的书写转型研究

褚金勇 ◎著

中国社会科学出版社

图书在版编目（CIP）数据

从书籍到报刊：晚清文人的书写转型研究 / 褚金勇著 . —北京：中国社会科学出版社，2021.12
ISBN 978 – 7 – 5203 – 9743 – 8

Ⅰ.①从… Ⅱ.①褚… Ⅲ.①文人—写作—研究—中国—清后期 Ⅳ.①G129 ②H15

中国版本图书馆 CIP 数据核字（2022）第 027164 号

出 版 人	赵剑英	
责任编辑	张　林	
特约编辑	肖春华	
责任校对	李　剑	
责任印制	戴　宽	

出　　版	中国社会科学出版社	
社　　址	北京鼓楼西大街甲 158 号	
邮　　编	100720	
网　　址	http：//www.csspw.cn	
发 行 部	010 – 84083685	
门 市 部	010 – 84029450	
经　　销	新华书店及其他书店	

印刷装订	北京君升印刷有限公司	
版　　次	2021 年 12 月第 1 版	
印　　次	2021 年 12 月第 1 次印刷	

开　　本	710×1000　1/16	
印　　张	18	
插　　页	2	
字　　数	261 千字	
定　　价	99.00 元	

凡购买中国社会科学出版社图书，如有质量问题请与本社营销中心联系调换
电话：010 – 84083683
版权所有　侵权必究

序

　　由博士论文增补和修订而出版的著述往往比较扎实耐看，眼前褚金勇的这本著述就是在当初博士论文的基础上扩充修订而来，内容结实且有深度，思路清晰且缜密。所谓晚清文人的书写转型研究，是对传统书籍媒介书写向现代报刊书写转变的研究，以作者的话来说，"报刊媒介的出现打破了传统书写方式的稳定性，报纸、期刊等新式印刷媒介的出现，为中国社会的变革注入了新鲜的活力，打破了文人文化资本拥有的固有格局。作为一种新型的知识传播方式，迅速崛起的报章写作给晚清文人带来了不同的书写体验。"

　　金勇的研究，虽然起意是着眼于文人书写体验方面的差别，从论著的整体布局看，则是步步深入的，即最初可以看成是新闻史学方面的研究，着重于晚清报刊的创办所带来的信息交流和阅读习惯方面的改变，但是随着研究的开展，就由新闻史转向媒介史，接着就进入社会学和政治学方面的研究。亦即论著是从媒介角度切入后，多方位地描述现代报刊出现后由此而带来的连锁反应。

　　大众媒介的出现，既是社会现代化进程的一个标志，也是现代化得以开启的原因。当然，广义地讲大众媒介并不能仅仅理解为报刊，它还包括大型的交通工具（如火车、轮船、飞机），统一的货币单位，现代金融市场等，它们都是通向现代化的桥梁。但是现代报刊在社会进程中的作用尤其巨大，因为它直接作用于人们的思想观念，在各个方面发挥其巨大的影响力，所以作者以晚清投身报刊的新型文人（即报人）为中心，考察报刊媒介对书写方式与书写观念产生的影响，并由此展开了从文化到经济、政治的多个层面的阐释。论著在"报刊与时间""报刊与空间""报刊与语言""报刊与义利""报刊与功名""报刊与战争""清议、上书与办报""旧识与新知"等八个方面,以对举的方式描述了书籍书写与报刊书写各自的差异以及这些差异背后所带来的观念,欲求和行为方式的转变,即书写转型并不是仅仅在写作和表达的层面发生,而是在相关的一切层面都有了根本的转变。

作为读者,我感兴趣的倒不是论著中宏伟的理论描述,这不仅是因为所运用的这些理论我大致熟悉,还因为金勇在理论方面的周到详尽,已经让人无须赘言,倒是文中引述的某些有趣的细节,值得回味,特别是在这场转型过程中文人心态的微妙变化,对今天颇有映照作用。例如第七章"报刊与功名"写出了一批身在职场,心在科场的报人的"仕途情结",第一个提及的就是中国近代最早开眼看世界的知识分子——王韬,尽管他自称"性不喜帖括",但是年纪轻轻便得中秀才,转年应试不第,"归即焚弃笔砚"而告别科场。然而,他并没有真正断了金榜题名的念头,其时文化人的最高成就就是科举及第,所以王韬一方面嘲笑"同里间诸友,除帖括外无所长,亦无所好",另一方面不得不继续行进在科考取士的路上,金勇仔细查阅《王韬日记》,并告诉我,这位厌恶帖括之术,勇于开拓新路的近代先觉者,在首考落第之后,起码有四次科考的经历。直到因上书太平军之事败露而逃亡香港,才彻底断了科考的念头。王韬曾与一干好友"至黄栌沽饮。酒间抵掌剧谈,各言其志。壬叔言:'今君青先生在此,予绝不干求,待其任满时,请其为予攒资报捐,得一州县官亦足矣。'小异曰:'予则不然。愿赴乡会试,得一关节,侥幸登第;否则至军营效力杀贼得官;否则专折保举,如周睼甫之以奇才异能荐。舍此之途,宁终老风尘耳。'……阆斋曰:'待我得志时,公等之事皆易办也。'予在旁默默微笑而已。"作者在这里说明,小异是指管嗣复,壬叔乃李善兰,均为那个时代的新型文人。他们博学又通西学,翻译了不少科技著述,特别是李善兰,不仅补译了徐光启等所译《几何原本》的后九卷,还翻译了西方的经典力学和天文学等著述,可谓功勋卓著(当然李善兰后经人保荐，钦赐三品衔）。这些在中国近代最优秀的知识分子，尽管在中华民族开民智、兴民德、伸民权等思想启蒙之路上发挥了巨大的影响力，但是却将朝廷的一官半职，作为安身立命之地，凸显了他们在身份认同方面的困境和尴尬。而在旁默默微笑的王韬，也是几个月前参加科考后才返乡的，也许他已从落第的沮丧中解脱出来，能笑对几次三番的挫败。

当然，士人在那个时代复杂的心理变化，不是这部论著的主旨，所以，金勇也没有多费笔墨，但是作为读者，我更关注那个时代文化人特有的处境。没有比这些更能体现出时代大变局中某些难以抗拒的力量和个人的无奈。媒介的转换往往意味着权力和资源的转换，而在这一转换中，文化人处于旋涡的中心，因此也处于矛盾的中心，他们首先承受转换所带来挑战和各方面的压力，难免患得患失。当然报人与报人不同，时代与时代也不同，说到晚清报人，作者自然不可能绕过梁启超，由于他出生的年代晚于王韬近半个世纪，尽管在科考上一帆风顺，年纪轻轻在乡试中表现出色，然而他弃旧学从新知，少年举人拜中年秀才康有为为师，毅然决然告别科考，探索新路。从最初襄助康有为办《万国公报》报，到主笔《时务报》，流浪日本后，又先后主办《清议报》和《新民丛报》，梁启超一人所写下的报章文字可谓汗牛充栋，无人能匹。并且他还开创了报章文体"新民体"，是那个时代最有影响力的报人（没有之一）。用金勇的话来描述，20世纪初，新闻观念由"开官智"的政治改良话语，过渡到"开民智"的现代启蒙话语，梁启超是关键人物。这似乎表明，媒介在历史进程中究竟能起多大的作用，也取决于人的努力。所谓媒介的作用，就是人在历史进程中的作用。某种意义上说，人亦是历史走向的媒介，特别是自觉的文化人。

前文已提及，金勇的整部论著要考察的是晚清报刊媒介对书写方式与书写观念的影响，因此其关注的面不仅宽广，且有相当的理论深度。就我的眼界，在传播学领域内，这类严肃的论著，学理清晰的不少，但是内容生动者并不多，金勇的著述不仅做到了严谨深入，而且行文生动，别开生面，所撷取和呈现的史料颇丰富，值此出版之际，勉为其序，以表祝贺！

蒋原伦

目　　录

绪　论 ·· (1)
　　一　作为问题的"媒介与书写" ······························ (1)
　　二　报刊、书写与晚清文人 ······································ (4)
　　三　资料、方法与研究框架 ···································· (10)

第一章　报刊的兴起：技术革新下的新式传播媒介 ·········· (14)
　第一节　机械印刷与现代出版工业的诞生 ···················· (14)
　　一　技术革命：速度、质量与价格 ···························· (15)
　　二　媒介兴替：技术演进下的报刊 ···························· (18)
　第二节　周期出版与新闻性媒介的生成 ······················· (20)
　　一　周期出版：报刊的出版形式 ······························ (21)
　　二　新闻媒介：报刊文本的时效性 ···························· (22)
　第三节　大众发行与报刊出版工业 ······························ (24)
　　一　小众传播：书籍的流通传播 ······························ (24)
　　二　大众传播：报刊的印制发行 ······························ (27)

第二章　书写的转型：报刊媒介影响下晚清文人的观念变动 ······ (30)
　第一节　媒介与书写：媒介影响下的两种书写模式 ·········· (31)
　　一　书写规范：书籍媒介时代的文人书写 ···················· (32)
　　二　写作新风：报刊媒介时代的报人写作 ···················· (34)
　第二节　书写范式的革命：晚清文人对"报章文体"

的认知 ………………………………………………… (38)
　　一　规范之争：士林群体视野下的报章文体 ……… (38)
　　二　群体分化：文人书写背后的思想道统 ………… (41)
　第三节　书写观念的演变：场域转型视角下文人群体的
　　　　　诸种面相 ……………………………………… (43)
　　一　资本转移：场域规则变动下的文人声望 ……… (44)
　　二　诸种面相：晚清报人观念演进的多维透视 …… (46)

第三章　报刊与时间：从"立言不朽"看晚清报人的书写观念转型 …………………………………… (52)

　第一节　速度化写作：报刊媒介的写作方式 ………… (53)
　　一　周期出版：报人的速度化写作 ………………… (53)
　　二　新闻媒介：报刊书写的有效时间 ……………… (56)
　第二节　立言不朽：书籍时代文人的书写观念 ……… (60)
　　一　立言不朽：古代文人的书写观念 ……………… (60)
　　二　精雕细琢：书籍时代的文章作法 ……………… (62)
　第三节　传世与觉世：晚清文人的书写观念的转变 … (64)
　　一　时空偏向：书籍与报刊的传播向度 …………… (65)
　　二　观念调适：报人如何适应"速朽"写作 ……… (69)

第四章　报刊与空间：从空间化传播看晚清报人的书写观念转型 …………………………………… (74)

　第一节　报刊媒介与空间化的传播网络 ……………… (75)
　　一　阅读革命：报刊引发的"共时"阅读 ………… (75)
　　二　报刊书写：横向传播的"信息共同体" ……… (78)
　第二节　书籍媒介与纵向的传播网络 ………………… (81)
　　一　阅读惯习：书籍时代的"历时"对话 ………… (81)
　　二　传统书写：纵向传承的"知识共同体" ……… (84)
　第三节　社会启蒙：空间化传播中的报刊书写 ……… (86)

一　主持舆论：晚清报人书写的自我追求 …………………… (86)
　二　启蒙大众：改良、革命舆论氛围的建构 ………………… (89)

第五章　报刊与语言：从"文质之辩"看晚清文人的书写观念转型 ………………………………………………………… (92)
第一节　大众发行与报刊语言的通俗化 …………………… (92)
　一　传播召唤："报章宜改用浅说" ………………………… (93)
　二　报刊语言：从"报章体"到白话文 …………………… (97)
第二节　报刊语言与文人传播观念的变革 ………………… (100)
　一　文人雅言：书写的仪式化实践 ………………………… (100)
　二　报刊语言：书写的信息传递观 ………………………… (102)
第三节　语言通俗化与文人的精英意识 …………………… (104)
　一　认同困境：白话书写的文人心理 ……………………… (105)
　二　两种笔墨：报章书写的语言分层 ……………………… (107)

第六章　报刊与义利：从"义利之辩"看晚清报人书写观念的转型 ………………………………………………………… (110)
第一节　传播与获利：晚清文人报刊投稿观念的转变 …… (110)
　一　重传播，轻获利：传统书写的文化"习性" ………… (111)
　二　重谋利，轻传播：现代稿费、版权制度的生成 ……… (115)
第二节　职业与志业：晚清职业报人书写中的观念失衡 … (119)
　一　笔以谋食：报刊催生的职业报人 ……………………… (119)
　二　书以谋志：雇佣报人的心理困境 ……………………… (122)
第三节　谋利与谋义：报刊出版的义利选择 ……………… (124)
　一　报以谋利：现代报业的商业经营 ……………………… (124)
　二　义利选择：报刊经营的多元面孔 ……………………… (126)

第七章　报刊与功名：从科举制度看晚清报人书写观念转型……（131）

第一节　文人末路：科举时代的报业选择与报人形象……（132）
一　"斯文败类"：他人眼中的报人形象……（132）
二　"泰山北斗"：早期报人的自我期许……（136）

第二节　报刊作为一种资源：从边缘到中心的报人……（140）
一　知识的权力：作为知识资源的报刊……（140）
二　报人的声望：作为象征资本的报刊……（142）

第三节　科举改废：晚清社会对报刊书写态度的转变……（145）
一　策论范本：科举改革中的报章地位……（146）
二　栖息之地：科举废除后的文人选择……（151）

第八章　报刊与战争：晚清战事信息视野下文人报刊认同……（155）

第一节　"士林之路"：科举时代的时文写作与偏狭视野……（156）
一　典籍/时文：科举时代文人的读写生活……（156）
二　"虾夷小国"：典籍时代国人的日本认知……（159）

第二节　"民之耳目"：甲午前后的报刊阅读与视野拓展……（161）
一　战事信息：中日甲午海战的报刊记录……（161）
二　视野拓展：报刊阅读时代的国民心态……（165）

第三节　"士之喉舌"：思想意见的报刊表达……（170）
一　舆论竞争：甲午战败外人的话语权力……（170）
二　言论发抒：甲午战后文人的报刊书写……（175）

第九章　清议、上书与办报：晚清文人论政的路径演进……（179）

第一节　清议与上书：古代士林群体的论政传统……（180）
一　清议传统：中国古代的士林议政活动……（180）
二　上书传统：中国古代的民间上书活动……（182）

第二节　上书与办报：晚清新派士人的言政路径……（186）
一　上书实践：体制内的政治建言行为……（186）

二　办报实践：体制外的报刊建言活动 …………………（190）
　第三节　理性与情感：报刊启蒙的两种书写路径 …………（194）
　　一　理性言说：开官智的报章书写方式 ………………（194）
　　二　情感动员：开民智的报章书写方式 ………………（197）

第十章　旧识与新知：晚清文人典范转移中的报刊认同 ………（201）
　第一节　"引经据典"与中国传统士人的言说方式 …………（202）
　　一　宗经传统：古代文人的书写常规 …………………（202）
　　二　典籍引述：晚清文人的传统延续 …………………（205）
　第二节　典范的使用：报刊书写中的思想资源 ……………（206）
　　一　中典与西学：支援性论证 …………………………（207）
　　二　时文与经典：捆绑式批判 …………………………（209）
　第三节　报刊的认同：知识资源转移中的媒介选择 ………（212）
　　一　报章即新知：自觉性的师夷长技 …………………（212）
　　二　典籍即旧识：制度式地全面割弃 …………………（215）

结论与讨论 ………………………………………………………（222）
　　一　走向报刊：书写观念的现代转型 …………………（223）
　　二　心恋传统：传统书写观念的余绪 …………………（224）
　　三　媒介即"尺度"？重审媒介与书写的关系问题 ………（226）

附　录 ……………………………………………………………（229）
　　一　书籍与著述：中国近代文人著述出版的观念
　　　　转型 ……………………………………………………（229）
　　二　报章与启蒙：中国近代报刊"论说"的文体选择 ……（241）
　　三　微博与立言：作家莫言的微博认知与书写认同 ……（252）

主要参考文献 …………………………………………（262）

后　记 ………………………………………………（273）

绪　　论

一　作为问题的"媒介与书写"

加拿大传播学者麦克卢汉曾经提出这样的观点："任何媒介（即人的任何延伸）对个人和社会的任何影响，都是由于新的尺度产生的；我们的任何一种延伸（或曰任何一种新的技术），都要在我们的事务中引进一种新的尺度。"[①] 此言对媒介史研究颇具启示意义。所谓"尺度"，最初指的是物体的尺寸或尺码，后来引申为看待事物或处理事务的一种标准。就本书探讨的"媒介与书写"问题而言，指的是新的媒介形式除了会推动书写方式的转型外，也会引进一种评判"书写价值"的新标准，进而对文人个体观念与社会群体价值产生普遍性的影响。

（一）媒介与书写

置身互联网时代，如从山阴道上行，各类媒介文字体式自相映发，使人应接不暇。我们目睹着鼠标、键盘给人类既有的纸墨书写方式带来巨大冲击，体验着电脑、手机等媒体终端给我们的书写观念带来的深刻变化。因此，我们现在比任何时候更能感受媒介转型对书写的影响，更能够体悟"媒介与书写"问题的重要性。其实，倘若将关口前移，我们会发现"媒介与书写"问题由来已久，它并非始自手机、电

[①] ［加］麦克卢汉：《理解媒介——论人的延伸》，何道宽译，商务印书馆2000年版，第33页。

脑等新媒体终端的出现。遥想数千年来的中国文明，从文字的诞生、造纸术的出现，到雕版印刷术的发明、机械印刷术的引进，每一种媒介技术的革新都会刺激人类知识文化的生产革新，并影响着人类的书写方式和书写观念。媒介技术的历史是一个动态发展的过程，也是一个并立竞存的过程。从历时维度看，人类历史的不同时段有着不同的媒介占据主导地位；从共时维度看，同一个时代存在着不同形态的媒介，但不同的媒介会产生不同的知识生产传播方式。从媒介形态演进的视角审视中国文人书写方式与书写观念的变迁，是一个值得尝试的学术命题。当然，千年以前的媒介变革与文人书写观念的转型，因为历史年代久远，很多史料湮没无闻，只能统而言之，很难准确深入地进行阐述。但晚清报刊媒介兴起对文人书写观念的影响是显而易见的，并且留有大量史料可供钩沉、梳理和剖析，因此是值得研究并且具有研究可行性的。

"书写"对于中国文人来说，其意义非同寻常。在中国古代，唯有文人才有资格接受人文教育，尤其是书写方面的知识，而其社会地位也正是基于这种书写的知识获得的。作为一种实践行为，书写绝非单纯的形式或传达信息的手段，它折射出文人独特的精神结构、思维方式，渗透着文人的知识生产、传播观念。中国古代社会是一个"书籍系统的独占时期"，而且这一时期长达数千年。在历史悠久的书写传承中，文人形成了一种独特的书写方式与书写标准，它通常以某种观念的形式沉淀在他们的意识深处。譬如"立言不朽""重义轻利"等观念。然而，报刊媒介的出现打破了传统书写方式的稳定性，报纸、期刊等新式印刷媒介的出现，为中国社会的变革注入了新鲜的活力，打破了文人文化资本拥有的固有格局。作为一种新型的知识传播方式，迅速崛起的报章写作给晚清文人带来了不同的书写体验。报刊媒介传播的不仅仅是内容，它会改变过去的书籍使用习惯，从传输速度、反应速度到习惯印象等都发生变化，进而影响到文人书写方式，使知识生产传播的观念发生转变。

面对媒介场域的变动，晚清文人有着不同的媒介认知和书写选择，有的投身报刊并逐渐适应了报刊书写的体式规范，有的拒绝报刊媒介并且抨击载于报刊之上的文章书写，有的开始投身报刊，经历种种遭遇之后又告别报刊以回归传统。凡此种种，以知识生产传播为职志的晚清文化精英，在新兴媒介报刊的影响之下，其所秉持的书写观念发生了种种位移、调整与变动。从传统书籍媒介时代的"书写"到现代报刊媒介时代的"书写"，新的媒介形式引进了一套全新的书写评价尺度。面对日益壮大的报刊媒介，晚清文人的书写方式与书写观念遭遇了怎样的冲击，他们自身的文化心理又是如何转型的？这是本书所要探讨的问题。为了使问题更加清晰地呈现，使研究更具有可行性，本书结合媒介史与思想史的研究视角，选择投身报刊的晚清新型知识人的书写活动来展开考察，以期管窥报刊媒介影响下整个文人群体的书写观念转型。

(二)"书写转型"的研究意义

自从文字诞生之后，"媒介与书写"问题就成为文人群体安身立世所面对的重要问题。本书将报刊媒介放在媒介演进历史中，考察新的媒介形式对文人群体书写方式与书写观念的影响。这不但有助于理解古代媒介更替中人类书写方式的转变，更为重要的是对考察当代网络媒介影响下电子书写方式的兴起也有学术参照意义。正如西方学者菲德勒所言："通过回头去看并且仔细地考察传播媒介和文明相互交织在一起的进化路程，我们就能够找到为我们洞察未来提供可贵的模式和原则。"[1]所有新的媒体都是透过旧有的媒体特性演化而来的，如能对旧有媒体特性加以掌握，将有助于我们了解新的媒体，有助于认识今天以及未来媒介变革对人们书写观念的影响。作为知识的生产传播者，中国文人自古就与媒介有着千丝万缕的联系。本书梳理呈现的晚清文人面对报刊媒介种种的行为因应与心理反应，有助于我们把握现代知识分子与传播媒介之间的关系问题。知识分子如何看待媒介，在现代媒介语境下如何自处？如何利用媒介发挥自己的影响力，维护

---

[1] [美]菲德勒：《媒介形态变化：认识新媒介》，明安香译，华夏出版社2000年版。

整个社会和谐、公平与正义。本研究所呈现的晚清文人书写活动，为我们提供了可资借鉴的意义资源，也为理解媒介史与知识分子的精神史之间的关系打开一扇小小的窗口。

二 报刊、书写与晚清文人

本书主要研究报刊媒介兴起对晚清文人书写的影响，是基于前人的学术思考之上的进一步探讨。人类的知识是在不断的积累中前进的，研究也需要在积累中不断推进。晚清距今已经有百余年，与此论题相关的研究也已经有很丰厚的积累。因此在着手展开研究之前，需要梳理前人的研究成果，下面从"报刊媒介""晚清文人""书写观念"三部分对既有研究文献分别进行梳理。

（一）报刊媒介

长期以来，关于晚清报刊的研究都是学界关注的热点领域，来自文学、史学、新闻传播学等多个学科的学者集聚在此领域。当然研究对象大体相似，但不同学科研究的问题取向各有侧重。阅读这些研究文献，大体可以分"晚清媒介的综合性研究""晚清报刊的历史梳理""晚清报刊的个案研究""以晚清报刊作为文本的思想观念、社会舆论的研究"四种研究类型。

1. 晚清媒介的综合性研究。例如王润泽的《中国新闻媒介史（1949年前）》以新闻专业化、本体化的视角考察了晚清民国期间的中国新闻业发展，对晚清民国出现的各种新闻媒介也都进行了系统化的梳理分析。[①] 陈钢的《晚清媒介技术发展与传媒制度变迁》梳理了晚清媒介技术发展对媒体内容生产机制以及传媒法规、经营管理制度等的影响。[②] 桑兵考察了清末民初传播业的民间化进程，以及传播业社会变迁问题，他认为传播业的民间化不但推进了中国政体形式的转变，而且引致整个中国社会结构的连锁反应。[③]

---

① 王润泽：《中国新闻媒介史（1949年前）》，北京大学出版社2011年版。
② 陈钢：《晚清媒介技术发展与传媒制度变迁》，上海交通大学出版社2011年版。
③ 桑兵：《清末民初传播业的民间化与社会变迁》，《中国近代史》1991年第6期。

2. 关于晚清报刊的历史梳理。对中国晚清报刊历史的梳理，已经有丰厚的学术积累。比较有代表性的学者有戈公振、白瑞华、方汉奇、卓南生、陈玉申等。最早出现的报刊史著作是戈公振的《中国报学史》，这本书对中国报刊诞生发展的历史，分专题进行了系统梳理，影响了后来的报刊史写作。① 白瑞华的《中国报纸（1800—1912）》从中国早期的官报——京报着手，主要梳理传统报刊的没落，与现代报刊的兴起。② 方汉奇的《中国近代报刊史》挖掘大量原始史料，对晚清报刊诞生、发展、演进的历史进行了细致入微的梳理，报刊发展中诸种问题也得到了详尽的呈现。③ 卓南生的《中国近代报业发展史》主要对1874年以前出现的中文报刊进行了细致深入的梳理，呈现了此一时段中文报刊诞生、发展、演进的复杂历程。④

3. 晚清报刊的个案研究。徐载平、徐瑞芳的《清末四十年申报史料》通过对《申报》的回顾其实也展现了报刊创刊、出版、经营、管理的诸种细节问题。⑤ 闾小波的《中国早期现代化中的传播媒介》以《时务报》为个案，谈到传播媒介在中国近代社会变革中的作用，并且重点对新型知识分子如何利用媒介参与政治活动进行了深入梳理研究。⑥ 王敏的《苏报案研究》探讨了《苏报》掀起的诉讼案对晚清官民关系造成的影响。⑦ 季家珍（Joan Judge）的《印刷与政治——〈时报〉与晚清中国的改革文化》以晚清上海的《时报》为个案，梳理了晚清中国的改革者如何借助报刊宣传思想，推动宪政改革运动的。⑧

4. 以晚清报刊作为文本探讨思想观念、社会舆论问题。例如任云

---

① 戈公振：《中国报学史》，商务印书馆1927年版。
② 白瑞华的《中国报纸（1800—1912）》，暨南大学出版社2011年版。
③ 方汉奇：《中国近代报刊史》（上下），山西人民出版社1981年版。
④ ［新加坡］卓南生：《中国近代报业发展史1815—1874》（增订版），中国社会科学出版社2002年版。
⑤ 徐载平、徐瑞芳：《清末四十年申报史料》，新华出版社1988年版。
⑥ 闾小波：《中国早期现代化中的传播媒介》，上海三联书店1995年版。
⑦ 王敏：《苏报案研究》，上海人民出版社2010年版。
⑧ ［加拿大］季家珍：《印刷与政治：〈时报〉与晚清中国的改革文化》，王樊一婧译，广西师范大学出版社2015年版。

仙的《清末报刊评论与中国外交观念的近代化》以清末报刊评论为切入点，梳理在报刊评论中的外交思想，探讨各报刊之间外交理念的异同及其与外交实际操作者的观念异同。① 刘兴豪的《报刊舆论与中国近代化进程》通过研究报刊舆论对中国近代化进程中的五个重要发展阶段（鸦片战争前后、洋务运动、维新运动、辛亥革命、新文化运动）产生的社会动力及阻力，揭示了报刊舆论与近代社会变迁的内在联系。② 而王天根的《晚清报刊与维新舆论建构》《清末民初报刊与革命舆论的媒介建构》等系列研究旨在通过晚清民国报刊为思想文本以探讨晚清报刊舆论建构与社会动员等问题。③

（二）晚清文人

晚清时段，是中国知识人从传统文人走向现代知识分子的转型时期。正如学者指出的："从传统社会转型至现代社会，知识阶层已经不是一个单独的阶层，而是不属于任何一个阶层，他们广泛分散于整个社会中各个领域当中。"④ 知识人逐渐脱离了传统的政治依附关系，走向报馆，走向书局，走向学校，追求一种现代化的职业生存方式。关于晚清文人的现代转型方面研究，吸引了文学、史学、哲学、社会学、传播学等诸多学科的学者加入，并且已经有了丰厚的积累。其中比较具有代表性的研究学者有张灏、杨国强、许纪霖、章清等。因为本书所论是以晚清报刊兴起对文人的影响，所以重点梳理关于晚清与报业比较紧密的文人研究成果。关于晚清报业文人的研究主要分为两类。

1. 关于晚清报业文人的个案研究。柯文《在传统与现代性之间——王韬与晚清改革》对王韬和中国近代报刊媒介结合进行了探讨，指出王韬从总体上对中国知识分子利用报刊来参与政治的新的事

---

① 任云仙：《清末报刊评论与中国外交观念近代化》，人民出版社2010年版。
② 刘兴豪：《报刊舆论与中国近代化进程》，光明日报出版社2016年版。
③ 王天根：《晚清报刊与维新舆论建构》，合肥工业大学出版社2008年版；王天根：《清末民初报刊与革命舆论的媒介建构》，合肥工业大学出版社2010年版。
④ ［德］卡尔·曼海姆：《意识形态与乌托邦》，黎明、李书崇译，商务印书馆2005年版，第159—160页。

业模式的形成，起到了推动作用。① 对梁启超新闻思想的研究较有代表性的有张朋园《梁启超与清季革命》中第七章"言论界的骄子——自报章发售数字看梁启超言论的影响"，对梁启超的言论事业及其影响高度肯定。② 赖光临的《梁启超与近代报业》有专章论述梁启超的新闻思想，对梁启超理想中的报业，报馆天职观，以及对思想、言论、出版自由的思想都有分析。③ 廖梅的《汪康年：从民权论到文化保守主义》对《时务报》创办人汪康年进行专门研究，该书通过挖掘史料，对历史上的汪康年进行还原，修正了许多传统的观点，并且充分论述了汪康年的办报思想和书写观念。④

2. 关于晚清报人的综合性研究。程丽红的《清代报人研究》以清代的新闻传播主体——报人为研究对象，将清代报人置于中国近代社会变迁的背景中进行系统梳理与观照，梳理了他们的办报历史与传播观念的转变，探讨了他们如何从传统社会语境中走向现代化。⑤ 王敏的《上海报人社会生活（1872—1949）》对上海报人的工作、收入、衣食住行、社会交往等进行了细致研究，并且对他们在社会生活展开的空间，诸如上海报业与上海租界、上海报业与中国政府的关系也进行了梳理。⑥ 樊亚平《中国新闻从业者职业认同研究（1815—1927）》，探讨了中国记者职业群体的诞生和初步崛起。⑦ 袁新洁的《近现代报刊"文人论政"传统研究》用文献分析法对"文人论政"传统进行了梳理剖析，以王韬、梁启超、邹韬奋、张季鸾、储安平为案例，以"发轫""承启""发展""高峰""尾声"这种线性发展组织勾勒了中

---

① ［美］柯文：《在传统与现代性之间：王韬与晚清改革》，雷颐等译，江苏人民出版社1994年版。
② 张朋园：《梁启超与清季革命》，上海三联书店2013年版。
③ 赖光临：《梁启超与近代报业》，台湾商务印书馆1968年版。
④ 廖梅：《汪康年：从民权论到文化保守主义》，上海古籍出版社2001年版。
⑤ 程丽红：《清代报人研究》，社会科学文献出版社2008年版。
⑥ 王敏：《上海报人社会生活（1872—1949）》，上海辞书出版社2008年版。
⑦ 樊亚平：《中国新闻从业者职业认同研究（1815—1927）》，人民出版社2011年版。

国近代文人论政的发展演进。① 另外，学界关于王韬、梁启超、汪康年、章士钊、胡适、陈独秀、黄远生等人的媒介实践的研究对报人书写转型或多或少也有涉及。对本书最具有启示意义的是台湾学者李仁渊《晚清的新式传播媒体与知识分子》，该书以报刊出版为中心探讨1895—1912年报刊等新式传播媒体从海外到国内、从租界到内地的发展扩散过程，以及新式媒体快速发展与政治、社会、文化之间的互动关系。该论述专门探讨江南人士如何通过新式传播媒体实现转型对本书的报人书写转型研究具有借鉴意义。②

(三) 报刊书写

关于书写方面的研究，人们往往想到文学领域的写作问题。阅读相关论著，文学界的写作研究确实有着非常丰厚的积累。周振甫的《中国文章学史》以散文、骈文与赋三种文体为主要脉络，按时间顺序对中国各个历史时期几乎所有重要文论进行了梳理。上自先秦，下迄晚清，历数各家各派的主要观点，并列举相关作品一一说明。③ 王凯符等人的《中国古代写作学》介绍了中国古代的写作理论，包括原理总论、写作规律论、文体论、风格流派论与作品评论。④ 文学领域的研究，如马睿的《从经学到美学——中国近代文论知识话语的嬗变》、刘再华的《近代经学与文学》都是探讨文人书写如何脱离经学束缚走向现代的。⑤ 这其实也牵涉了报章书写。具体到报章书写的研究，属于新闻传播学领域的研究。研究成果可以分为以下两类。

1. 报刊书写的综合性研究。关于报刊书写的研究有诸多新闻写作类的教材或著作可以参考借鉴，但这种著述多是一种事无巨细的梳理，并且大多是指导现代学习新闻写作的书籍。因此，这里的综述略过教材，主要针对研究性的著述展开梳理。李良荣的《中国报纸文体发展

---

① 袁新洁：《近现代报刊"文人论政"传统研究》，江西人民出版社2009年版。
② 李仁渊《晚清的新式传播媒体与知识分子》，台北稻乡出版社2005年版。
③ 周振甫：《中国文章学史》，江苏教育出版社2006年版。
④ 王凯符等：《中国古代写作学》，中国人民大学出版社1992年版。
⑤ 马睿：《从经学到美学：中国近代文论知识话语的嬗变》，四川民族出版社2002年版；刘再华：《近代经学与文学》，东方出版社2004年版。

概要》是一个综括报纸消息、评论等多种文体的研究，但其对于论说文体虽有涉及，并没有深入挖掘梳理。①唐红波的硕士论文《中国近现代报刊新闻话语模式擅变》，主要梳理了中国近代报刊如何整合传统话语，接受西方报刊话语模式，呈现了新闻话语模式的演进的历史轨迹。②李军的《传媒文化史——一部大众话语表达的变奏曲》则是从宏观层面关注媒介技术变革如何深刻影响人类社会的话语表达方式问题。③

2. 报刊书写的个案性研究。章清的论文《报章文体的是与非——略论晚清中国接纳汉语新词的曲折与影响》梳理了晚清中国接纳汉语新词的曲折与影响。④邱江宁的《现代媒介与文体变革》以王韬报章政论文为例探讨了传播媒介的变革在近代文体演变进程中起过重要作用。王韬的政论文在适应日报这一现代媒介的过程中，为了使其文体走向市场、为大众所接受，形成了纪事述情、平易畅达、切实有用的报章体特点。⑤胡全章的《梁启超"新文体"与20世纪初文界剧变》指出梁启超引欧西文思入中国文，打倒了桐城古文在文坛的统治地位，极大地解放了散文文体，在近代文体演变进程中起过重要作用。⑥

以上研究从不同角度拓展了晚清报人与报刊书写的研究视野。这些研究无论是问题意识还是资料收集方面均为本论提供了坚实的基础。这些研究要么侧重于近代报刊言论对思想传播、舆论建构的影响，要么侧重于报刊对晚清文人生活方式、职业观念的影响。而对于晚清时期从书籍到报刊之媒介转型中文人书写观念的转型问题却缺少专门深入的研究，这也为本书留下了思考开掘的空间。

---

① 李良荣：《中国报纸文体发展概要》，福建人民出版社2002年版。
② 唐红波：《中国近现代报刊新闻话语模式擅变》，硕士学位论文，湖南大学，2007年。
③ 李军：《传媒文化史——一部大众话语表达的变奏曲》，北京大学出版社2012年版。
④ 章清：《报章文体的是与非——略论晚清中国接纳汉语新词的曲折与影响》，《东亚文化交涉研究》别册第8号。
⑤ 邱江宁：《现代媒介与文体变革》，《南京师大学报》（社会科学版）2010年第4期。
⑥ 胡全章：《梁启超"新文体"与20世纪初文界剧变》，《江西社会科学》2013年第9期。

三　资料、方法与研究框架

（一）资料收集

本书探讨报刊媒介对晚清报人书写观念的影响，属于传播学与思想史的交叉研究。对于逝去的中国晚清文人的书写观念变动，我们如何进行钩沉、研究呢？当然需要借助大量的原始文献资料。晚清的各种报刊文献保留着古代文人书写活动的资料，而晚清文人诸多的日记、书信等资料也记录着书写者的知识、思想和心理。这些资料文献都是本书探讨晚清文人书写观念转型的重要文献支撑。依据资料类型，本书的资料主要取自以下四个方面。

1. 晚清的诸种报刊史料。如《察世俗每月统记传》《东西洋考每月统记传》《万国公报》《申报》《新闻报》《时务报》《知新报》《湘学报》《国闻报》《清议报》《新民丛报》《民报》《时报》《大公报》《东方杂志》《中国白话报》《安徽俗话报》。

2. 晚清文人文集、年谱、日记、书信、传记。文集如王韬的《弢园文录外编》、郑观应的《救时揭要》、梁启超的《饮冰室合集》；年谱、日记、书信如丁文江、赵丰田编的《梁任公年谱长编（初稿）》、王韬的《弢园尺牍》、刘大鹏的《退想斋日记》、孙宝瑄的《忘山庐日记》、汪康年收藏的《汪康年师友书札》。

3. 报人回忆资料以及新闻史资料。报人回忆资料如包天笑的《钏影楼回忆录》、孙家振的《退醒庐笔记》、马礼逊夫人编的《马礼逊回忆录》；新闻史资料如姚公鹤的《上海闲话》《上海报业小史》、戈公振的《中国报学史》、林语堂的《中国新闻舆论史》等。

4. 晚清报刊资料集。如中国人民大学新闻系编的《中国近代报刊史资料》、复旦大学新闻系编的《中国新闻史文集》；张静庐辑注《中国近代出版史料》初、二编，《中国现代出版史料》甲、乙、丙、丁编、补编两本；张枬、王忍之编的《辛亥革命前十年间时论选集》五册。

（二）研究方法

1. 文献分析法。本书通过对晚清报刊文献资料的收集整理，对相关人物的文集、日记、书信、年谱进行广泛涉猎，力求引证确凿，论从史出。同时也重视参考已有的研究成果。

2. 比较法。因为论题牵涉报刊媒介出现前后文人书写观念的转变，因此比较法是需要采用的。需要比较传统的文章书写观念与报章时代的书写观念，传统的书籍生产、流通与报章的生产、传播。只有了解中国传统的书写观念与书写规范，才能准确把握报刊媒介对文人书写观念的影响。

3. 整体研究与个案相结合。以晚清中国媒介转型为背景，通过梳理晚清文人对报刊的认知态度和书写心理变化，勾勒出规律性、普遍性的问题，并对这些问题进行理论上的分析和概括。当然对规律性、普遍性问题的探讨提升需要建立在个案研究的基础上。在对王韬、梁启超等人物个案的研究中，更能深入历史现场感，达到分析的深度。

（三）研究框架

"书写"是中国文人两千多年来最大的实践活动。中国历代文人就是通过"书写"进行知识的生产传播，并践行自身的价值意义的。在晚清社会，以书籍占主导的传统媒介场域遭到机械印刷术和报刊媒介的冲击，逐渐进入以报刊媒介占主导的现代知识场域。从书籍媒介场域到报刊媒介场域，投身报业的文人书写始终伴随着一种深深的困境意识。这种困境意识表现为，在顺应报章书写需求、面向大众书写的同时，又留恋传统的文章书写模式，甚至反抗、批评大众化的书写观念。本书结合媒介史与思想史的理论展开研究，当然不是遵循某种理论学说去评判两种知识生产传播方式的高低优劣，而是要理解这个转型自身的特性，进而思考书写转型之于中国文人的价值意义。本书从十个部分展开讨论。

第一部分，探讨晚清时期机械印刷技术的引进如何催生了全新的报刊媒介。本部分从机械印刷、周期出版、大众传播等角度，分别阐述从传统书籍、朝堂邸报到现代报刊媒介的转型问题。

第二部分，报刊媒介催生了报章文体。晚清文人面对报刊媒介，有的不断自我调整适应报刊书写方式；有的拒绝并批判报刊书写，文人群体逐渐分化。

第三部分，探讨报刊时代的速度化写作与传统"立言不朽"观念的变迁。传统的书籍注重流传久远，文人注重"立言不朽"。而周期出版的报刊，促成了不断推陈出新的新闻媒介，处于持续不断地生产与更新之中，折旧率很高，报刊文本很多时候是阅完即弃的。这样的变动，使得文人如何适应报章，从传统的立言传世，到立言觉世，已经偏向借助立言而"立功"的层面上来。

第四部分，探讨空间化传播书写与阅读，报章知识场域的互动问题，与时空观念的建构。从前的报刊写作时代圣人立言。文人通过圣贤的书写阅读建构了一个纵向传承的知识共同体。而报刊时代的写作面向大众。大众的报刊重视横向的空间传播，造就了信息的共同体，从而能够形成一种公共舆论。而晚清文人面对这种阅读的变化，也逐渐走向公众，其写作从原来的为政治而写作，转向为大众而写作。

第五部分，探讨报刊语言的变化，以及对书写语言"传递观"与"仪式观"的差异问题。传统的书写材料与传播模式，导致了古雅文言的形成。而侧重于"大众传播"的报刊不再追求文言的内蕴，认为语言不过表情达意、传递信息的工具。此中，晚清文人既清醒看到了报刊语言通俗化的诉求，并极力去实践语言的通俗化。同时内心的精英意识又时时浮现，影响着自我的报章表达。

第六部分，探讨报刊书写影响下的义利观的转变问题。从以传统书籍占主导的媒介场域到现代报刊占主导的媒介场域，新型书写职业出现，使得文人传统的义利观念悄然转型。传统文人书写材料匮乏，人们注重文本的传播，并不注重靠书写谋利。但报刊媒介出现之后，催生了自由投稿人和职业报人，他们专事写作谋生。且稿费制度和版权制度的出现，使得文人们接受了书写作为一种知识劳动，需要支付报酬的规则，这也导致了不再单纯重视传播，且珍视自我书写成果的现象。

第七部分，探讨报刊书写与政治功名。在古代中国，唯有精通文献与书写的人，才被认为是够资格出仕从政。报刊初兴时期，社会不知报章为何物，皆嗤之以鼻，目为邪路。但随着重虚文的科举考试日渐衰落，投身报刊的文人书写开始以新知谋得社会认可。而科举制度废除之后，人们对于报章写作态度大变，不再将其看作落拓文人的选择，而是一个现代职业选择。这些投身报刊的新型文人也从传统社会的边缘，逐渐走向并成为近代社会的中心，日益成为一支独立的力量活跃在中国的知识界。

第八部分，从"报刊与战争"的角度梳理甲午中日战争对于晚清文人报刊认知的冲击。置身帝国列强频繁入侵中国的晚清时代，晚清文人认识到，报刊不但具有获取信息、开拓视野的"耳目"功能，而且还有表达观点、启蒙民众的"喉舌"功能。

第九部分，围绕晚清文人清议、上书、办报三种意见表达的行为展开讨论。中国古代有清议与上书两种言论渠道。晚清又多了办报渠道。上书是古代文人经常使用的言论渠道，能够直接进入统治阶级视野，可能直接促进政策变革；办报是上书之外的言论渠道，尽管上书有"开民智"与"开官智"的区别，但相对而言办报类似于清议，又不同于清议，它借助社会舆论的方式影响受众，倒逼社会改革。

第十部分，探讨从书籍到报刊的媒介转型对晚清文人知识体系的影响。在晚清逐渐生成了"报刊即新知""书籍即旧识"的认识，晚清文人从书籍到报刊的媒介转移，同时知识资源逐渐从中学转向西学，也完成了媒介认同的转型。

第一章

报刊的兴起：技术革新下的新式传播媒介

> 报纸者，报告新闻，刊载评论，定期为公众发行者也。
>
> ——戈公振[①]

梳理中国媒介形态的历史演进，从先秦到晚清两千多年的时间都算是书籍媒介形式占主导的媒介时代。尽管此间书籍的材料、载体和复制方式经历了从"书于竹帛"到"书于纸张"、从"手工誊抄"到"雕版印刷"的书写复制技术的革新，但直到机械印刷技术的引进、报刊媒介形式的诞生，中国知识文本的生产传播方式才发生了根本性的转变。探寻晚清媒介演进的历史轨迹，报刊媒介之所以取代书籍的主导地位，进而改变中国传统的知识传播方式，乃是因为报刊媒介具有"机械印刷""周期出版""大众发行"等新的特点。本章拟就报刊媒介的这三个特点分别展开讨论，分析从书籍媒介到报刊媒介中国知识传播方式的革命转型问题。

第一节 机械印刷与现代出版工业的诞生

谈到中国现代出版工业的诞生发展，人们自然会追踪到作为中国

[①] 戈公振：《中国报学史》，上海古籍出版社2003年版，第8页。

古代四大发明之一的印刷术。但有必要指出的是，引致中国知识传播方式转型的晚清印刷技术并不是从中国古代印刷技术直接发展而来的，而是中国打开国门之后西方印刷技术的舶来品。众所周知，中国尽管在宋代便发明了活字印刷术，但是囿于各种原因在后来并没有得到推广应用；而15世纪欧洲古登堡等人改进的机器印刷技术使书籍的大量复制成为可能，对欧洲社会从中世纪向近代转换起到了重要作用，因而被称为"印刷革命"。[①] 晚清之季，这种机器印刷技术传入中国之后被称为西式印刷或新式印刷，以表示与中国传统印刷术的区别，又因这种新式印刷使用了金属活字、活版拼版，并运用机器带动运转，故又被称为铅字印刷、活版印刷或机械印刷。

一 技术革命：速度、质量与价格

当历史的车轮行驶到1805年，英国伦敦布道会选派基督教传教士马礼逊来中国传教。马氏来到中国后为完成其传教任务，很快便开始着手创制中国汉字字模，为翻译、刻印中文版《圣经》做准备。但是因为清朝政府发布了严格的传教禁令，马礼逊在中国的传教之路并不顺利，就连帮助传教士刻字的中国工人也唯恐招来杀身之祸，遂将所刻字模焚烧殆尽。尽管刻印中文版《圣经》以失败告终，但这代表着用西方铅活字印刷术制作、浇铸汉字的开始。因此，出版界一般将它作为中国近代印刷术的开始。自此之后，伴随中国大门被迫打开以面向世界，石印、铅印、凸版、平版、凹版等各种新型印刷技术也陆续传入中国。西方传教士、商人和中国的先进人士得机械印刷技术之先机，在中国通商口岸城市建立了许多书局、报馆等新型印刷机构，最终推动了中国现代出版工业的诞生。[②] 可以说，西式机械印刷技术的引进，在中国知识传播史上是一个重大技术革新，推动了中国知识生

---

① 参见［美］伊丽莎白·爱森斯坦《作为变革动因的印刷机：早期近代欧洲的传播与文化变革》，何道宽译，北京大学出版社2010年版。

② 参见［美］芮哲非《古登堡在上海：中国印刷资本业的发展（1876—1937）》，张志强等译，商务印书馆2014年版。

产传播模式的转型。相较传统的印刷技术，晚清引进的西式机械印刷技术主要有三大优点。

（一）印刷速度较快

相对于传统印制书籍技术，新兴起的机械印刷速度非常快。最早的报人代表王韬曾经如此描述机械印刷机器的生产状况："以印书车床，长一丈数尺，广三尺许，旁置有齿重轮二，一旁以二人司理印事，……两面受印，甚简而速，一日可印四万余张。"①"日印四万张"的印制速度在传统手抄书阶段、雕版印刷阶段都是不可想象的。中国古代手抄复制书籍每天只能抄几十张，而雕版印刷书籍每天也只能印制几百张。由此机械印刷技术也引起国内很多士人惊奇，并多有赞誉："车翻墨海转轮圆，百种奇编字内传。忙杀老牛浑未解，不耕禾陇种书田。"②诗中描述的是使用牛力牵引带动印刷机工作，在这种机械印刷技术的加持下，书籍印刷速度已经明显加快，后来改用蒸汽机车带动印刷设备，印刷速度更是成倍提升，这也为报刊媒介大批量的印制准备了技术条件。

（二）印刷字迹逼真

相较传统的雕版印刷，西方印刷机印刷不但速度快，而且印制字迹也更加清晰。晚清士人黄式权曾经如此描述机械印刷文本质量："石印书籍，用西国石板，磨平如镜，以电镜映像之法，摄字迹于石上，然后傅以胶水，刷以油墨，千百万页之书不难竟日而就，细若牛毛，明如犀角。"1879年7月27日《申报》上署名"点石斋主人美查启"的《点石斋印售书籍图画碑帖楹联价目》，描述了新式石印机器："本斋于去年在泰西购得新式石印机器一付，照印各种书画，皆能与元本不爽锱铢，且神采更觉焕发。至照成缩本，尤极精工，舟车携带者既无累坠之虞，且行列井然，不费目力，诚天地间有数之奇事也。"③后来吴友如绘制的《申江胜景图》由点石斋付印出版，其中配诗曰："古时经文皆勒石，孟蜀始以木版易；兹乃翻新更出奇，又从

---

① 王韬：《弢园文新编》，生活·读书·新知三联书店1998年版，第352页。
② 王韬：《瀛壖杂志》，上海古籍出版社1989年版，第118—119页。
③ 美查：《点石斋印售书籍图画碑帖楹联价目》，《申报》1879年7月27日。

石上创新格；不用切磋与琢磨，不用雕镂与刻画，赤文青简顷刻成，神工鬼斧泯无迹。机轧轧，石粼粼，搜罗简策付贞珉点石成金何足算，将以嘉惠百千万亿之后人。"① 时人曾经赋诗赞颂石印技术的清晰之效："石印年来更出尘，古今书画恍疑真。朵云有正皆陈列，争看前人手笔新。"②"蝇头细字看分明，万卷图书立印成。若使始皇今复出，欲烧顽石亦经营。"③ 1887年2月5日《申报》上刊有署名"委宛书佣"的《秘探石室》，述及点石斋石印书局对于晚清出版业的贡献："石印书籍肇自泰西，自英商美查就沪上开点石斋，见者悉惊奇赞叹。既而宁、粤各商仿效其法，争相开设。而所印各书，无不钩心斗角，各炫所长，大都字迹虽细若蚕丝，无不明同犀理。其装潢之古雅，校对之精良，更不待言。诚书城之奇观，文林之盛事也。"④

（三）印刷价格降低

机械印刷速度非常快，批量化的报刊印制促使纸张生产价格大幅降低，由此也使得报刊的印刷成本呈下降趋势。印刷成本的降低进而使得报纸售价降低，让报刊适于社会中下层阅读购买。《申报》初创时的价格零卖是八文钱一份，批发是六文钱一份，与欧美所谓的"廉价报纸"相仿。《申报》曾经刊登《本馆自叙》就报刊价廉之法进行描述："窃思新闻纸一事欲其行之广远，必先求其法之简、价之廉，而后买者以其偿无多，定必争先快睹。"⑤ 再以点石斋为例，自从使用了石印机器，石印图像时之"与原本不爽锱铢，且神态更觉焕发"。此前印刷图画镂以铜版，费用甚高，采用石印以后，价格降低很多。正如戈公振所言："我国报纸之有图画，其初纯为历象、生物、汽机、风景之类，镂以铜版，其费至巨。石印既行，始有绘画时事者，如

---

① 吴友如绘制：《申江胜景图》，上海点石斋1884年。
② 朱文炳：《海上光复竹枝词》，顾炳权编：《上海洋场竹枝词》，上海书店出版社2001年版，第240页。
③ 辰桥：《申江百咏》，顾炳权编：《上海洋场竹枝词》，上海书店出版社2001年版，第82页。
④ 委宛书佣：《秘探石室》，《申报》1887年2月5日。
⑤ 徐载平、徐瑞芳编著：《清末四十年申报史料》，新华出版社1988年版，第89页。

《点石斋画报》《飞影阁画报》《书画谱报》等是。"① 新闻讲求时效，也讲求廉价，作为报纸，画报需要对于发生的"新奇且富有传播价值之事"迅速反映、大量印刷，没有印画的效率，无法保证时效；没有低廉的价格，没办法大量印刷售卖以保证成本回流。可以说，石印技术让画报在中国推广开来。

二 媒介兴替：技术演进下的报刊

机械印刷技术的引进，为报刊媒介的诞生发展提供了条件。在报刊史家戈公振为"报纸"列举的构成要素中，"机械的复制"排在第三条，可见其对机械印刷与报刊出版关系的高度认识。但后来他在报刊的简短定义将其去掉："报纸者，报告新闻、刊载评论、定期为公众发行者也。"他的解释是"以报纸为机械的复制（印刷），此点太拘泥于外观，乃法律上之见解。观于近今科学之进步，则将来未必如此，故殊无意识"。② 现在看来，戈公振具有先见之明，很早就能预料到报刊可能发展到不用付诸印刷。但就晚清来看，报刊是机械印刷毫无疑问，并且机械印刷是导致报刊出现的重要因素。德国社会学家马克斯·韦伯所曾经说："印刷术是中国早就有的；但是，只是为了付印而且通过付印才成其为作品的那种印刷品（尤其是报纸和期刊），却只是在西方才得以问世。"③

机械印刷技术是活字印刷术基础上的革新与改进。中国自北宋就发明了活字印刷术，但一直没有推广开来，更没有促生现代报刊媒介。西方传教士在中国办报刊，对中国民众的报刊认知了解甚多，曾经感叹中国为什么不重视新闻："虽然他们在很早就拥有可活字印刷的技

---

① 戈公振：《中国报学史》，中国新闻出版社1985年版，第202页。
② 戈公振列举的报纸构成要素为：（1）报纸为公众而刊行。（2）报纸发行有定期。（3）报纸为机械的复制（即印刷）。（4）报纸报告新闻。（5）报纸揭载评论。（6）报纸之内容乃一般的。（7）报纸之内容以时事为主。（8）报纸之内容乃及于多方面的。参见戈公振《中国报学史》，上海书店出版社2013年版，第7页。
③ ［德］韦伯：《新教伦理与资本主义精神》，于晓、陈维刚等译，生活·读书·新知三联书店1987年版，第6页。

术,但不像其他国家那样重视新闻在社会生活中发挥的作用。"① 为什么中国早早发明了活字印刷术,但是在中国没有普及运用呢?其实这与新闻报刊的出现有着密切关系。这要从雕版印刷与活字印刷各自的利弊说起。在探讨中国活字印刷术为什么没有兴盛起来的问题上,学者们提出了很多原因。譬如,汉字数量庞大,活字制版比较烦琐;雕版印刷保留个性化的艺术元素,而活字印刷走向一种工整的印制。其实,最重要一点是活字印刷印数少时单价很高;印数多时单价才会降低,但超过需要的印刷文本如何处置、印刷费用如何收回都是问题。雕版印刷技术下的书籍生产工业,往往是一部书的刻板雕好之后留待读者随时来刷印。可以说,雕版是要一本印刷一本,要多本印刷多本,因此没有搁置的存货,也不会搁置资金。而活字是需要周转的,当一个文字图版排好后就要马上交付印刷,印完后马上拆版,其版上活字字模马上供排另一本书籍使用。因此活字印刷要求书籍批量印刷,就有存货,搁置资金,就得面临书籍的售卖经营问题。出版因为铅活字等新方法的应用,使出版和发行的方式发生了变化。依据传教士米怜的记载:"制作一整套优质书版的费用,我想至少是 50 磅。它包括 86000 个字。如果再加上标点和标题,就要达到 90000 个字。用我们所拥有的劣质活字来印刷,我想费用会达到 4 倍以上。因为,正如你将看到的,有 3 种大小不同的字,因而需要 3 种大小不同的字体。这肯定会非常贵。按照中国人的方法,大小不同的字都被刻在同一块木板上,用的是同一个工匠,难易程度相同,价格也大致相同。根据当时的情形和我们对这一问题的观点,我们确实完全相信中国的印刷方式对于他们的语言来说是最为适宜的,也最适合于我们所要达到的目的。"②

可见,就中国当时的情形来看,选择雕版印刷而不选择活字印刷有其客观原因。曾在制造局翻译馆任过"译员"的傅兰雅认为这是因为有中国传统的雕版印刷可以利用,而中国的木版远优于西式活版。

---

① 郑曦原编:《帝国的回忆——〈纽约时报〉》,当代中国出版社 2007 年版,第 23 页。
② 转引自[美]周绍明《书籍的社会史——中华帝国晚期的书籍与士人文化》,何朝辉译,北京大学出版社 2009 年版,第 20 页。

他如是阐释:"刻一木板,较排活板所贵有限,且木板已成,则每次刷印,随意多寡,即只一部亦可。……若照西法以活板印书,则一次必多印之,始可拆板;设所印者年深变旧,或文产错讹,则成废纸而归无用。惟中国法则不然,不须巨资多印存储;若板有错字,亦易更改;而西法已印成书,则无法能更改也。"①

自从古登堡机械印刷术传入中国以来,中国印刷文本的材质、内容、语言以及阅读方式都开始悄然发生变化。机械印刷技术能够在短时间之内完成大批量的文本印刷,为现代报刊的批量印刷和大众发行提供了技术条件。被称为"中国记者之父"的王韬也曾有过相关记述:"以铁制印书车床,长一丈数尺,宽三尺,两边有很沉重的大齿轮带动机轴,以老牛为动力……每转一过,则两面皆印,简便高速,一天能印刷四万页纸。"② 当然印刷机器也在不断技术更新之中,而且也有石印、铅印之分。戈公振在《中国报学史》中有如是描述:"咸同间,始多铅印,但印机简陋,每小时只印一二百张小纸;光宣间,石印机与铅印机输入日多,报纸每日可出数千大张,然所用犹普通之印书机也。近来报纸销数大增,为缩短时间计,乃不得不用印报轮转机,每小时可印四大张者万份。"③ 从王韬笔下的"一天能印刷四万页纸"到戈公振笔下的"每小时可印四大张者万份",印刷技术不断推陈出新,效率也不断提高。机械印刷生产技术在中国的推广应用,不但使印刷物品种增加,催生了阅读携带方便的报刊,也使得印刷文本的生产成本大大降低,让报刊印刷文本真正做到了价廉物美,使普罗大众也能够买得起、读得起。

第二节 周期出版与新闻性媒介的生成

在报刊媒介出现之前,书籍等媒介形式的生产传播都是以非定期

---

① 张静庐编:《中国近代出版史料初编》,上海书店 2003 年影印本,第 18—19 页。
② 王韬:《瀛濡杂志》,上海古籍出版社 1989 年版,第 118—119 页。
③ 戈公振:《中国报学史》,上海书店出版社 2013 年版,第 316—317 页。

的方式发行于世。作为历史最悠久的媒介形式，书籍媒介的载体材料经过了甲骨、陶器、玉器、石、竹简、缣帛及纸张等各种不同形态。无论是源于印刷技术的滞后还是媒介形式的内在要求，书籍都只能采取一种不定期出版发行的形式，而报刊的生产传播则打破了书籍媒介的固有传统，开启了"周期出版"的印刷文本形式，由此也催生了以刊载"时事信息"为内容的新闻性媒介。

一 周期出版：报刊的出版形式

漫长的中国媒介历史，尽管有书于竹帛、镂于金石、琢于盘盂、印于纸张的书写材料变迁，但大体都可算作以书籍媒介为主导的时代。直到1833年，中国本土方才出现第一种现代报刊，名曰《东西洋考每月统记传》。该刊乃洋人郭士立所办，以传播宗教知识为主导，同时在东西文化交流方面有着重要的地位。这份在中国新闻出版史占据重要位置的报刊在1833年12月刊载了一篇名曰《新闻纸略论》的文章，专门阐述了现代报刊"周期出版"的体例形式："在西方各国有最奇之事，乃系新闻纸篇也。……其新闻纸有每日出一次的，有二日出一次的，有七日出二次的，亦有七日或半月或一月出一次不等的，最多者乃每日出一次的……"[①] 在文章中，作者将现代报刊与古代邸报相比较，道出了现代报刊"周期出版"的重要特点。

与报刊等周期性出版的印刷品相较，书籍是不定期出版发行的媒介形式。当"周期出版"的报刊在中国本土诞生之后，各种时间周期

---

① 详文如下："在西方各国有最奇之事，乃系新闻纸篇也。此样书纸乃先三百年初出于义打里亚国（意大利），因每张的价是小铜钱一文，小钱一文西方语说'加西打'，故以新闻纸名为'加西打'，即因此意也。后各国照样成此篇纸，致今到处都有之甚多也。唯初系官府自出示之，而国内所有不吉等事不肯引入，之后则各国人人自可告官而能得准印新闻纸，但间有要先送官看各张所载何意，不准理论百官之政事，又有的不须如此各可随自意诸事，但不犯律法之事也。其新闻纸有每日出一次的，有二日出一次的，有七日出二次的，亦有七日或半月或一月出一次不等的，最多者乃每日出一次的……其每月一次出者，亦有非纪新闻之事，乃论博学之文。于道光七年，在英吉利国核计有此书籍共四百八十多种，在米利坚国有八百余种，在法兰西国有四百九十种也。此三国为至多，而其理论各事更为随意，于例无禁，然别国亦不少也。"《新闻篇略论》，《东西洋考每月统记传》，1833年12月。

的报刊在中国陆续出现，逐渐呈现遍地开花的繁荣景象。梁启超在叙述报刊演进时如是描述："其出报也，或季报，或月报，或半月报，或旬报，或七日报，或五日报，或三日报，或两日报，或每日报，或半日报。"① 这些具有周期出版的报刊形式在晚清几乎都有引进，例如日报有《循环日报》《申报》等，旬报有《时务报》等，半月报有《新民丛报》等。尽管这些报刊出版有时也会出现延期，但是都有着清晰有序的出版时间间隔和出版周期。表1—1是对晚清主要报刊出版周期类别的简单归纳。

表1—1　　　　　　　　晚清重要报刊的出版周期表

出版周期	晚清重要报刊
日刊	《中外新报》（1858）、《上海新报》（1868）、《申报》（1872）、《循环日报》（1874）、《中外纪闻》（1895）、《强学报》（1895）、《湘报》（1897）、《时务日报》（1898）、《中国日报》（1899）、《警钟日报》（1904）、《大公报》（1904）、《苏报》（1896）、《时报》（1904）、《民报》（1905）、《大江报》（1909）、《民呼报》（1909）、《民吁报》（1909）、《民立报》（1910）、《时事新报》（1911）
五日刊	《昭文新报》（初为日刊，后改为五日刊，1873）
周刊	《蒙学报》（1897）、《万国公报》（1868，前身《中国教会新报》；后改月刊 1889—1907）
旬刊	《时务报》（1896）、《湘学新报》（1897）、《知新报》（开始为五日刊，后改为旬报，1897）、《清议报》（1898）、《实学报》（1897）、《求是报》（1897）、《国风报》（1910）
半月刊	《新民丛报》（1901）、《农学报》（1897）《东方杂志》（开始为月刊，后改为半月刊，1904）、《开智录》（1901）
月刊	《察世俗每月统记传》（1815）、《东西洋考每月统记传》（1833）、《政艺通报》（1902）、《外交报》（1901）、《格致新闻》（1898）、《法政杂志》（1911）

二　新闻媒介：报刊文本的时效性

就传播形式而言，与以往的书籍、邸报等媒介形式相较，周期出版

---

① 梁启超：《梁启超全集》第一册，北京出版社1999年版，第66页。

的报刊最大的不同在于所传递的信息具有与以往不同的时效性要求。对传统的中国读者而言，经由不断翻刻、传抄的书籍中的知识信息并不具有明显的时效性。与此相对，在漫长历史中，无论是书于竹帛、镂于金石，还是手工抄制、雕刻成书，书籍印制的最大功用是保存知识信息文本，使得其能够超越时间、稳定不变。易言之，即刊刻成书的目的便是为了流传千古，使文字永久留存。需要指出的是，因为书籍文字的时效性不强，读者从书籍上获取的文本知识，可能是古代圣贤的传世经典，也可能是近世学人的思想撰述。同时，书籍中所阐发的知识信息也是非新闻性的思想知识，不具有时效性的信息资讯。由此书籍所连接读者心灵的是书中文字所反映出的"历久而弥新"的知识思想。

就周期出版的报刊而言，每次发行都需要固定出版日期和出版周期，上期与下期的报刊出版发行需要以固定的间隔、连续性的数字序列排列在一起。报刊刊载的信息也随时间而变，具有强烈的时间感和时效性。与之伴随的是，不同周期的报刊反映出的信息资讯的时效性也是不同的。非定期出版的书籍是记录、保存和传播思想文化的媒介，而周期出版的报刊模式则催生了新闻性媒介的生成。对晚清文人而言，这种刊载即时性信息、知识的媒介造就了"新闻"和"新学"。之所以命名为"新"，便是因为报刊的周期出版的形式不断地推陈出新。"报纸则搜罗甚广，月异日新，凡宇宙之奇闻，朝野之轶事，俱能穷形尽相，录于报中，日手一篇，胜于读齐谐多矣。"[1] 读者希望阅读报刊，并非想要复古传统或者学习古朴的道理，而是跟随随时而变的信息资讯，追踪日新月异的时事新闻，尤其是最新的科技信息和商贸信息。法国媒介学家巴比耶在研究书籍史时对期刊如是解析："报刊的飞速发展构成了一个发展进程中的重要指标。很大程度上是靠了报刊这个'中间人'，印刷业才出现了新经济模式，无论是在生产、发行还是消费方面。"[2] 周期出版、定期发行的报刊媒介使得从事报刊印刷

---

[1] 《论阅报有益》，《字林沪报》1890 年 3 月 11 日。
[2] ［法］弗雷德里克·巴比耶：《书籍的历史》，刘阳等译，广西师范大学出版社 2005 年版，第 232 页。

从业者开始学习报刊经营原理，搭建发行网络，加快资金周转利用率，从而建构出现代出版的产业运营模式。

第三节　大众发行与报刊出版工业

中国古代社会正是一个"书籍系统的独占时期"，而且这一时期长达数千年。中国书籍的载体形式经历了漫长的演变历史，从甲骨、金石、竹帛，到纸写本、雕印本。每一次载体形式的变化，对于书籍的传播、读者的接受、社会信息的流通等都产生了很大影响。但是书籍不能算作大众传播，而报刊媒介则是生来便携带着"大众传播"的基因。

一　小众传播：书籍的流通传播

在报刊诞生之前，书籍作为知识传播的中介工具，是面向士林群体印行的小众传播模式。置身现代社会，书籍可以通过图书市场自由流通，但在中国古代书籍流通并不像今天如此方便。在中国古代，书籍资源十分稀缺，不要说社会民众，即使士林群体在书籍获取方面也十分不便。"物以稀为贵"，中国古代文人珍视书籍，在书籍购置传播方面也存在着重"收藏"轻"流通"的观念。

（一）书籍资源稀缺

在报刊媒介出现之前，中国士人最主要知识生产传播媒介是书籍。但书籍媒介非常珍贵稀缺，书籍生产也非常费工费时。《墨子·兼爱下》曾经记载："以其所书于竹帛，镂于金石，琢于盘盂，传遗后世子孙者知之。"[①] 无论以山石、青铜器为书写材料的"镂于金石"，还是以陶瓷器皿为书写材料的"琢于盘盂"，都对中国的文字传播做出了贡献，已经有了书的雏形，但并非可以普及的书写方式。而后书写载体材料由笨重的"金石"发展到轻便的"竹帛"，由昂贵的"竹

[①] 吴毓江：《墨子校注》，西南师范大学出版社1992年版，第157页。

帛"发展到廉价的"纸张",从而更易为知识人获得和利用,进行书籍的生产传播。但印刷技术出现前书籍的生产传播完全靠手工——手抄、手写和手刻等方式进行。《诗》《书》《礼》《易》《春秋》等古代典籍是中国手抄图书生产时代的主要文本。即使到了雕版印刷时代,书籍印刷复制相较手抄时代更加便捷,但也只有称得上"典藏名著"的文本才能付诸印刷传播。古代中国的书籍印制出版大多是为士林群体而准备的,有时书籍制作只制作三五本,其印书目的只是"束之高阁、藏之名山"。因此相较今日,传统文人更加珍爱书籍,将其视为"典藏之物"。譬如明朝的杨士奇便说过:"盖吾授徒廿余年,积其勤力,仅得《五经》《四书》及唐人诗文数家而已,子史皆从人借读。皇上龙飞之初,耀官翰林,体赐有余,不敢妄费,一以置书,自是简秩始富矣。"古代书籍的刊刻印制,归纳起来有官刻、私刻和坊刻三大系统。官刻书籍是由官方有关机构负责刊印的图书,官家刻书财力、人力充足,校刻质量应当问题较少,但由于当朝违碍回避较多,且刻印图书大多皆是为政府保存典藏之用。坊刻书籍是由古代刻书兼卖书的商业书坊所刻,书坊刻书其目的在于出售和盈利,因此希望书籍"易成而速售"。这一方面推动了书籍的传播,另一方面也限制了其刊刻的范围,坊刻书籍除了日常生活参考书(如医疗、种植、占卜等)、民间通俗文学(如诗歌、戏曲、小说、评话、弹词等)作品,也都大多是圣贤典籍等科举用书。私刻书籍是私人出资在自己家中刊印的书。这种刻本行为大都不以营利为目的,这也是私刻本与坊刻本最大的区别。家刻本因其多重家声,故校刻多为精良,但在书籍传播方面存在诸种不足。晚清经学家陈衍著有一首诗作《卖书示雪舟》,道尽了个人刻书的传播窘境:"刻书不能多送人,刻成百卷几苦辛。呼仆买纸召工匠,印刷装订商断断。一函卅册价半万,辄以送遗吾将贫。无端持赠人亦贱,委弃不阅堆灰尘。"[①]

[①] 陈衍:《石遗室诗集》,福建人民出版社2000年版,第213页。

(二) 书籍重"收藏"轻"流通"

中国书籍的传播方式，不仅受到复制技术的影响，也与中国读书人的阅读方式、中国典籍的收藏方式等有密切关系。因为中国古代书籍制作比较复杂，手抄复制书籍费时费力，刻印书籍又非常昂贵。因此在中国古代书籍资源非常紧缺，书籍的流通传播主要通过朝廷赏赐、朋友馈赠、父子相传、师徒相授、口耳相传等渠道。可以说，在机械印刷传入中国以前，书籍的流通更多意义是士大夫阶层内部的小众传播。需要指出的是，因为书籍资源稀缺，士大夫阶层特别珍惜书籍，喜欢藏书但不喜欢向外人借阅图书，这种藏书传统也阻碍了书籍的流通。从官方的"秘阁"到私家的藏书楼，都带着与生俱来的秘密性。唐以前的写本时期，手工抄写，数量不多，书籍理所当然地成为珍贵物品。雕版印刷发明以后，书籍的复本固然大量出现，但是流通的数量毕竟有限，加上版本不一，佚失现象不时发生，因而"人无我有，人有我优"的秘藏观念仍然存在。"藏书"但不"外借"，这是中国古代诸多藏书家的共通原则。例如唐代藏书家杜暹便秉持"藏书概不外借"的理念，在其藏书的每部书上都题有"家训"："清俸写来手自校，子孙读之知圣道，鬻及借人为不孝。"[①] 从"清俸写来手自校"出发，如果说要求子孙不要把书卖掉尚可理解，而借给别人也算不孝行为就未免过于吝啬了。

到明清时期，尽管书籍的印制出版已达到空前规模，但"藏书不借"的思想仍然占据主流。闻名于世的天一阁主人范钦就在天一阁下悬挂了他手写的禁牌："擅将书借出者，罚不与祭三年。"就是说，把书借给别人就有被暂停族孙资格的危险，这在封建社会是一种最严厉的处罚。不过总算还有一点保留，便是限于"擅自借出"，这都是把图书看成单纯的私有财产的反映。清代藏书家宋咸熙有藏书楼名"思茗斋"，乐意供人借阅。他在《借书诗序》中说："藏书家每得秘册，不轻示人，传之子孙，未尽能守，或守而不借阅，而鼠伤虫蚀，往往

---

① 叶德辉：《书林清话》，华文出版社2012年版，第281页。

残缺,无怪古本之日就湮没也。先君子藏书甚富,生时借抄不吝。熙遵先志,愿借于人,有博雅好古者竟能持赠之,作此以示同志。"① 书籍的作者是面向社会、面对历史,著书的目的在于流传给后代读者,不是为了归藏书家"独得"。因此,书籍应该"公诸世",由社会共同保存,也只有社会共同保存,才不至于亡佚。要藏书家变"独得"为"公诸世",就要走"流通"的途径,使一家独得之书籍变为大家共有。当然,这种"公诸世"的流通观念并非普世观念,即使将藏书"公诸世"予以流通,也只是在士大夫阶层的小众范围内传播。

二 大众传播:报刊的印制发行

面向大众出版报刊,这同古代中国的书籍出版、邸报印行有着明显不同的传播路径。回顾历史,无论邸报印行还是书籍出版,其印刷发行量都非常有限,流传范围也较为狭窄。但时至报刊时代,这样的出版印制模式几乎湮没无存。报刊采用大众传播的方式,士人的写作"朝甫脱稿,夕即排印,十日之内,遍天下矣"。② 可以看到,报刊写作不再是面对单个的亲朋好友或少数的士林群体,而是面向社会大众传播的书写文本。这也导致了书写重心的变化:报刊经营者为的是扩大销量和利润,不再唯士林群体是瞻,开始关注广大读者的阅读兴趣,从而形成面向大众群体、迎合大众趣味的书写文本出版模式。

(1)面向全国的报刊发行网络

随着晚清报刊渠道的拓展和延伸,报馆在全国各地纷纷建立报刊销售网点以降低经营成本,加快了报刊的流通速度。同时,铁路邮政运输技术的发展、报贩行业的出现都极大地提高了报刊的发行量。③ 例如上海的《申报》在创刊时便在上海设了22个代销点,并请人给

---

① 宋成熙:《思茗斋集·借书诗》,清道光五年刊本。
② 朱一玄:《聊斋志异资料汇编》,南开大学出版社2002年版,第516页。
③ 黄天鹏在《中国新闻事业》谈道:"邮电与新闻事业之繁荣,至有关系。……明清信局兴起,近世报纸最初遂托附之以销行,及光绪时,设邮局,交通四通八达,报纸遂由邮局传递,且订专章,受有优待之例,报纸之销行受邮局之助为多也。"黄天鹏:《中国新闻事业》,上海联合书店1930年版,第103页。

上海各大商号上门送报，同时报馆会雇用报贩、报童沿街售卖报刊以提高销量。再如晚清维新时期的《时务报》，因为倡导维新变法思想风行海内，在中国20多个地区设立197个分销店，并且在海外如日本、槟榔屿、新加坡等地也设有报刊分销处（具体参见表1—2）。由此与古代书籍传播相较，可以看到报刊的大众传播性质。

表1—2　　　　　《时务报》各地分销点统计数字　　　　（单位：个）

区域	直隶	山东	山西	河南	甘肃	陕西	四川	湖北	湖南	江西	安徽	江苏
个数	23	7	2	2	2	3	19	15	7	5	9	47
区域	浙江	福建	广东	广西	贵州	云南	澳门	香港	槟榔屿	新加坡	日本	统计
个数	24	7	13	2	3	1	1	5	1	1	3	202

（2）报刊发行数量巨大

现代报刊注重发行推广，在全国乃至世界范围内建设发行网络，这让报刊发行数量逐日递增。相对传统书籍而言，报刊发行量非常大。以中国新闻史上第一种中文报刊《察世俗每月统记传》为例，它最初印数是600份，后增至900份。尽管相对以后的报刊而言印数并不算太多，但相对传统书籍媒介，印行数量已经不可同日而语。同为传教士报纸的《万国公报》1876年每期发行达1800份，到1897年每期达到5000份，再到1903年猛增到54396份。晚清维新派报刊《时务报》创刊一年之内，发行量便从最初3000多份增加到12000份，最高时发行量达17000份，成为晚清时期发行量最大、影响力最广的维新派报纸。再如商业报刊《申报》，创刊后以本土化经营和商业措施，4个月时间就使销量从起初的600份上升到了3000份，而到1911年《申报》日销量7000份左右，再到1922年即《申报》创刊50周年之际，它的发行量达到50000份，其影响之广泛，同时期其他报纸难以企及，在中国新闻史和社会史研究上都占有重要地位，被称为研究中国近现代史的"百科全书"。

小　结

　　伴随着机械印刷术的引进，报刊已经具备周期出版、大众传播的技术条件。从书籍媒介到报刊媒介，晚清印刷技术的革新不但改变了中国社会知识信息传播的媒介形式，也改变了媒介从业者的书写内容和传播观念。相对书籍而言，报刊媒介凭借"机械印刷""周期出版""大众发行"等特点打破了"藏之名山""传之后世"的士人书写观念，催生了追求时变时新的"新闻性"媒介。此次媒介转型为晚清社会引进了一种新的传播模式和价值尺度，也引致中国诗人书写方式与书写观念的现代转型。

第二章

书写的转型:报刊媒介影响下晚清文人的观念变动

> 居今之世,吾辈力量所能为者,要无能过撰文登报之善矣。而遇乡党拘墟之士,辄谓报章体裁,古所无有,时时以文例绳之。
> ——谭嗣同[1]

1901年12月21日《清议报》刊文中有这样一则话:"自报章兴,吾国文体为之一变。汪洋恣肆,畅所欲言,所谓宗派家法,无复问者。"[2] 这句话道出了报刊媒介对中国近代书写转型的影响。置身从书籍到报刊的媒介转型时代,文人既然投身报刊写作,就要接受报刊知识生产传播的规则,而新的书写方式已经无法遵循文章书写的传统规范。这对晚清文人的心灵冲击既深且巨,因为中国文人自古重视书写,强调以文章立身。正是在这个意义上,报刊媒介对文人书写的影响,绝不仅仅意味着一场文章书写的革命,它更标志着社会知识变革与中国文人的价值信仰层面的革命。从书籍媒介到报刊媒介,其中牵涉的不单单是书写规范的转型,而且关涉从"典籍文化"到"报章文化"的知识型转换。何为知识型?福柯曾经在《词与物》中如是阐释道:"知识型是一个时期所有知识生产、辩护、传播与应用的标准,是那

---

[1] 谭嗣同:《谭嗣同全集》(修订版)下册,中华书局1981年版,第493—494页。
[2] 梁启超:《中国各报存佚表》,《清议报》1901年12月21日。

个时期所有知识分子都共同分享的知识问题、范畴、性质、结构、制度与信念的整体，是知识的政体和知识分子无法逃脱的思想结构。知识转型是知识型的转变，是原有知识政体的被颠覆，不仅包括了知识观念的转变，而且包括了知识标准、知识制度、知识组织、知识信念以及知识分子生活方式和自我意识的转变。"① 作为两种不同的知识型，"典籍文化"与"报章文化"所蕴含的内在精神、文化心理差异构成了晚清文人书写规范的紧张。本章将就中国文人的传统书写规范与现代报刊书写规则进行比较，从而去深切理解把握知识型的转换问题，深入剖析文人群体面对报刊书写为何各执己见并逐渐走向群体分化的现象。

第一节　媒介与书写：媒介影响下的两种书写模式

报刊媒介出现之前，中国是书籍占主导的媒介场域，文人在书写实践中形成了一种自足的书写模式。麦克卢汉指出："每一种文化，每一个时代都有它喜欢的感知模式和认知模式，所以它都倾向为每个人、每件事规定一些受宠的模式。"② 梳理漫长的知识生产传播历史，从先秦两汉到清末民初，从纪事史官到新学报人，中国文人都在扮演着知识生产传播的重要角色。"士"阶层是中国古代掌握文字符号、具有编纂著述能力的人，是中国典籍的编述者、阅读阐释者和传播者，他们将文化传承的意识熔铸于书写之中，使得文化典籍代代相传。古语有言："文者，贯道之器也。"③ 中国文人在传统生活中对于文章写作有着一种重要的思想情结，当媒介转型冲击了书籍时代积淀而成的书写方式和书写规范时，也触动了晚清文人群体的安身立命的文化凭借。

---

① 石中英：《知识转型与教育改革》，教育科学出版社2001年版，封底页。
② [加]麦克卢汉：《理解媒介——论人的延伸》，何道宽译，商务印书馆2000年版，第21页。
③ 李汉《昌黎先生序》，肖占鹏主编：《隋唐五代文艺理论汇编评注》下（修订版），南开大学出版社2015年版，第1009页。

一　书写规范：书籍媒介时代的文人书写

中国文人的书写传统源远流长，而书写体式几经变化，到晚清报刊出现前后，统治中国文坛的是八股时文与桐城派文章。八股文，也称制义、制艺、时文、八比文，是明清科举考试的一种文体。八股文章就"四书五经"取题，内容必须用古人的语气，绝对不允许自由发挥，而句子的长短、字的繁简、声调高低等也都要相对成文，字数也有限制。八股文之所以统治文坛，乃是因为科举制度的缘故。清朝继承前朝八股取士的人才选拔机制，制度对文人书写方式与书写观念的影响是巨大的。八股时文写作有着烦琐的文法规范，规定全文由破题、承题、起讲、入手、起股、中股、后股、束股八部分组成，从起股到束股，每段两句排比对偶，合成八股，不得随意加减，规定极死。① 与此相较，桐城派文章的写作方法虽不像八股文那样僵化，但文规戒律也较为烦琐。桐城派文章在文体范式上来讲算是八股时文的"近亲"，其理论要旨是作文必须合乎"义法"。"义"指文章的中心思想，"法"指写作规范。桐城派文章的写作规范特别之多，其中最重要的一条也是"代圣人立言"，即文章的中心论点必须来自前代圣哲就是孔孟程朱的学说，只能按程朱理学来解释孔孟之道，不得有自己见解，更不得联系现实，评论时政得失。在古代中国，作者的概念与圣人的概念息息相关，创作是圣人的特权。圣贤如孔子也讲求"述而不作"的理念。何谓"述而不作"？南宋朱熹曾经如是阐释："述，传旧而已。作，则创始也。……孔子删《诗》《书》，定礼乐，赞《周易》，修《春秋》，皆传先王之旧，而未尝有所作也，故其自言如此。"② "作"与"述"是两种不同的行为，前者是知识生产行为，后者是知识传播行为。在孔子看来，只有圣人才能够进行知识生产的"作"，普通文人扮演的更多是一种知识传播的"述"。当然，检视中国历代

---

① 王凯符：《八股文概说》，中华书局2002年版。
② 朱熹：《四书章句集注》，辽宁教育出版社1998年版。

文人著述，古代中国文人并非没有创作，但普遍层面而言将"作"赋予了一种神圣色彩。对文人来说，创作是一件非常庄重严肃的知识生产行为，文不可妄作，必先沐浴振衣、正襟危坐而"作"。

近代名臣曾国藩，算得上晚清文人之典范。在文章书写方面孜孜追求，19世纪中叶，曾国藩以"中兴名臣"的声威力倡桐城派文章，出现桐城文章的中兴时代，影响一代文人。他对文章经典阅读与文章写作十分看重："早岁有志著述，自驰驱戎马，此念久废，然亦不敢遂置诗书于不问。每日稍闲，则取班、马、韩、欧诸家文旧日所酷好者，一温习之，用此以养吾心而凝吾神。"① 对于"做文章"更是不敢稍有懈怠："古文一事，平日自觉颇有心得，而握管之时不克殚极思，作成总不适意。安得屏去万事，酣睡旬日，神完意适，然后作文一首，以摅胸中奇趣。"② 这些都说明修身立德与文章作文的密切关系，并且构成读书人日常生活中不可或缺的部分。曾国藩主要是在家书中向"诸弟"及"子侄辈"传达对文章之道的认知，近代中国的另一著名文人张之洞，则是针对更多读书人表达自己的见解。在其所著《輶轩语·序》中，就交代了是书专为应试士子而讲述，内容也涵盖了过去时代对"文章"的看法。其中即言及读书期于有成，当"戒早开笔为文"，同时"戒早出考"，认为此两条，皆《论语》所谓"贼夫子之子"。③ 而在"语文第三"部分，对于各种文体，乃至"字体"，均有所说明。如对于"时文"就强调："宜清（书理透露，明白晓畅）、真（有意义，不剿袭）、雅（有书卷，无鄙语，有先正气息，无油腔滥调）、正（不俶诡，不纤佻，无偏锋，无奇格）。"④ 可见，对于文人来说，传统的书写规范与做人、立身有着不可分割的关系。文章写作绝

---

① 曾国藩：《加李如片》，《曾国藩全集》"书信"卷，中国华侨出版社2003年版，第758页。
② 曾国藩：《谕纪泽》，《曾国藩诗文集》，上海古籍出版社2005年版，第122页。
③ 张之洞：《輶轩语》，苑书义主编：《张之洞全集》第12册，河北人民出版社1998年版，第9775页。
④ 张之洞：《輶轩语》，苑书义主编：《张之洞全集》第12册，河北人民出版社1998年版，第9779页。

非单纯的形式或传达信息的手段，它折射出作者独特的精神结构、思维方式，渗透着文人的修身处世的价值观念。

黄炎培的少年密友、上海川沙人张志鹤的学文经历为晚清八股文写作提供了具体可感的案例。张志鹤回忆他在舅舅家"寄读"并向塾师讨教"做文章"方法的情景："时两表兄已学作八股文，名曰'做文章'，我以为奇怪。问先生：'文章如何做法？'谈师曰：'汝若有意为之可教汝作两句破题试试看。'乃以'学而时习之'句为题。先讲解题意，及破题做法令作两句，写在习字簿上。师阅之谓尚可，惟第二句末用'乎'字，不合式。翌日，再以'君子务本'句为题试之，与从舅顾公心莲同阅，皆认为可教。谈师检出其旧藏《启悟集》一册见示，盖其中自破承题起，作文初步法也。遂为我讲授，亦依三六九文期，命题试习之。"①河南省封邱县的《封邱县续志》保留了一段很生动的资料：光绪五年（1879年），该县知县及正义书院山长颁布《正义书院课程八则》，言及八股文的重要性就如此指导士子："士子进身之阶，端赖八股。……顾门径多歧取法宜慎。"今与诸生约："平日读文，启祯、国初，择其近墨裁者读之无取味淡声稀；房考、墨卷择其骨力近名大家者读之，无取庸俗烂套。前辈吴兰陔所选《八铭塾钞》《墨鹄约刊》，管蕴山、周犊山两家文稿，及近时路闰生、李次青两先生所评选诸善本，均宜博观约取熟读深思，能为夺命之文持衡者有不亟亟叹赏哉。"②

二 写作新风：报刊媒介时代的报人写作

作为一种全新的传播媒介，报刊有其独特的表现方式，既然投身报刊书写，就要遵循报刊书写的新规范。书籍这种媒介形式正逐渐失去昔日的威望，已经不再是离职和情感的主宰。因为他们在报刊时代所面对的是人类所拥有的全新的书写与交流工具。面对现代报刊，文

---

① 铁沙寒叟（张志鹤）：《我生七十年的自白》，1948年铅印本，第2页。
② 《封邱县续志》卷20，《掌故四》，第8—9页。

人书写不断遵循报刊的特殊要求进行自我调整，在汲取传统书写的元素下进行改造，逐渐地突破旧文学的藩篱，从而走向现代报刊的形式。晚清报刊书写的演变因素有以下三个方面：有来自传教士对书写规范的影响；有民间商业报刊为了因应市场需求，报刊书写自行进行的改革；有知识群体出于关怀时代，介入政治阐发议论，造成报刊文体的变化。这三条交叉线，自外人传入报刊进入中国后，即不时地彼此交互渗透、相互影响，让晚清报刊逐步地走向现代化报刊的领域。报章写作与传统的经史子集的写作不同，也不可与诗歌、小说、散文、戏剧的文学体裁同日而语，而是由新闻/消息、论说/评论、文艺作品所组成。

首先来关注一下报刊论说/评论文体。最初的报刊论说只占很小的篇幅，是新闻/消息的陪衬。最开始的论说只是一些对生活常识的讨论。直到王韬在《循环日报》才出现政论。时至甲午海战失败之后，国内外兴办了《时务报》《清议报》《新民丛报》《民报》等诸多政论性报刊，报刊论说才逐渐为世人所瞩目。比如《万国公报》上的文章《中西时势论》《强国利民略论》，梁启超发表在《时务报》《清议报》上的《变法通议》《少年中国说》等。这些报刊论说往往带有"论"或"说"，皆是长篇大论式的政论文，也是"政论本位时代"报刊的重要组成部分。除报刊论说，"时评"文体也日渐兴起，时评以当日或近日报刊所登之新闻为材料而讨论，此乃现代新闻评论的起源。虽然时评因1904年创办的《时报》而闻名，但早期如《清议报》等报刊上已有"国闻短评"等类似文体。早期报刊无论政治论说还是时评文章一般由报刊主笔来写作，有少量接受社外来稿。需要指出的是，当时社会对报章文体的讨论主要集中在论说文体上，"时务文体""新文体"等名词概念，都是针对报刊论说文而言。再来观照报刊新闻/消息文体。前面有述，报刊是一种以传播消息的为主的新闻性媒介。在报刊中，新闻消息占很大篇幅，尤其是商业性的报刊。也因此有人认为现代报刊是"邸报"的变种，一般由访员、记者完成采写任务。尽管从事报刊书写的人常以古代"古史陈风"、孔子"作《春秋》"

来提升新闻写作的自我认同。但一般访员、记者采写新闻消息,这种文体形式依然不为世人所重。最后谈谈报刊文艺文体。文艺作品在报刊书写中占的地位并不高,报馆一般都是借此迎合大众趣味以吸引受众阅读购买。最初的报刊只是零碎的登一些文艺作品,后来报刊通常专辟副刊来登载小说、诗歌、散文、戏剧等文艺作品。报刊文艺作品有报馆约稿,也有自然来稿,它也是催生现代稿费制度的重要部分。

了解了报刊文体的基本类别,可以以此来检视晚清报刊的文类分属。晚清出现的报刊大体可分为宗教报刊、商业报刊和政治报刊。宗教报刊如《察世俗每月统记传》《东西洋考每月统记传》等报刊,这些报刊主要刊载一些宗教、地理、历史常识。商业报刊如《申报》《新闻报》等,这些属于日报,以刊载新闻、广告为主,论说处于一种次要地位。实际上对晚清文章书写造成巨大冲击的是来自甲午战后上层知识群体的政治报刊。相较商业报刊,论说排到了重要位置。这些报刊不以谋利为主,而是以传播政治变革、社会民主等先进思想为宗旨。为求变革社会的政治要求,政论开始成为一种引人注目的文体。譬如《时务报》,每旬1册,每册20页,载有论说、谕折、京外近事、域外报译等文类。《新民丛报》半月1册,每册40页,载有论说、学说、时局、政治、杂评、小说、文苑等文类。需要指出的是,这些由政论文创成的报章文体,相较以前的文体更加注重与现实的贴近性和时宜性,但与后来发展而成的新闻评论多有不同。晚清的报刊政论往往针对现实中一个普遍社会现象,提出论点,加以讨论;而后来的新闻评论一般是抓住一个典型的新闻事件,分析这个事件的发生原因、性质以及影响,并提出解决问题的办法。

自从报刊媒介出现,文人的写作逐渐远离传统典籍的范围,慢慢靠近现代报章的写作风格。报章写作要求晚清文人顺应报刊传媒的特点,改变书籍时代的书写观念。中国古代写作历来讲究"代圣人立言",明代的科举考试更甚。八股文就成了当时文人写作的专用文体,其内容是不离《四书》的代圣贤立言,形式上必须写成破题、承题、起讲、入题、起股、中股、后股、束股八股。相较于传统的文章写作,文体得到了解放，打破了历来文章写作中所谓的"宗派""义法""戒律"。报章写作逐渐冲破古文辞的藩篱，反对泥古，强调作文不事模仿与雕琢，直抒心意，唯求其合乎一个简单的标准——达，明白清楚，人人能懂。正如早期报人王韬所言："文章所贵，在乎纪事述情，自抒胸臆，俾人人知其命意之所在，而一如我怀之所欲吐，斯即佳文。至其工拙，抑末也。"可见，报刊写作与传统写作不同，它需要尽可能通俗易懂，迎合受众阅读兴趣，其主要目的是传递信息或开化启蒙，作为文人文化地位的象征的色彩逐渐淡化。

相较于书籍时代，报刊时代的写作速度得到极大提升。因为报刊是周期发行的出版物，所以主笔的写作任务加重，写作速度也需要加快。传统书写之道，要求文章不能妄作，在写作之前，都有一个谨慎细密的构思过程。但在报刊时代，文人已经放弃了传统写作的模式，开创了倚马可待的速写式的为文模式。梁启超曾经有如此记载："每期报中论说四千余言，归其撰述；东西文各牌二万余言，归其润色；一切奏牍告白等项，归其编排；全本报章，归其复校。十日一册，每册三万字，经启超自撰及删改者几万字，其余亦字字经目经心。六月酷暑，洋蜡皆变流质，独居一小楼上，挥汗执笔，日不遑食，夜不遑息。"[1] 主持《游戏报》的李伯元也有如此写作感受："仆以一身独任其艰，往往日过晡，论说未脱稿，手民环于前，友朋集于后，手挥口应，目不暇给。创行三月，幸不为当世大夫所非笑。仆用是益切兢兢，广延通人以匡不逮，然只辞之斟酌，一字之推敲，稍有未协，心即不能释然，盖数月以来如一日也。"[2]

与传统书写相较，周期出版的报刊写作模式发生很大变化，其速度化的书写要求势必使文章写作走向匆忙、粗率，与传统文人要求的"字斟句酌""戒早开笔为文"相矛盾。而当这种粗率的报刊文章流通于世，遭遇传统文人的阅读审视，自然要落得挨批的境地。同时需要

---

[1] 梁启超：《创办〈时务报〉原委》，夏晓红辑《〈饮冰室合集〉集外文》，北京大学出版社 2005 年版，第 45—46 页。

[2] 《纪本报开创以来情形》，《游戏报》第 207 号，1897 年 1 月 16 日。

指出的是，尽管社会批评不绝于耳，但是这种报章写作从开始的寥若晨星，到后来出现得越加频繁，和传统的书写观念相分离的步伐也越来越快。这不仅只是知识结构和知识类型的重新分配，更是文化资本和文化权力的重新分配。作为新型媒体人的报刊文人，他们逐渐从边缘走向中心，成为报刊时代的知识文化精英，操纵着新的话语霸权，引导着文人新的价值观，更重要的是塑造着关于文章书写的新规则。

第二节　书写范式的革命：晚清文人对"报章文体"的认知

承上所述，周期出版、大众发行的报刊书写模式，与书籍时代的书写规范相较发生很大变化，传统文人"文不苟作"的书写观念也逐渐走向匆忙、粗率的书写风格。这种"滥而不精"的文章。尽管饱受传统文人群体批评，但这种报章写作从开始的寥若晨星到后来的浩若烟海，和传统的书写观念相分离的步伐也越来越快。在书写观念背后，隐藏着中国文人知识结构的转型，也表征着文化资本与话语权力的重构。作为适应报刊新媒介的新型文人，晚清报人开始担当起报刊时代的知识精英角色，他们依靠自己的媒介话语权引导着文章书写的新规则，但同时也引起了晚清士林群体的书写规范之争。

一　规范之争：士林群体视野下的报章文体

1897年2月19日，谭嗣同致函《时务报》经理汪康年信云："居今之世，吾辈力量所能为者，要无能过撰文登报之善矣。而遇乡党拘墟之士，辄谓报章体裁，古所无有，时时以文例绳之。嗣同辨不胜辨，因为一《报章总宇宙之文说》以示人。在湘中诸捷给口辩之士而竟无以难也。今检以寄呈，可登诸贵报否？"[①] 由谭氏所言可见，此时人们对于在报刊上刊登文章已经有了一定的认识。从中国本土出现第一张

---

① 谭嗣同：《谭嗣同全集》（修订版）下册，中华书局1981年版，第493—494页。

报刊《东西洋每月统记传》到是年,已经有60多个年头。报刊此时已经风起云涌,很多文人开始投入报章写作。尤其是梁启超、汪康年创办的《时务报》,在中国影响深远,正如梁启超所回忆的"尔后一年间,沿海各都会,继轨而作者,风起云涌,骤十余家,大率面目体裁,悉仿《时务报》,若唯恐其不肖者然"。[①] 这种报章写作遭到很多保守人士的非议与干涉。谭嗣同撰写《报章文体说》是为了给"报章"书写正名。孔子曰:"必也正名乎?""名不正则言不顺,言不顺则事不成,事不成则礼乐不兴,礼乐不兴则刑罚不中,刑罚不中则民无所措手足"(《论语·子路》)。1897年6月《时务报》第28、29期刊登了谭嗣同的《报章文体说》,其文曰:"周公以前,师道摄在上,故文总于史官,周公之制作,史之隆轨也。孔子以后,师道散在下,故文总于选家,孔子之删述,选之极则也。传曰:'文王既没,文不在兹乎?'……信乎经国之大业,不朽之盛事,人文之渊薮词林之苑囿,典章之穹海,著作之广庭,名实之舟楫,象数之修途。总群书,奏《七略》,谢其淹洽;甄七流,綵百家,憨其懿铄。文武之道未坠于地;知知觉觉,亦何常师?斯事体大,未有如报章之备哉灿烂者也。"[②]

阅读谭嗣同的《报章文体说》,不难发现,他意在提高报章文体的地位,他总结说近代报章文体较之传统古代文体,是最为完备,最为丰富的文体。这就把报章文体与传统文体,传统文学观念完全结合起来,呈现了中国文章文统的延续传承,并且有"俱往矣,数风流人物,还看'报章文体'"的意蕴。最初的报章文体与传统书写有着千丝万缕的联系,无法完全割舍,另外,需要看到因为报刊媒介的影响,它也显现出一种新的文体特质:半文半白,平易畅达,笔锋常带感情,有时还加以口语和外来语。这些特点都与当时流行文坛的桐城派古文

---

① 梁启超:《本报第一百册祝辞并论报馆之责任及本馆之经历》,《清议报》第100册,1901年。相类的说法如严复《与熊纯如书》中所道:"报章文字,成绩为多,一纸风气,海内观听为之一耸。"

② 谭嗣同:《报章文体说》,《时务报》第28、29期,1897年6月。

已不可同日而语。①

面对报章势力的迅猛扩张，1898 年夏秋之际，王先谦致书湖南巡抚陈宝箴，将报章文体重提，信中写道："自时务馆开，遂至文不成体……我公夙精古文之学，当不谓然。今奉旨改试策论，适当厘正文体，讲求义法之时，若报馆刊载之文，仍复泥沙眯目，人将以为我公好尚在兹，观听淆乱，于立教劝学之道，未免相妨。"② 保守派文人黄协埙出任《申报》总主笔后，发表一篇题为《整顿报务》的文章中，其整顿措施，不是发挥过去《申报》行之有效的办法，而是要把报纸特有的一种新闻文体，恢复到当时一般士大夫所崇尚的公牍式、试帖式文章的体裁。我们可以从黄的文章一窥究竟。

> 大致为文各有一定之体例：如陆机《文赋》所指，刘勰《文心雕龙》所列，以及近人文体明辩等所辑古文辞之体例也。至今时所尚各体例则有奏疏体、公牍体、记室体、词章体、训诂体、馆阁体、场屋体，下之为小说体。而报牍体则中土风行未久，无典可援。要之前为论说，后为记载新闻。论说之体，大约多用散行，间用骈俪，以孔子辞达而矣一语为宗，以韩昌黎所云，气盛则言之，短长与声之高下皆宜为的。忌陈腐，忌晦涩，忌轻挑，忌鄙狸，忌诞妄，去斯数者，其庶几焉……③

谭嗣同想要将报章自创一格，而黄协埙想要把报章书写纳入传统书写范式之中。此中，报章书写是否符合中国传统文人文章写作的规范，是文人对报章的最大争议之处。韦伯在探讨中国文人阶层时，曾经指出："在中国，士的根源至少大体上可以追溯到封建家族的后裔，

---

① 报章文体，最早源于王韬在《循环日报》上的政论写作，之后以梁启超在《时务报》上运用的最有影响，因此又称为"时务文体"，后因他在《新民丛报》上运用的更加娴熟，又称"新民文体"。

② 王先谦：《葵园四种》，长沙岳麓书社 1986 年版，第 864 页。

③ 徐载平、徐瑞芳编著：《清末四十年申报史料》，新华出版社 1988 年版，第 45 页。

或许是长子以外的儿子；他们接受人文教育，尤其是书写方面的知识，而其社会地位也正是基于这种书写与文献上的知识。"① 中国是一个文章大国，文章书写的文化传统可以追溯到先秦诸子，而更早的源头则是《尚书》中的部分篇章，形成了几千年来悠久深厚的典籍文章传统。后来文人的文章书写与科举制度相结合，制艺的八股文，更是明清士子们必修的文体，崇尚"原道、征圣、宗经"的写作模式。这种书写模式从对文辞、音韵到结构形式的极端重视，服务于庙堂，又体现个体的风格特征。在中国书写文化，文统与政统、道统相互关联，形成了一种自成体系的书写传统，尽管伴随着社会的发展而略有变化，整体却仍保持一种稳定性，很难因为时代文体演变发生裂变。然而，这样的稳定性结构在晚清报刊媒介出现后遭到了极大的挑战。而这也是在传统书写范式中浸淫已久的文人不能容忍的。

二 群体分化：文人书写背后的思想道统

古语曾言"国不可一日无君"，其实此言并不确切，相较于君王，道统才是维系社会的重要法宝。中国历史上没有君王或名存实亡的时候有很多，但国魂不灭、民族长存，此中乃是由大大小小的文人群体维系着道统。"文王既没，文不在兹乎？"孔子面对陈蔡之厄发出的铿锵之声如雷在耳，孔子以文化承命姿态影响着后世文人。此中之"文"，乃尧、舜、禹、汤、文王千古相传之"道"，文脉即是道统，它不单纯是礼乐制度之"文献"，也是一以贯之之"道"的"斯文"。中国文人继承先贤遗志，赋予"士"阶层一种传道的使命感，他们通过文章写作来传承中国文人的"道统"。在这种道统承续影响之下，中国文人逐渐形成了统一的包含"立言不朽""文质彬彬"等观念在内的书写文化范式。此中，书写不再是简单的知识传播行为，而且涵蕴着中国文人安身立命的"道"之所在。

---

① ［德］韦伯：《韦伯作品集》V，康乐、简惠美译，广西师范大学出版社2004年版，第171页。

然而，这源远流长、涵蕴深广的书写文化范式在晚清遭到了冲击。面对书写文化的范式转型，晚清文人诉诸历史尽可以慷慨悲壮，但面对现实却也一筹莫展、无奈妥协。当晚清社会遭遇报刊传媒，书写文化范式的转型导致了中国文人阶层的空前裂痕，本来中国旧有的社会结构"士农工商"各安其位，结构相对简单清晰。但报刊媒介导致了"士农工商"结构的转型。就"士"阶层而言，一部分文人随着报刊媒介逐渐转型，顺应新型的书写文化范式，成为寄身于新职业的报人；另一部分文人却依然保持着固有的传统，与报刊时代流行的书写范式呈现对抗态势，成为新时代的守旧型文人。需要看到，环境、个人与态度之间的关系十分复杂，"士"阶层在报刊时代的不同归属造成了文人群体思想观念、政治态度乃至人格的裂痕。一部分文人由于生活在上海等通商口岸城市，更容易接触到外国舶来的新鲜事物，譬如书局、报馆以及其他一些先进科技，这也促成他们知识结构发生了新的变化，相较内地文人更加接受西方新知。当长期受到欧风美雨等西方知识、器物熏染，他们的价值观念逐渐与传统文人拉开距离，不那么看重中国传统的作文、做事、穷达之道了。他们有很多人开始投身新型的文化教育机构，譬如王韬、李善兰等人便从乡下来到城市，在教会的书局、报馆做事。他们与中国传统文化联系有淡化的趋势并且逐渐接受了西方的生活方式。柯文在《传统与现代——王韬与晚清变革》中将这些新派的知识人称为"通商口岸知识分子"。[①] 这些知识人投身书局、报馆，其写作伦理受到西方新学影响。需要看到，这只是晚清文人的一部分，另一部分人依然保持传统文化的特色。他们依然生活在传承了千年的文人传统之中，对于西方的新鲜事物一无所知，抑或知之一二，但又完全排斥。他们的生活方式、思想方式与西方新型知识都有格格不入的感觉。秉持着这种思想方式，他们对新型文人

[①] 柯文在著作中将这些人称为"口岸知识分子"，并指出他们知识背景与职业身份的矛盾性："他们许多人都曾深受儒家经典训练，取得秀才资格，而又起码部分是因西方人在上海的出现所创造的新的就业机会而来到上海的。"[美] 柯文:《在传统与现代性之间——王韬与晚清改革》，雷颐、罗检秋译，江苏人民出版社1997年版，第17页。

从事报刊写作、传播西方新知也痛加批判。梁启超、谭嗣同等人办的《时务报》《湘报》便曾遭到湖南守旧人士叶德辉等人的围攻。梁启超后来回忆说："叶德辉著《翼教丛编》数十万言，将康有为所著书，启超所批学生札记，及《时务报》《湘报》《湘学报》诸论文，逐条痛斥。"①

1895 年以后，缘于甲午海战失败的影响，国内仁人志士开始掀起政治改革运动，由此也带动了报刊的迅猛发展。1895 年中国报刊总共只有 15 家，但从 1895 年到 1898 年，报刊数目增加到 60 家。同时需要看到，这时主持新型报刊的人，与甲午之前的报人不同，很多士绅阶层开始投身报刊，由此报刊也逐渐为社会所尊重。如果说 1895 年甲午海战失败之前，投身报刊写作的大多是落拓文人，那么 1895 年之后很多家庭殷实的知识人也开始投身报章写作。王韬、郑观应等第一代报刊知识人对中国传统文章写作伦理的冲击只是浅层次的边缘作战，而此时梁启超、谭嗣同等第二代报刊知识分子登堂入室，在晚清影响了数量可观的文人。这些人逐渐认可报章写作，因此对传统的写作伦理造成了极大冲击。此中，表面是书写文化的变迁，背后是知识体系"知识转型首先是对旧的知识型的结构，因此毫无疑问地具有破坏性，破坏了人们已经接纳和习惯了的知识生活的基础和方式；但知识转型同时也是对新知识型的建构，为人们提供新的知识基础和知识生活方式，因此同时又具有建设性"。

第三节 书写观念的演变：场域转型视角下文人群体的诸种面相

报刊媒介的兴起打破了书籍媒介时代的书写规范，催生了新的书写模式和书写规范，让晚清中国形成了两种媒介场域间不同文人群体的书写规范之争。这里借用场域理论中的"惯习""规则""资本"

---

① 梁启超：《清代学术概论》，上海古籍出版社 1998 年版，第 85 页。

等概念来分析晚清文人书写观念的转变，有利于呈现从传统典籍书写文化到现代报章书写文化中复杂的问题。① 在以书籍为主的媒介场域里，文人的自身价值是靠着自己的文化传统，借助政治来实现的，传统文人依靠典籍学习积累的文化资本，依靠读书取士获得政治资本，依靠立德立功立言获得名望等象征资本。但在报刊出现之后，这种场域遭到冲击甚至重新洗牌。

一　资本转移：场域规则变动下的文人声望

晚清报刊媒介的横空出世导致了中国文人书写文化的范式转型，推动了一种适宜报章时代的新型书写文化范式的产生。从传统的书籍占主导的媒介场域到现代的报刊占主导的媒介场域，这里援引布尔迪厄的场域理论加以阐释晚清文人书写观念的转变，有利于呈现从传统典籍书写文化到现代报章书写文化演变之中的复杂问题。在以典籍为主的媒介场域里，文人的自身价值是靠着自己的文化传统并借助政治来实现的，传统文人依靠典籍学习积累的文化资本，依靠读书取士获得政治资本，依靠立德立功立言获得名望等象征资本。但在报刊出现之后，这种场域规则遭到冲击甚至被重新洗牌。晚清以降，与体制紧密结合的传统文人走向边缘，而与书局、报馆、学校等新型机构结合的文人逐渐走向中心，成为主导文化力量，包括报刊新闻工作者，也包括经常在报刊发表文章的自由文人。

印刷术是现代报刊兴起的动因，使文人的知识生产传播方式发生了天翻地覆的变化。通过机械手段将同一文本不计其数地复制，社会获取知识的途径因而由有限转变为无限。可以说，机械印刷术的引进开创了从书籍到报刊的媒介场域变动。媒介场域建构传播规则，传播规则反映媒介场域的内在结构。报刊逐渐瓦解了以书籍占主导的媒介场域的书写方式，创造了一种新型书写方式，并将之植入日常生活的中心。诚如梁启超所描绘的那样："中国自数千年来，常立于一定不

---

① ［法］布尔迪厄：《实践与反思》，李猛等译，中央编译出版社1998年版，第131页。

易之域，寸地不进，跬步不移，未尝知过渡之为何状也。忽然，为五大洋惊涛骇浪之所冲激，为十九世纪狂飙飞沙之所驱突，于是穹古以来，祖宗遗传、深顽厚锢之根据地，遂渐摧落失陷，而全国民族，亦遂不得不经营惨澹，跋涉苦辛，相率而就于过渡之道。"①

报刊这种新的媒介形式是如何改变文人书写的规则和结构的呢？"周期出版"改变了书写的时间观念，"大众发行"改变书写的接受者，"机械印刷"改变了书写文本的生产速度。无论是被生活所迫投入报章写作的，还是自觉投身报业的，文人们面临如何契合报章传播形式，以更好地适应新的传播规则的问题，尤其需要考虑所针对的"大众"。当中国读书人介入报章的创办中面临的问题，对于过去的读书人来说，这样的问题即便存在，也并不严重。科举时代，撰写的文字是"制艺之文"，自有明确的阅读对象；此外的文字立意于"藏之名山"之事业，得三五知己便也够了。

与传统的文章写作相比，报章的生产、传播、消费方式都有了截然不同的方式。报刊为文人写作提供了新的媒介形式，也为传统写作世界引入了一个新的尺度，操控着知识生产传播的各种势力之间力量对比，发生了转换。报刊写作没有深度，模式化，易于复制，它是按照市场规律运作的写作，是一种大批量生产传播，旨在使大量受众沟通社会信息的写作。报刊媒介逐渐充当了传播新知的角色，不但推动了西方新学的传播，而且也促进了中国文人书写观念的演进。这种时候，文章不是孤芳自赏，而是演变成一种消费品。报章盛而典籍衰，知识增而道德减，传统书写规范的式微，导致文人书写观念、心态的变化。这里的书写观念其实就是一种文化惯习。这是一种观念化的形态，揭示人的心性结构，与社会结构也有着关联。高宣扬将其翻译为"生存心态"。这种翻译更能呈现晚清文人在书写实践中形成的知识、思想和信仰。从书籍媒介场域到报刊媒介场域，透过晚清文人写作观念的变动，我们既可以看到政治资本、文化资本、商业资本在其中的

---

① 梁启超：《过渡时代论》，《清议报》第 83 册，1901 年 6 月 26 日。

权力运作关系，同时也能看到权力之外，文人内心的价值信仰的变动。

二 诸种面相：晚清报人观念演进的多维透视

媒介形式与中国文人知识生产传播观念的形成有着重要关系。文人是书写的实践者，也是知识的生产传播者的角色。面对报刊媒介，面对报章写作，其中不但有保守文人的批判，也有新派文人自己所要面对的书写转型的阵痛。如果考察投身报章写作的文人知识结构与报业履历，会发现最早投身报刊的人有梁亚发、王韬、包天笑、孙玉声、管嗣复、沈毓桂、梁启超、谭嗣同、李伯元、裘廷梁、陈冷、汪康年等。这些新派文人，早年都阅读儒家经典，受传统教育出身，后又投身报刊，有的入西式学堂，有的还负笈他国求学，接受了许多西方知识。恰如同福泽谕吉所言的那样，他们亲临其境的"切身体验"赋予了"好象是一身经历了两世，也好象一个人具有两个身体"的幸运。[①]因此他们的知识、思想和信仰的养成难免会受到两种知识观念的影响。李欧梵曾经描绘"五四人"的面孔："他（或她）出生于上个世纪末或本世纪初的东南某省（譬如浙江、湖南），幼年受过私塾教育，一知半解地念过四书五经。少年时候，新式学堂在省城成立了，于是他（或她）背井离乡，甚至不顾父母之命所订下的旧式未婚妻（夫），到省城里去接受新式教育。在这些新式中学里，他（她）开始念英文，学几何、算数、政治，但课余却看严译的《天演论》、林译的《茶花女》和梁启超的《新民丛报》。"[②]如果我们为晚清两代报人画一幅画像，以王韬为代表的晚清第一代报人的人物画像应该是这样的：他们出生于19世纪上叶，幼年接受私塾教育，曾经醉心过科举考试，或因时运不济，或因家道中落，后来不得不背井离乡到洋人书局、报馆秉笔谋生。在这些书局、报馆中，他们开始接触西方知识。他们生活收

[①] ［日］福泽谕吉：《文明论概略·序言》，北京编译社译，商务印书馆1982年版，第3页。

[②] ［美］李欧梵：《五四文人的浪漫世界》，王跃、高力克编：《五四：文化的阐释与评价》，山西人民出版社1989年版，第173页。

入颇丰，但社会地位低下，因此仍心存科举之念，颇以所操之业为耻。时至晚年，他们因熟识西学开始受到社会重视，常有地方官员和士林群体向他们学习、咨询。

表2—1　　　　　　　　晚清第一代代表性报人简表

姓名	籍贯	出生年	教育背景	就职的报刊名称	职务
梁亚发	广东	1789年	私塾	《察世俗每月统记传》	秉笔华士
沈毓桂	江苏苏州	1807年		《申报》	主笔
王韬	江苏苏州	1828年	秀才	《循环日报》《万国公报》《申报》	主笔
蒋芷湘	浙江杭州	1842年	举人	《申报》	主笔
何桂笙	浙江山阴	1841年	秀才	《申报》	主笔
蔡尔康	江苏上海	1851年	秀才	《申报》《字林沪报》《新闻报》《万国公报》	主笔
黄协埙	江苏南汇	1851年		《申报》	主笔
李平书	江苏上海	1854年	贡生	《沪报》	襄助笔政

而以梁启超为代表的晚清第二代报人的人物画像乃是如此这般：他们出生于19世纪下半叶，幼年阅读四书五经，成年开始科举考试。但欧西、日本等国的对华侵略行为让他们开始觉察到西学的重要性，也认识到儒家知识的不足。他们开始参与创办报纸，发表个人变法图强的思想观点。他们借助报刊积攒了名气，也逐渐认识到办报是科举之外的另一条道路。他们有的用报刊宣扬维新变法思想，成为维新派报人，如梁启超、陈冷等；有的用报刊传播革命思想，成为革命报人，如陈少白、汪精卫等；有的以创作刊载小说、戏剧为业，成为通俗报人，如包天笑、李伯元等。

表2—2　　　　　　　　晚清第二代代表性报人简表

姓名	籍贯	出生年	教育背景	就职的报刊名称	职务
康有为	广东南海	1858年	举人	《中外纪闻》《强学报》《知新报》《清议报》《新民丛报》	创办人

续表

姓名	籍贯	出生年	教育背景	就职的报刊名称	职务
梁启超	广东新会	1873年	举人	《中外纪闻》《强学报》《时务报》《清议报》《新民丛报》	主笔
严复	福建侯官	1854年	福建船政学堂/英国皇家海军学院	《直报》《国闻报》《国闻汇编》	主笔
谭嗣同	湖南浏阳	1865年	监生	《湘学报》	主笔
汪康年	浙江钱塘	1860年	进士	《时务报》《中外日报》《昌言报》	经理、主笔
英敛之	北京	1867年		《大公报》	
陈冷	江苏松江	1877年		《时报》《申报》	主笔
包天笑	江苏吴县	1876年	秀才	《时报》	编辑
李伯元	江苏武进	1867年	秀才	《指南报》《游戏报》	主编
孙玉声	上海枞溪	1864年		《新闻报》《申报》《时事新报》	编辑、总编
朱逢甲	江苏华亭	1864年	秀才	《益报》《申报》	主笔
于右任	陕西三原	1879年	三原宏道书院、补廪膳生	《神州日报》《民立报》《民呼报》《民吁报》	主编
汪精卫	广东番禺	1883年	秀才、留学日本法国	《民报》	主编
陈少白	广东江门	1869年	香港西医书院	《中国日报》	主编
蔡元培	浙江绍兴	1868年	翰林	《俄事警闻》《警钟日报》	
章士钊	湖南善化	1881年	武昌两湖书院、英国阿伯丁大学	《苏报》《国民日日报》《甲寅》	主笔
陈独秀	安徽怀宁	1879年	秀才、杭州中西求是书院、东京高等师范学校	《国民日日报》《安徽俗话报》《新青年》	主编、主笔

第二章　书写的转型：报刊媒介影响下晚清文人的观念变动 / 49

依据现代心理学理论，人类的早期生活与学习经验在人格塑成过程中，有着非常重要的作用。西方心理学家弗洛伊德曾指出："一个人童年的历史，也就是他精神发展的历史。"① 投身报刊的新派文人，因为早年接受儒家经典知识学习，其书写方式与书写观念已经深深滋生在其心灵之中，成为一种影响强大的"文化惯习"。这些书写的规则、程序和规范，包含着为文人书写行动提供的意义框架的象征系统、认知模式和道德模板。对报刊书写的认知，一方面来自传统的书写观念的纵向继承，另一方面来自西方新闻书写观念的横向移植。而中国近代报刊的演变，逐步走向具备现代媒介条件的过程，反映在整个报纸文体书写方式的改变。

晚清报人由"士"向"知识分子"的转型，体现了报刊媒介的影响，也呈现了文人对新的角色身份的认同。反映了从书籍到报刊之媒介转型的社会影响，同时也呈现了转型期晚清文人书写多元共在的观念状态。梁启超曾将其置身的晚清中国称作"过渡时代之中国"，并且形象阐述了中国如何开了启自己艰难的转型与过渡。他说："中国自数千年来，常立于一定不易之域，寸地不进，跬步不移，未尝知过渡之为何状也。虽然，为五大洋惊涛骇浪之所冲激，为十九世纪狂飙飞沙之所驱突，于是穷古以来，祖宗遗传、深顽厚锢之根据地，遂渐渐摧落失陷，而全国民族，亦遂不得不经营惨澹，跋涉苦辛，相率而就于过渡之道。"② 置身于"三千年未有之变局"的晚清，中国文人在种种因素的催迫下也"不得不经营惨澹，跋涉苦辛，相率而就于过渡之道"。一时之间，曾经赓续千年的书写观念也急遽发生变化。这些赓续千年的书写观念隐藏着解读古典文化密码，例如"立言不朽""文质彬彬""重义轻利""述而不作""征圣宗经"等观念，参见表2—3。

---

① ［奥］弗洛伊德：《弗洛伊德论美文选》，张唤民、陈维奇译，知识出版社1987年版，第54页。

② 张品兴主编：《梁启超全集》，北京出版社1999年版，第465页。

表 2—3　　　　　　　　古典中国的传统书写观念举隅

传统观念	文献出处	书写观念解析
立言不朽	《左传》："太上有立德，其次有立功，其次有立言，虽久不废，此之谓不朽。"	重视文章书写的纵向历时传承，借助文章的不朽以达到个人声名的不朽
文质彬彬	《论语·雍也》："质胜文则野，文胜质则史，文质彬彬，然后君子。"	兼顾文章的文采与内容，既强调语言没有修饰，就不能流传很远，同时强调恰到好处地表达内容，不言过其实
重义轻利	《论语·里仁》："君子喻于义，小人喻于利。"	重视从道德维度去审视文章书写，强调借助文章的传播以获名，而不在于借助文章传播以获经济之利
述而不作	《论语·述而》："述而不作，信而好古。"	在文章书写中注重叙述和阐明前人的学说，自己不创作或者谨慎创作，创作也要精打细磨、斟词酌句
征圣宗经	《荀子》："学恶乎始？恶乎终？曰：其数则始乎诵《经》，终乎读《礼》。""圣人也，道之管也。"	在文章书写中注重引经据典，动辄"子曰""诗云"，以引用经典书籍和圣贤之语作为立论的根据

晚清时代骤然开启的社会转型，打破了传统书写观念一统天下的局面，但告别古典以迎接现代、告别书籍以拥抱报刊也并非易事。中国知识界呈现出古典与现代交相混杂的思想面孔。文人是运用一定的书写体式来表达个人思想的"理念人"，书写体式是含蕴着文化基因的"有意味的形式"，书写体式背后的文化理念则是文人安身立命的所在，若是轻易抛弃自己所拥有的理念则失去了文人的思想操守。同时无可回避的是，古代的圣贤经典虽非尽皆失效，但文人倘若依旧沉浸于圣贤典籍而无视现实社会时势的变迁，也无异于作茧自缚。危急存亡之际，部分文人开始逐渐走向报刊，从因科举落第的谋生所迫（第一代报人）到以报刊立言的自觉选择（第二代报人），他们的书写观念也遭遇了前所未有的冲击。晚清文人在书写实践中存在着"不朽"还是"速朽"，"觉世"还是"传世"，"重义"还是"重利"，"文胜质"还是"质胜文"，是"开眼看天下"，还是"闭门读圣书"

等多元的观念选择。而这些书写观念的持有或选择,直接关系到晚清文人的报刊认知和书写认同。报刊到底是传播新知的读本,还是搬弄是非的俗物,士林群体对此莫衷一是,这也让投身报林的文人颇有浮世飘萍的感思。恰如梁启超对晚清中国所做的比喻:"今日中国之现状,实如驾一扁舟,初离海岸线,而放于中流,即俗语所谓两头不到岸之时也。"[①] 面对从书籍到报刊的媒介转型,晚清文人书写观念的转变中呈现出动态复杂的思想面向,本书将在后面的章节通过散点透视的方式进行详细考察。

[①] 张品兴主编:《梁启超全集》,北京出版社1999年版,第465页。

第 三 章

报刊与时间:从"立言不朽"看晚清报人的书写观念转型

> 吾辈之为文,岂其欲藏之名山,俟诸百世之后也,应于时势,发其胸中所欲言。然而时势逝而不留者也。转瞬之间悉为刍狗。况今日天下大局,日接日急,如转巨石于危崖,变异之速,匪翼可喻。今日一年之变率,视前此一世纪犹或过之,故今之为文,只能以被之报章,供一岁数月之道铎而已。过其时则以覆瓿焉可也。
>
> ——梁启超

1902 年,何擎一将梁启超散落在各个报刊的文字编辑成《饮冰室文集》,并邀梁启超本人作序,梁氏在序中说:"吾辈之为文,岂其欲藏之名山,俟诸百世之后也,应于时势,发其胸中所言;然时势逝而不留者也,转瞬之间,悉为刍狗。况今日天下大局日接日急,如转巨石于危崖,变迁之速,匪翼可喻,今日一年之变,率视前此一世纪犹或过之。故今之为文,只能以被之报章,供一岁数月之道铎而已,过其时,则以覆瓿焉可也。"① 梁启超,这位因担任《时务报》主笔而名闻天下的青年士子,时处从书籍向报刊转型的媒介时代,他对书写的

---

① 梁启超:《饮冰室合集自序》,《梁启超年谱长编》,上海人民出版社 2009 年版,第 193 页。

认识与传统士人相比有了新的变化：其言论中"藏之名山""俟诸百世之后"道出了内蕴在传统士人心中的书写观念，"时势逝而不留""转瞬之间，悉为刍狗"又说出了报刊时代的书写现实，而"今之为文，只能以被之报章，供一岁数月之遒铎而已，过其时，则以覆瓿焉可也"既阐明了未来书写的必然走向，又提出了报刊时代书写观念转型的必要性。报刊媒介的出现打破了传统书写方式的稳定性，作为一种新型的知识传播方式，迅速崛起的报章写作给晚清文人带来了不同的书写体验。本章围绕晚清文人书写的"速度与质量""不朽与速朽"等问题展开探讨。

第一节 速度化写作：报刊媒介的写作方式

相较于书籍媒介，报刊媒介一个重要特点是"周期出版"。报刊这种周期、连续出版的形式改变了传统自由写作的模式，催生了书写的速度化问题，由此也告别了传统字斟句酌的模式走向时宜性、粗糙化。同时报刊书写处于持续不断的生产、更新之中，折旧率很高，书写价值有效性减弱，对传统的"立言不朽"的书写观念形成了直接的冲击。

一 周期出版：报人的速度化写作

1833年《东西洋考每月统记传》刊载了一篇《新闻纸略论》，讲述了现代报刊体例与形式："在西方各国有最奇之事，乃系新闻纸篇也。……新闻纸有每日出一次的，有二日出一次的，有七日出二次的，亦有七日或半月或一月出一次不等的，最多者乃每日出一次的……"[①]《东西洋考每月统记传》被称为在中国本土出现的第一个中文报刊，它也率先发行中文期刊，并且最早将固定出版间隔的期刊形式引进到中国。梁启超在叙述西方报刊演进时如是描述："其出报也，或季报，

[①] 《新闻纸略论》，《东西洋考每月统记传》1833年12月。

或月报，或半月报，或旬报，或七日报，或五日报，或三日报，或两日报，或每日报，或半日报。"固定时间间隔，短则每日发行的日报，如《循环日报》《申报》《大公报》《新闻报》等，长则有年刊、半年刊、季刊、双月刊、月刊、半月刊、旬刊、周刊、三日刊、五日刊、隔日刊。尽管有些报刊出版时间很短，便由于种种原因休刊、停刊，但对固定出版间隔在创刊时便有固定的设计。"其达彼此之情意，能中外之消息者，则有日报，时或辩论其是非，折衷其曲直；有时彼国朝廷采取舆论，深悉群情，亦即出自日报。"① 报刊时代的文人写作，需要调整适应报刊的周期出版方式。因为发刊周期缩短，不能像古代文章写作那样可以斟词酌句，"两句三年得，一吟双泪流"。《申报》创刊初期，明确说明报章文字与其他文字之区别所在：

> 作新闻日报者，每日敷衍数千言，安能求其句雕字琢，词美意善，可与经史子集同列，亦不过惟陈言之务去，欲新事之多列，不至蹈龙图公案、今古奇观诸小说之窠臼，已能为其尽其职矣。即阅报者，亦不过日费十余文购阅一张，求其娱目快心，以博一笑，并非欲藏之名传之其人也。果能如是，则作者、售者、阅者之职均已尽，其他则非所知也。②

报章写作因为时效性要求，需要文人练就倚马可待的写作速度。早年投身报刊事业的王韬便在报章写作中养成了快速书写文章的能力。他在《弢园文录外编》自序中说："鄙人作文窃秉斯旨，往往下笔不能自休，若于古文辞之门径则茫然未有所知，敢谢不敏。"③ 在《弢园老民自传》中，他也曾夫子自道："老民于诗文无所师承，喜即为之下笔，辄不能自休，生平未尝属稿，恒挥毫对客，滂沛千言，忌者或

---

① 王韬：《变法自强（上）》，《弢园文录外编》，中州古籍出版社1998年版，第86页。
② 《辨惑》，《申报》1874年10月19日。
③ 王韬：《自序》，《弢园文录外编》，上海书店出版社2002年版，第1页。

訾其出之太易。"① 作为报人的王韬充分认识报刊文章应该重视内容利益的重要而不是外在形式的华丽，"惟念宣尼有云，辞达而已，知文章所贵在于纪事述情，自抒胸臆，俾人人知其命意之所在，而一如我怀之所欲吐，斯即佳文。至其工拙，抑末也"。② 王韬是晚清第一代报人的代表，他的报章认知也具有相当的代表性，而第二代报人代表梁启超与报界前辈也有着同样的报章书写认知。梁启超在《清代学术概论》中如是讲述自己书写报章的特点："纵笔所至，略不检束；务为平易畅达，时杂以俚语、韵语及外国语法；其文条理清晰，笔锋常带感情。"③ 梁启超曾经描述自己写作任务之重："每期报中论说四千余言，归其撰还；东西文各牌二万余言，归其润色；一切奏牍告白等项，归其编排；全本报章，归其复校。十日一册，每册三万字，经启超自撰及删改者几万字，其余亦字字经目经心。六月酷暑，洋蜡皆变流质，独居一小楼上，挥汗执笔，日不遑食，夜不遑息。"④ 由此可见，报刊时代的书写不但需要倚马可待，而且需要立马万言，速度之快与任务之重都是与书籍时代不可同日而语的。

时人在总结报刊出版对书写观念的转型时说："昔人穷困不得志，乃闭户著书，以泄一生之牢骚。加以出版不易，其书大率于作者死后若干年，方能行世，故作者无汲汲求名谋利之心，得优游删润，以求尽美尽善。"⑤ 以前的著作崇尚"披阅十载，增删五次"的书写方式，但报刊时代追求"朝甫脱稿，夕即排印，十日之内，遍天下矣"的传播效应。⑥ 很多关涉变法的政论文章，需要对西学有认真理解把握，

---

① 王韬：《弢园老民自传》，《弢园文录外编》，上海书店出版社2002年版，第273页。
② 王韬：《自序》，《弢园文录外编》，中州古籍出版社1998年版，第31页。
③ 梁启超：《清代学术概论》，上海古籍出版社1998年版，第85—86页。
④ 梁启超：《创办〈时务报〉原委》，夏晓红辑：《〈饮冰室合集〉集外文》，北京大学出版社2005年版，第45—46页。
⑤ 解弢：《小说话》，朱一玄编：《中国古典小说名著资料丛刊·〈红楼梦〉资料汇编》，南开大学出版社2012年版，第877页。
⑥ 解弢：《小说话》，朱一玄编：《中国古典小说名著资料丛刊·〈红楼梦〉资料汇编》，南开大学出版社2012年版，第877页。

结合中国国情特点才能够写出有价值的著作。如果此种撰述,仓促为之,决不可能完善。造意谋篇,起稿芟润,至速非数载不为功。报章写作带来书写的速度和品质何者为上的问题。如果说书籍时代的书写理念是重品质而轻速度,那么周期出版的报章则开始崇尚重速度而轻品质的书写理念。

周期出版的报刊形式,催生了高速度的写作。这样的写作速度,需要付出一定的代价,这样的快速节奏越来越快,从月刊、旬刊到日刊,报章写作为此成为一种模式化、快餐化、粗糙化的书写方式。这或许是必要的代价吧?阅读梁启超的文字,是典型的速度型的报章文字。这些文章很有气势,但是语句往复,逻辑上其实没有多大的推进。这其实便是文章快速写作造成的。报人已经没有宽裕的时间从容地遣词造句、谋篇布局,缜密思考,谨慎的总结陈词更是不可能了。报刊文本,明显是为了现时读者需要而作,不能再求文辞的严谨。因为讲求时效,所以看到时事新闻之后随即动笔,文章自然就显得粗糙、肤浅。

二 新闻媒介:报刊书写的有效时间

报刊书写与时间观念息息相关,新闻性媒介与传统的书籍媒介相比,首先需要考虑的就是新闻的时效性问题。"今天的新闻,即明天的历史",这样的概念对我们已经影响至深,也更加凸显报刊书写与时间的密切程度。报刊书写的时效性,强调的是报刊书写必须是最近发生、发现的事情。根据报刊出版周期的不同,时效性要具体到月、旬、周、日。报刊这种固定周期的特点,意味着出版形式具有时效性,催生了新闻性媒介,可以提供随时而变得信息或意见。康有为上书光绪帝,述说开办报刊的好处,有一条便是:"或每日一出,或间日一出,或旬日一出,所载皆新政之事,其善四也。"[①] 戈公振将其称为"时宜性""现实性"。他说:"若现实性及时宜性除去,则报纸尚有何

[①] 汤志钧编选:《康有为政论集》,中华书局1981年版,第322页。

物存在乎？""故现实性之与报纸，犹维持生命之血，舍此更无他物也。""报纸之搜集材料，对于一分一秒之迅速，努力竞争。"① 没有时效性的信息意见便慢慢不受报刊青睐。这种时效性需要与当时邮传、交通、电报等技术进步相关联。有了现代化的邮寄技术、交通运输工具，报刊才能够在制作完成之后，迅速传递到全国各地。而电报这种形式，在采编新闻消息的时效性上也帮助甚大，知识信息的更新速度更加快捷。

关于新闻事业的性质，松本君平在《新闻学》中说："是新闻事业云者，乃蒐集新现象之事实，著为新过去新未来评论而付之印刷，以通知公众之事业也。"② 谭嗣同在谈及报刊之作时，以《礼》《易》中的"苟日新，日日新，又日新"来为新闻做理论阐释："夫书，已往之陈迹，古人之糟粕也。千世之变异，非古人所得逆而知也；当时之情事，亦非今人所得虚以揣也。昨日之新，至今日而已旧。今日之新，至明日而又已旧。虽温故知新，存乎其人，而新究在人不在书也。书而新，势必日日使新人、阐新理、纪新事，而作为新书而后可也。然日日使新人、阐新理、纪新事，而作为新书，其构意也有日，谋篇也有日，成卷也有日，刊行也又有日，比书之遇吾目，则去其初著书之时，不知凡若干日。昨日之新，至今日而已旧；今日之新，至明日而又已旧。所谓新理、新事，必更有新于此者，而书亦非新书矣。往者江君建霞，督学吾湘，有鉴于此。日日使新人、阐新理、纪新事，而作为新书。不俟其书之成也，而十日一出之，名之曰《湘学新报》，其助人日新之意至切也。然而则既已十日矣，昨日之新，至今日而已旧；今日之新，至明日而又已旧。然而则既已十日矣，谓之新可也，谓之日新不可也。于是同志诸友，复创为《湘报》。"③

报刊时代的写作，要求密切关注时事，紧贴时代脉搏，紧跟时事

---

① 戈公振：《中国报学史》，上海古籍出版社2002年版，第12—13页。
② 松本君平：《新闻学》，《新闻文存》，中国新闻出版社1987年版。
③ 谭嗣同：《〈湘报〉后叙》，复旦大学新闻系编《中国新闻史文集》，上海人民出版社1987年版，第39—40页。

节奏,对发生的事情能够快速发出反应,形诸文字。当时,文人们更多重视理性学术而轻经世实用,"自帖括之外,一无所知"。而报刊写作不仅忧世伤时,留心当世之务,而且每有心得,必尽倾吐而后快。报刊文章,乃是应时而生,抓住有利的时机性,方会产生最大的时效性。报刊将很多即时的想法公之于世,而知识分子也在这种传播模式中构筑自我的文章,传播自己的意见思想。这样的传播模式使得思想更趋向于讨论当代性的问题,文章写作也更加关联现实问题。因为即时性的思想书写可以得到记录、传播,由此使得思想更新速度加快,思潮更替变化多端。

麦克卢汉在《理解媒介》中谈到文献学的一条重要定律:"文献生产越多,保存下来的越少。"① 这句话是有道理的,由于材料的性质,写得少保持得多,写得多保存得少。可能有人对此会有质疑,其实不难理解,因为生产越多,大家的选择阅读,阅读量也越大,因此在每份文献上花费的时间也更加短暂。从事报刊出版的人自然明白这个原理,因此选择廉价的纸张予以印刷。美查曾在《申报》上刊登题为《本馆自叙》的文章说:"窃思新闻纸一事欲其行之广远,必先求其法之简,价之廉,而后买者以其偿无多,定必争先快睹。"根据当时市场的自己的调控原则,《申报》选择了更加低廉的毛太纸,遗弃了之前昂贵的白报纸作为自己的材料,大大增加了自己成本价和支出价的差额。《申报》最初价格定位为每份 8 文铜钱,仅为《上海新报》的 1/4,从而在价格上占据了绝对优势。机械印刷技术的引进,提升了书写文本的生产、传播的数量和速度。报刊处于持续不断地生产与更新之中。报刊的发行是即时的,一期接着一期,一日挨着一日的出,折旧很高,报刊文本很多时候是阅完即弃的。松本君平认为:"泰西之新闻集常有言曰,新闻者非如读书,惟瞥见而已。""夫忙促之读者,端居无闲日月,一日读新闻纸之时间,不过二三十分。"② 报刊是

---

① [加]麦克卢汉:《理解媒介——论人的延伸》,何道宽译,商务印书馆 2000 年版,第 203 页。

② [日]松本君平:《新闻学》,《新闻文存》,中国新闻出版社 1987 年版。

一种短期传播媒介，报刊书写的价值有效期限一般都在出版周期之内，仅供一时数月之用，过了有效期，只能作为糊窗之物，不足为存。西方学者谈及书籍、报刊两种媒介的价值时也曾有过同样的论述："一本论说性的书的价值能延续二十多年；报纸上讯息的价值却只有一天，一天之后我们就把它丢进垃圾桶。"① 报刊书写的速度化与时效性，构成了报章文体的两大特点。

空说无凭，这里可以以"时评"为例来阐释报章文体的时间与效用问题。时评，如今是一种习以为常的文体，但在晚清时期，报刊所刊载的文章却大多是一种文集之文，缺少时间上的考量，新闻性不足。胡适在回忆中曾对《时报》的短评做出高度评价："《时报》的短评在当日是一种创体，做的人也聚精会神的大胆说话，故能引起许多人的注意，故能在读者脑筋里发生有力的影响……这种短评在现在已成了日报的常套了，在当时却是一种文体的革新用简短的语句，用冷隽明利的口吻，几乎逐句分段，使读者一目了然，不消费工夫去点句分段，不消费工夫去寻思考察。当时看报人的程度还在幼稚时代，这种明快冷刻的短评正合乎当时的需要……我们试看这种短评，在这十七年来，逐渐变成了中国报界的公用文体，这就可见他们的用处与他们的魔力了。"② 晚清时期，《时报》因时评而广受青睐，吸引了全国文人的关注，也成为各大报刊争相模仿的推广路径。《申报》"改变论政策，赞同变法维新，选刊有关时事投稿"，效仿《时报》辟"申论"专栏，每篇评论的字数被减少到 100 字以内。遇到紧急情况，同一天内有时还会刊登两篇评论。《新闻报》创办了"新评"专栏，这些评论短小精悍、通俗易懂，也深受读者欢迎。但这些评论因与新闻消息同生，也与新闻消息同存。

---

① ［英］斯各特·拉什：《信息批判》，杨德睿译，北京大学出版社 2009 年版，第 16 页。
② 胡适：《十七年的回顾》，《胡适文存》二集，黄山书社 1996 年版，第 285 页。

第二节　立言不朽：书籍时代文人的书写观念

前文有述，"书写"行为对于中国士人而言有着安身立命的价值意义。文章书写不但是知识传播的手段，它还折射出士人独特的精神结构、思维方式，渗透着士人的知识生产、传播观念。中国古代社会是一个"书籍系统的独占时期"，在历史悠久的书写传承中，士人形成了一种独特的书写方式与书写标准，它通常以某种观念的形式沉淀在他们的意识深处，即如"立言不朽"观念。正如有学者指出的那样："人终将化为腐朽，肉体归入泥土。唯书写使其永存于记忆。"[①]

一　立言不朽：古代文人的书写观念

作为知识的传播者，中国古代的文人很早就重视"立言"，并且将立言与立德、立功并列为人生三大不朽之事。《左传·襄公二十四年》记载："穆叔曰：鲁有先大夫曰臧文仲，既没，其言立。其是之谓乎？豹闻之：'太上有立德，其次有立功，其次有立言。'虽久不废，此之谓不朽。"这是对"立言不朽"的最早表述。唐孔颖达《春秋左传正义》解释道："立言，谓言得其要，理足可传，记传称史逸有言，《论语》称周任有言，及此臧文仲既没，其言存立于世，皆其身既没，其言尚存，故服、杜皆以史佚、周任、臧文仲当之，言如此之类，乃是立言也"。[②] 所谓"立言"，指的是"言得其要，理足可传，其身既没，其言存立于世，乃是立言也。"[③] 这里的立言更多指的是"书写"，书写传播是相较"口承"传播模式而言，一般指"文章""著述"之类偏向文字书写的言论。西汉司马迁身受宫刑，但依然忍辱负重完成《史记》，也是因为心存"立言不朽"的思想观念。他说：

[①] ［新西兰］斯蒂文·罗杰·费希尔：《书写的历史》，李华田等译，中央编译出版社2012年版。

[②] 李学勤主编：《十三经注疏·春秋左传正义》，北京大学出版社1999年版，第1003页。

[③] 李解民：《春秋左传诂》，中华书局1987年版，第185页。

"所以隐忍苟活,幽于粪土之中而不辞者,所以隐忍苟活,幽于粪土之中而不辞者,恨私心有所不尽,鄙陋没世而文采不表于后世也。古者富贵而名摩灭,不可胜记,唯倜傥非常之人称焉。盖文王拘而演周易,仲尼厄而作春秋;屈原放逐,乃赋离骚;左丘失明,厥有国语;孙子膑脚,兵法修列;不韦迁蜀,世传吕览;韩非囚秦,说难、孤愤;诗三百篇,大抵贤圣发愤之所为作也。此人皆意有所郁结,不得通其道,故述往事,思来者。乃如左丘明无目,孙子断足,终不可用,退而论书策,以舒其愤,思垂空文以自见。仆窃不逊,近自托于无能之辞,网罗天下放失旧闻,略考其行事,综其终始,稽其成败兴坏之纪,上计轩辕,下至于兹,为十表,本纪十二,书八章,世家三十,列传七十,凡百三十篇,亦欲以究天人之际,通古今之变,成一家之言。草创未就,会遭此祸,惜其不成,是以就极刑而无愠色,仆诚已著此书,藏之名山,传之其人,通邑大都;则仆偿前辱之责,虽万被戮,岂有悔哉!"[1] 这种精神到"三国"时期被魏文帝曹丕进行了更为生动的阐释,曹丕在《典论·论文》中如是写道:"盖文章经国之大业,不朽之盛事。年寿有时而尽,荣乐止乎,其身二者必至之常期,未若文章之无穷。是以古之作者,寄身于翰墨,见意于篇籍,不假良史之辞,不托飞驰之势,而声名自传于后。"[2]

直到进入报刊时代,张之洞依然秉持"三不朽"的思想劝人:"凡有力学好事之人,若自揣德业学问不足过人,而欲求不朽者,莫如刊布古书一法。其书终古不废,则刻书之人终古不泯。如歙之鲍、吴之黄、南海之伍、金山之钱,可决其五百年中必不泯灭,岂不胜于自著书自刻集乎?且刻书者,传先哲之精蕴,启后学之困蒙,亦利济之先务,积善之雅谈也。"[3] 而谭嗣同则借用曹丕的话为报章摇旗呐喊:"信乎经国之大业,不朽之盛事,人文之渊薮词林之苑囿,典章

---

[1] 司马迁:《报任安书》,李壮鹰主编《中国古代文论》,高等教育出版社2002年版。

[2] 曹丕:《典论·论文》,李壮鹰主编《中国古代文论》,高等教育出版社2002年版,第48页。

[3] 张之洞:《劝刻书说》,《书目答问》,商务印书馆1935年版,第77—78页。

之穹海，著作之广庭，名实之舟楫，象数之修途。总群书，奏《七略》，谢其淹洽；甄七流，綵百家，愍其懿铄。自生民以来，书契所纪，文献所徵，参之于史既如彼，伍之于选又如此。其文则选，其事则史，亦史亦选，史全选全。文武之道未坠于地；知知觉觉，亦何常师？斯事体大，未有如报章之备哉灿烂者也。"① 由此可见，中国自古相传的立德、立功、立言之三不朽信仰，依然活在晚清士林群体心目之中。生于晚清的胡适后来说："三不朽论的影响是深厚宏大而不可估计，而且它本身就是言之不朽的最佳证明。……这古老的三不朽论，两千五百年来，曾使许多的中国学者感到满足。它已经取代了人类死后不朽的观念，它赋予了中国士大夫以一种安全感，纵然死了，但是他个人的德能、功业、思想和语言却使他死后将永垂不朽。"②

源于对"立言不朽"的追求，传统文人对于书写的看重，是精打细磨、斟词酌句的："将蕲至乎古之立言者，则无望其速成，无诱于势利，养其根而俟其实，加其膏而希其光。根之茂者其实遂，膏之沃者其光晔。"③ "盖古人于诗不苟作，不多作。而或一诗之出，必极天下之至精，状理则理趣浑然，状事则事情昭然，状物则物态宛然，有穷智极力之所不能到者，犹造化自然之声也。盖天机动情，天籁自鸣，鼓以雷霆，预顺以动，发自中节，声自成文，此诗之至也。"④ 这种对文章写作的慎重心理在报刊时代被冲淡了。伴随着报刊等出版工业兴起，投身报刊的文人开始一种速度化、粗率化的写作。而报刊新闻也总是充斥着家长里短的唠叨和闲言碎语，大众信息都是廉价的和缺乏精心书写的。

二 精雕细琢：书籍时代的文章作法

每一种媒介都内蕴着某种书写模式与时间立场。报刊出现之前，

---

① 谭嗣同：《报章文体说》，《时务报》第 28、29 期，1897 年 6 月。
② 胡适：《胡适学术文集（中国哲学史）》，中华书局 1998 年版，第 535—537 页。
③ 韩愈：《答李翊书》，《昌黎先生集》卷十六。
④ 包恢：《答曾子华论诗》，《敝帚稿略》卷二。

中国文人沉浸于对书籍媒介所塑成的文化之中,并不关注现在或将来。报刊的周期出版逐渐影响了人们的认知、记忆与行动,造成了文化纵深感的消逝,开始关注当下发生的事情。伊尼斯就曾经指出:"书籍是长期思考的成果,具有稳定的影响。但是,这种影响却被期刊和报纸的增长破坏了。早在1831年拉马丁就说过:'书来得太晚,今后可能到的书,只有一本,这就是报纸。'"①"书来得太晚"这个词寓示着报刊的出现破坏了书籍媒介所建构的时间观念。套用伊尼斯的话,社会时间可以随一个群体的媒介使用的不同而不同。② 从书籍到报刊,到广播,到电视,到网络,我们现在的时间观念与晚清文人相较不知已经被改造了多少次了。更何况更久远的时代。我们只能尽可能通过古人点滴的叙述,探寻其蛛丝马迹。

阮元在《文言》中说:"古人无笔砚纸墨之便,往往铸金刻石,始传久远。"金石是早期的书写媒介,只有"铸金刻石",才能传播久远。可见,媒介形式与时间观念是相连的。一种媒介形式在经过长期使用之后,都可能会在某种程度上影响它传播的知识的特征。后来"金石"被喻指为"不朽""永世"的意思。汉陆贾《新语·至德》有语云:"而欲建金石之功,终传不绝之世,岂不难哉!"三国魏曹植《与杨德祖书》有言曰:"建永世之业,流金石之功。"其实,古代的媒介都有着为了时间上流传久远的特征。《墨子·兼爱下》有如是表述:"以其所书于竹帛,镂于金石,琢于盘盂,传遗后世子孙者知之。"后来,以竹帛、金石为核心的知识垄断,受到纸张的挑战。相对竹帛、金石,纸张制成的书籍是一种更为有效的媒介,它加强了知识在空间上的横向传播,但没有改变文人对时间纵向传播的追崇。

经过各种书写材料的演变,书籍依然重视的是时间的恒久价值。

---

① [加]哈罗德·伊尼斯:《传播的偏向》,何道宽译,中国人民大学出版社2003年版,第64页。
② 伊尼斯原话:"社会时间可以随一个群体的信仰和习惯的不同而不同,可以是不连续的,可以随实际上的年代而暂时停止。"参见[加]哈罗德·伊尼斯《传播的偏向》,何道宽译,中国人民大学出版社2003年版。

这种偏重时间的媒介，注重历史的延续性和传统的继承性。有学者曾经这样说过："时间的知觉方式揭示了社会及组成社会的阶级、群体和个人的许多根本趋向。"① 叶德辉在《书林清话》中引用张之洞一段话颇具代表性："凡有力好事之人，若自揣德业学问不足过人，欲求不朽者，莫若刊布古书之一法。……其书终古不废，则刻书之人终古不泯。"② 1895 年之前，尽管西方新知、报刊传媒都传到中国，但传统的意识形态并没有遭到挑战。由儒家经典生发出的知识、思想和信仰世界对于中国文人仍发生着重要的作用。因此，即使如王韬已经接受了西方新知，对于报刊传媒也有了先进的认知，但传统书写的观念依然深埋在心灵深处。其实他已经认识到报刊文章的价值，与传统书写的观念背道而驰。他说："人岂必以儿孙传哉！余盖得以空文垂世，使五百年后，姓名犹挂人齿颊，则胜一盂麦饭多多矣！"③ 在致友人的信函之中，他也说过："豹死留皮，孔子疾没世而名不称。名之不可已矣如是夫！弟穷而在下，不过以著述求名耳。"④

第三节　传世与觉世：晚清文人的书写观念的转变

不同的传播媒介对知识在时间和空间中的传播产生不同的影响。这是伊尼斯的"传播偏向论"的主要观点。在伊尼斯的理论阐述中，可以发现媒介被分为偏向时间与偏向空间两类。偏向时间的媒介，譬如镂于金石、刻于泥版上的文字，因为媒介保存性强，可以流传久远。但这种媒介形式十分笨重，运输相对麻烦一些；与此相对偏向空间的媒介，如羊皮纸、莎草纸等媒介形式轻巧，易于空间运输、远距离传播，但这种媒介形式讯息传递效用只局限于短时间之内。⑤ 这样的总

---

① 古列维奇：《文化与时间》，郑乐平、胡建平译，浙江人民出版社 1988 年版，第 313 页。
② 叶德辉：《书林清话》，中华书局 1959 年版，第 4 页。
③ 王韬：《翁牖馀谈》，清代笔记丛刊《笔记小说大观》第三辑，上海文明书局民国石印本 1935 年版。
④ 王韬：《弢园老民自传》，孙邦华编选，江苏人民出版社 1999 年版，第 191 页。
⑤ [加] 哈罗德·伊尼斯：《传播的偏向》，中国人民大学出版社 2003 年版，第 27 页。

结或许并不那么严谨，却有利于我们来审视媒介的不同特质。其实报刊媒介之所以对书籍媒介时代的书写观念造成巨大影响，与报刊传播的媒介偏向有很大关系。

一 时空偏向：书籍与报刊的传播向度

从典籍时代进入报章时代，书写的方式出现变化，价值观念也会出现变革。正是基于对于报章之文与文集之文的差异认知，梁启超曾于1897年写信给老师康有为让其慎重著书："零篇碎章，则万不可著，徒失人望。"事情缘起康令人"交来《孟子公羊同义证传》，面示令校刻之"，梁启超却表示康之著述立言，应持谨慎态度："超以为先生之著书，与吾党之著书有异。先生之著书，以博大庄严为主，其当著者，则《伪经考》《改制考》《大义记》《微言记》，及其他言教精焉之书，如是微止矣。其零篇碎章，则万不可著，徒失人望。"[①] 梁启超对于老师康有为的著述有着求全责备的态度，对于自己发表于报刊之上的"零篇碎章"却颇为珍视。这里有点"严于律师，宽以律己"的味道，但深入而言，梁启超乃是为了维护保全康有为的"大师"形象，另外也透露出对"文集之文"与"报章之文"著述出版的两种态度。

梁启超在《饮冰室文集》序文中如是说："吾辈之为文，岂其欲藏之名山，俟诸百世之后也，应于时势，发其胸中所言；然时势逝而不留者也，转瞬之间，悉为刍狗。况今日天下大局日接日急，如转巨石于危崖，变迁之速，匪翼可喻，今日一年之变，率视前此一世纪犹或过之。故今之为文，只能以被之报章，供一岁数月之适铎而已，过其时，则以覆瓿焉可也。虽泰西鸿哲之著述，皆当以此法读之，而况乎末学肤受如鄙人者。偶有论述，不过演师友之口说，拾西哲之余唾，寄他人之脑之舌于我笔端而已。"[②] 如果就报刊与书籍相比，书籍更偏向于时间上的传播，而报刊更偏向于空间上的传播。所谓"朝甫脱

---

① 梁启超：《致康有为书》（光绪二十三年三月三日），见《梁启超年谱长编》，第81页。
② 梁启超：《饮冰室合集自序》，《梁启超年谱长编》，第293—294页。

稿，夕即排印，十日之内，遍天下矣"。① 其实报刊即是这样，它能够远距离传播信息，但是它传播的信息却只能局限于当下，存在价值相对短暂。由此也导致报刊写作推陈出新，折旧率非常高，很多阅完即弃。也正因为如此，晚清的报刊都选择廉价的"新闻纸"。这种纸张与书籍印刷使用的纸张不同，质地相对差一些。因为报刊销售需要廉价，也促使其使用廉价纸。晚清时期，进口纸张主要是新闻纸和有光纸，这两种纸填充剂多质脆、酸性大，不能长期保存，但价格低。报刊采用的是史连纸、毛太纸、连史纸、开杉纸、油光纸等，只能单面印刷，久存不易。其原料都用自然条件沤烂分解成纸浆，再抄制；没有其他酸碱添加剂，所以能很好保存。一般说，用来印书的书籍纸的纸浆需要精心制作；而印报纸的纸因为不需长期保存，纸浆就不多花成本调酸碱度了。在《上海新报》与《申报》的竞争中，前者之所垮掉，有一个重要原因是价格因素，其中关涉新闻纸的选用问题。当时，《上海新报》用的是上等印报纸，而《申报》则是用中国土造的毛太纸，成本相差很大。在销数连续下跌的情况下，1872年6月27日《上海新报》将报纸的售价降低到与《申报》的售价相同，以期与《申报》相竞争。但是，《上海新报》的亏蚀是可想而知的。但新闻纸不比书籍的容易保存，发表在报刊上的文字更有可能湮没无闻。作者对应时的报章文字也不会珍惜，频年的社会动荡也会造成收藏的流散。

依据英尼斯的媒介理论，我们可以知晓不同的媒介有着不同的传播偏向。在媒介演进中，每一种媒介转型都深刻影响着人类的传播方式，也影响着文人的书写传播观念。因此学者要有清醒的认识。正如民初的译书所言："文学上之成功，以新闻事业为阶梯，不若他业之为尽善。盖报馆文字，率于匆促间成之，问无藻饰，以简洁为名贵，此种文字，于新闻事业固极适宜；于文学事业，则惟有扞格不入耳。至夫执访事之职者，终日匆匆，更无余晷可以为文，则尤文学事业之

---

① 解弢：《小说话》，中华书局1919年版。

梗沮矣，故访事之业与文学事业犹冰炭之不相合也。"① 如果想要求文学（文章）上的永垂青史，那么投身报刊写作无疑找错了门路。不同的书写、发表平台有着不同的特点。这一点宋恕就有认识。他在《致梁卓如书》中曾言及："平生所学，不落焚余。上乘之言，深藏石室，出以公世，尚非其时；下乘之言，不必入选；中乘之言，则可稍登，当录数卷，寄上先闻。"② 可以明确的是，由于从心底里还难以放弃那分骄傲，即便为报馆撰文，也只是勉强为之："生平未曾学作报纸文字，恐所作不入格，然以贵报宗旨大异俗报，两公志趣大异俗士之故，乐于从命。虽然，未敢遽自居于主笔也，姑权乎！"③

晚清文人受传统"立言不朽"观念影响，自然对报刊写作有些轻视。但报刊写作并非没有价值。如何评判报刊书写的价值，不能仅靠时间流传的久远来判断，而要透过对时代与政治环境的现实影响来考量。古人讲"立德""立功""立言"，书籍立言偏向于时间流传永久，因此严谨慎重，文章立身。而报刊速度化的书写就相对草率得多。对于在报章所发表的文字，梁启超也曾经自感遗憾："每为一文，则必匆迫草率，稿尚未脱，已付钞胥，非直无悉心审定之时，并且无再三经目之事。"但是，当他认识到书籍书写与报刊书写有着不同的书写追求时，也就自我宽谅："不过报章信口之谈，并非著述，虽复有失，靡关本原。"④ 既然书籍与报刊有着不同的价值尺度，看待报刊文章的价值，就不能与传统书写等而视之。报刊书写乃是看重其公共性和干预批判、向导的功能。报刊文章偏重空间的传播，对现实社会其影响的可能性增大。外忧日迫，内患日深，知识人倘若不求有用的书写，还缠绕在斟词酌句之中"空虚之义理""琐碎之考据""浮靡之辞章"已经不合时宜。所以清末陈澹然"文非经世，不足言文。言而无

---

① ［美］休曼：《实用新闻学》，《新闻文存》，中国新闻出版社1987年版，第235页。
② 胡珠生编：《宋恕集》上册，北京中华书局1993年版，第537页。
③ 胡珠生编：《宋恕集》上册，北京中华书局1993年版，第570页。
④ 梁启超：《与严又陵先生书》，《饮冰室合集》第1册，北京中华书局1989年影印本，第108页。

文,终难永世"的话,可以辩证对待。① 宋恕也讲了阅读报刊的时效性:"讲求新法,开通民智"之举;"人欲知古事,莫如读书,欲知今事,莫如读报"。② 并且他对报刊与书籍传播的效果进行了比较:"读书之效迟,读报之效速,何也? 书之义精而报之情显,书之理繁而报之旨约,读书难终而读报易竟,读书一事苦而读报味甘,故报章者开通耳目之丹方,而震动愚迷之鼓吹也。今天下报馆多矣,读报之人众矣。其甘于无知者,固终于愚,即自命有知者,亦不可谓智。"③

谭嗣同探讨书籍与报刊两种媒介时,明显对报刊书写的速效性给予赞誉,而对书籍写作如是说:"其构意也有日,谋篇也有日,成卷也有日,刊行也有日,比书之寓吾目,则去其初著书之时,不知凡若干日。昨日之新,至今日而已旧;今日之新,至明日而又已旧。所谓新理新事,必更有新于此者,而书亦非新书矣。"④ 这也是他投身报刊写作,为报章文体张目的缘由。其实,通过"立功"来追求报刊书写的价值,是诸多报刊、报人的追求。1902 年 6 月 17 日创刊于天津的《大公报》,其主人英敛之从一开始就有这样的考虑:"报之宗旨在开风气,牖民智,挹彼欧西学术,启我同胞聪明。"相应地,力主报纸要多刊登"有益于国是民依,有裨于人心学术"的文字。其报对报纸功能的表达:"五百年中,东西大事,几若借报纸为转移者。"并推崇英国《泰晤士报》说:"观该报之所以刊报章登报纸者,皆备弥求备,精益求精。议院之言论纪焉,国用之会计纪焉。……文甫脱稿,电已飞驰,一日而籀读者三十万。"西人所以智识日开,学问日进,阅历愈广,技艺益精,"报之功也"。⑤

---

① 陈澹然:《文宪例言·审世章》,王水照编《历代文话》,复旦大学出版社 2007 年版,第 6807 页。
② 樊增祥:《秦中官报序》,《樊山政书》卷六,中华书局 2007 年版,第 168—169 页。
③ 樊增祥:《序二》,《樊山政书》卷六,中华书局 2007 年版,第 172 页。
④ 谭嗣同:《湘报后序下》,《谭嗣同全集》,生活·读书·新知三联书店 1954 年版,第 138—139 页。
⑤ 《拟仿英国泰晤士日报例各省遍设官报局以开风气说》,《大公报》1902 年 12 月 22 日。

二 观念调适：报人如何适应"速朽"写作

梁启超的报章认知："报章，供一岁数月之遒铎而已，过其时，则以覆瓿焉可也。"因此，他在《三十自述》中提到其为文在于"尽国民责任"，其办报纸、作报章文"冀以为中国国民遒铎之一助"。① 在这里，尤其值得一提的是"时评"文体的出现，"时评"因《时报》而闻名。《时报》主编陈冷倡导写短小精悍的评论文章，这些文章要求对当日新闻提供简单生动又趣味横生的解读和点评。人们阅读新闻除获取信息外希望看到他人的评论，由此"新闻＋评论"的方式一时颇受欢迎，而《时报》因此也声名鹊起。以至于后世很多人谈起都是因为时评而记起《时报》。例如老报人郑逸梅说："时评原本是《时报》评论的名字。后来，几乎所有的报纸都开始模仿《时报》，引进了相似的栏目，也命其曰'时评'。在这种情形下，时评的意思就变成了对当下时事的评论。"② 包天笑也认为《时报》这种短小精彩的评论文章颇为世人欢迎，突破了"新闻界八股文"的形式，可以与新闻报道结合直击读者的心灵。③ 时至民国，在新文化运动中风生水起的胡适在回忆少年读报经历时也颇为推举《时报》的时评文章，他说："时报的短评在当日是一体创体，做的人也聚精会神的大胆说话，故能引起许多人的注意，故能在读者脑筋里发生有力的影响。"④ 众多文人在回忆中标举"时评"文体，乃是因为时评能够吸引读者兴趣，并且与新闻结合，发生分析时事、启蒙民众的效用。当然认真追溯《时评》的起源，《史记》中的"太史公曰"是司马迁叙述完对历史事件和历史人物的个人解释和看法，也给我们读者提供了观察事件的多重角度。《聊斋志异》中的"异史氏曰"就是蒲松龄记载他人口述而成的故事之后，偶尔在文中有感而发的评论。当然，无论西汉的

---

① 陈书良编：《梁启超文集》，燕山出版社 1997 年版，第 543 页。
② 郑逸梅：《书报话旧》，学林出版社 1983 年版，第 217 页。
③ 包天笑：《钏影楼回忆录》，大华出版社 1971 年版，第 317 页。
④ 胡适编：《胡适文存》（2），华文出版社 2013 年版，第 267 页。

《史记》还是清朝的《聊斋志异》都只是以相类、比附的方式去历史中寻找起源。而比较切近的可以看到《时务报》的短篇、《清议报》的"国闻短评"等栏目的设置与《时报》的时评有着异曲同工之妙。当世之人和后世学者对于这些短评栏目了解相对较少,原因有三:一是《时务报》《清议报》中梁启超的政论文遮蔽了"短评"的光芒;二是这些短评存在时期较短、时有时无缺少一定的连续性;三是当时大家的目光都聚焦在思考维新变法方面的事宜,而对其他问题无暇多顾。

当然,渊源寻溯不是我们的重点,我们关注的是时评文体本身的价值。以前的新闻都是单纯的陈述事实,这种单纯陈述事实的新闻记述方式,既很单调也不容易明白重点,而时评文章阐明了报社对新闻时事的看法,为报刊读者提供了一定思路。有时对于时评观点心有戚戚,大有说出我心中所想之喜悦,有时也会对时评观点捶胸顿足,骂其观点偏谬,恨不得立马写文章予以反驳。时评文章因时事新闻而作,其传播效果相对单独成篇的政论文要有效得多。这种时评文章也适应了报刊注重空间的迅速传播、迅速产生效果的特点。但同时要思考的问题是,这些时评文章特别容易过时。时评文章因评论时事新闻引发民众兴趣,也会因为时事新闻已过而过时失效,因此也导致了时评文章的"速朽"之特点。后世人追忆《时报》的时评,说其体例新颖、影响较大,但是很少举出哪篇时评文章。与此相较梁启超所写的很多单独成篇的政论文的生命力要比时评文章更长。

以时评为代表的报刊文章无法在生命时长上与传统文章论高下,但是可以在"速效"中追寻自己的价值。于是从事报刊文章书写的文人因为报刊文章书写时间的逼迫、速朽的性质而不再注重传统文章字斟句酌的特点,无须在报刊文章中务求渊雅,于是出现天马行空、任性挥毫的"新文体",开始"春风得意笔尖疾,一日评尽天下事"的"时评"文体。此中,梁启超对报刊书写的特点体悟较为通明,他也时常以此劝诫当世的其他文人不要在古文文法中流连忘返,而失去了"过渡时代"做"觉世之文"以启天下之蒙的时机。尤其是面对以翻

第三章 报刊与时间:从"立言不朽"看晚清报人的书写观念转型 / 71

译《天演论》闻名于世而依旧沉浸于渊雅古文书写的严复,他的劝诫、责问更加心怀迫切。他对严复说:"学者以天下为任,则文未能舍弃也。传世之文,或务渊懿古茂,或务沉博绝丽,或务瑰奇奥诡,无之不可;觉世之文,则辞达而已矣,当以条理细备,词笔锐达为上,不必求工也。温公曰:'一自命为文人,无足观矣。'苟学无心得而欲以文传,亦足羞也。"①"觉世之文""传世之文"的提出,比较精准地概括了报刊时代与书籍时代文章写作的特点。梁启超提出这两个概念是为了劝诫以严复为代表的文人摆脱源远流长的"立言不朽"的古训,以适应报刊时代的书写。置身"过渡时代",面对"三千年未有之大变局",文人要敢于面对时事发出自己的声音,追求音效的最大化,进行最广泛的舆论动员,以成就"舆论之母"的名号。梁启超认为"母舆论者,过渡时代之事业也",并且引述赫胥黎之言以劝诫天下文章:"大政治家不可不洞察时势之真相,唤起应时之舆论而指导之,以实行我政策。"② 梁启超置身于晚清维新变法的风云之中,以《时务报》《清议报》为平台,发表政论、议论时事、畅言改革,切实践行了"舆论之母"的报人理念,完美地完成了晚清社会维新变法舆论动员的事业,由是对于以"觉世之文"以造成社会舆论的作用自是体悟较深。

以梁启超为代表的报刊文人的声名鹊起,引起当世文人的截然不同的认知判断。梁启超可谓"名亦随身,谤亦随身"。浸淫于古文书写的文人认为以报章闻名的梁启超不值一哂,徒炫文技而已。然而这些"老辈痛恨,诋为野狐"的问题却被新派文人所追崇。新派文人从梁启超身上看到了文人书写"立言不朽"之外的另一种路径。《申报》在追述创办人美查的事迹时也曾经指出"不朽"另一路径:"夫人之足以永垂不朽、名著史册者,岂仅立德立言之士云尔哉,亦在识事务、开风气,振兴实业为己任,不仅区区为一己之利益而已

---

① 梁启超:《湖南时务堂学约》,《梁启超全集》,北京出版社1999年版,第109页。
② 梁启超:《舆论之母与舆论之仆》,《新民丛报》第1号,1902年2月8日。

也。"① 接续晚清时评事业，民国初年的《新青年》开辟了"随感录"栏目以任由文人自由发挥，在"随感录"写作中培养出的鲁迅后来又开创"杂文"一体，以生动活泼、尖锐泼辣的笔触点评时事，也是报刊文章的后续发展。这里特别值得一提的是，鲁迅对于文章的认为，他曾经提出希望自己的文章速朽。鲁迅说："我以为凡对于时弊的攻击，文字须与时弊同时灭亡，因为这正如白血轮之酿成疮疥一般，倘非自身也被排除，则当它的生命的存留中，也即证明着病菌的存在。"② 因为报刊文章的写作是一种求速效速朽的文体。如果"速朽"的报刊文章保持了"不朽"的特色，多年之后还具有阅读价值，还在警醒世人，这从反面角度说明老问题还没有解决，社会还没有进步。

当然，报刊文字书写的速度化也容易造就思想家的粗率浅薄等问题。梁启超后来对当年报刊书写有着自我的反思批判。他说："晚清思想界之粗率浅薄，启超与有罪焉。""启超务广而荒，每一学稍涉其樊，便加论列，故其所述著，多模糊影响笼统之谈，甚者纯然错误，及其自发现而自谋矫正，则已前后矛盾矣。"③ 严复早年就有与梁启超论辩的经历，此时也还是保持原来的观点："任公文笔，原自畅遂，其自甲午以后，于报章文字，成绩为多，一纸风行，海内观听为之一耸。""当上海《时务报》之初出也，复尝寓书戒之，劝其无易由言，致成他日之悔。闻当日得书，颇为意动，而转念乃云：'吾将凭随时之良知行之。'由是所言，皆偏宕之谈，惊奇可喜之论。至学识稍增，自知过当，则曰：'吾不惜与己前言宣战。'"④ 时至"五四"时期，曾经参与《新青年》《新潮》等杂志撰稿、编辑工作的傅斯年后来也曾反思报刊文章存在"速度与武断"的问题："我们有点勇猛的精神，同时有个武断的毛病。要说便说，说得太快了，于是乎容易错。观察

---

① 《报馆开幕伟人美查事略》，《申报》1908年3月29日1版。
② 鲁迅：《热风·题记》，《鲁迅全集》第1卷，第292页。
③ 梁启超：《清代学术概论》，上海古籍出版社1998年版，第89页。
④ 严复：《与熊纯如书》，约写于1916年，〈严复集〉第3册，第648页。

研究不能仔细,判断不能平心静气……天地间的事物,情形复杂的很,简直和乱麻一样;我们若不一条一条的搂开,而用'快刀斩乱麻'的手段,那里能够得'事理之平'?我们要说便说,要止便止,虽则是自然些,有时也太觉随便。"[1]

---

[1] 傅斯年:《〈新潮〉之回顾与前瞻》,《新潮》第2卷第1号,1919年10月,第199—205页。

第 四 章

报刊与空间:从空间化传播看晚清报人的书写观念转型

> 新闻业注定比以往更有影响,及时报道的新闻将给大众的意识带来更多的活力。重大事件的迅速传播将在社区的群众中引起对公众事务的强烈关注——整个国家在同一时间内关注同一事物,从国家的中心到边陲将保持着同一种感情和同一个搏动。
>
> ——[美] 丹尼尔·切特罗姆①

报刊书写的有效时间短暂,但追求空间化的横向传播,由此也塑成了晚清报人在书写中有着通上下、通内外的"求通"观念。在书籍占主导的媒介时代,书写与阅读都是小众化的,易于培养文人的个体独立化的自我认同,建构了文人群体的纵向"知识共同体"。但报刊媒介的空间化传播,使得信息可以迅速共享,使不同地域、不同阶层的个体都能够接收到这一信息,被拉入一个横向的"信息共同体"中。传统个体化的书写方式被一种同步互动的书写方式所取代,文人写作不再面对自我或文人群体,而是面对成分更加复杂的大众群体。此中,我们也可以观测晚清报人的书写观念转型。

---

① [美] 丹尼尔·切特罗姆:《传播媒介与美国人的思想》,曹静生、黄艾禾译,中国广播电视出版社1991年版,第14页。

第一节 报刊媒介与空间化的传播网络

晚清之季，国人对于报刊尚在懵懂时期，时任驻日本使馆参赞的黄遵宪观察记录在日本所见所闻千姿百态的事物，写下了《日本杂事诗》。其中一首书写对于报刊的认知："欲知古事读旧史，欲知今事看新闻。九流百家无不有，六合之内同此文。"黄遵宪观察到报刊新闻在信息传播方面的特色，他在诗注中说："新闻纸以讲求时务，以周知四国，无不登载。五洲万国，如有新事，朝甫飞电，夕既上板，可谓不出户而能知天下事矣。其源出于邸报，其体类乎丛书，而体大而用博，则远过之。"①黄氏的诗与注都为我们讲述了报刊所带给世人的新鲜阅读体验。

一 阅读革命：报刊引发的"共时"阅读

作为一种出版工业，报刊需要拓展销行渠道，降低经营成本，加快报刊流通速度。晚清邮政、电报和铁路运输技术的发展，对报刊的发行网络的搭建做出了很大贡献。报馆纷纷设代销点，建立销售网点，报刊则极大地提高了发行量和发行空间。譬如《申报》创刊时在上海设了22个代销点，并请人给商号上门送报，雇用报童等措施提高销量。而1896年创刊的《时务报》对于发行网络的搭建更加重视，借用官方与民间两种力量推行报刊，各地官员也都饬札购买《时务报》。譬如两湖总督张之洞要求全省文武大小衙门、各局、各书院、各学堂都要购买《时务报》。《时务报》在中国20多个地区设立197个分销店，并且在海外如日本、槟榔屿、新加坡等地也设有分销处（参照表4—1）。《申报》《时务报》等都是上海报刊，但销售从上海一地到遍布全国各地，有的还传销海外。有人如是描述报刊销售的盛况："沪上自风行报纸后，以各报出版皆在清晨，故破晓后，卖报者麇聚于报

---

① 黄遵宪：《日本杂事诗（广注）》，岳麓书社1985年版，第641—643页。

馆之门，恐后争先，拥挤特甚。甚有门尚未启而卖报人已在外守候者，足征各报销畅之广。"① 报刊媒介的空间化传播，导致人类阅读方式发生了革命。在销行网络的推动下，报刊日渐进入人们的日常生活。

表4—1　　　　　《时务报》各地分销处数量统计

区域	直隶	山东	山西	河南	甘肃	陕西	四川	湖北	湖南	江西	安徽	江苏
个数（个）	23	7	2	2	2	3	19	15	7	5	9	47

区域	浙江	福建	广东	广西	贵州	云南	澳门	香港	槟榔屿	新加坡	日本	统计
个数（个）	24	7	13	2	3	1	1	5	1	1	3	202

　　传统的书籍生产价格比较昂贵，文字表达相对古雅严肃，阅读群体自然是小众的，影响也限制于一定范围之内。而报刊作为一种廉价的、大众化的印刷品，从文人阶层到下层民众，都具有承担购买阅读的财力，由是阅读报刊逐渐成为一种文人习惯，也形成了社会风气。正如时人所记录的那样："别说是做生意的，做手艺的，就是顶呱呱读书的秀才，也是一年三百六十天，坐在家里，没有报看，好像睡在鼓里一般，他乡外府出了倒下天来的集体，也是不能够知道的。"② 而且报刊的种类也满足了社会各个阶层的需要："言政务者可阅官报，言地理者可阅地学报，言兵事者可阅水陆军报，言农务者可阅农学报，言商政者可阅商会报，言医学者可阅医学报，言工务者可阅工程报，言格致者可阅各种天算声光化电专门名家之报。"③ 对于读报的益处，在晚清颇具影响力的《新闻报》如是说："本报所布，无美不备，无善不收。日出一纸，以集思广益之盛……要之，集万国之事，成万国之言，以万国之言助万人之益。将见为上阅报可尽操纵之妙，为下阅

---

　　① 《报馆晨起卖报之拥挤》，《图画日报》第163号。
　　② 陈独秀：《开办安徽俗话报的缘故》，《安徽俗话报》第1期，1904年3月31日。
　　③ 李良荣：《中国报纸文体发展概要》，福建人民出版社出版1985年版，第33页。

报可得风气之先。文人阅报益在多闻；商家阅报益在善贾；农工阅报益及操作。一报而万益备，一阅而万益开焉。虽然本馆非敢自夸，其能立言也，不过假本报之新闻述本报之新说，愿以报中益言与阅报诸君子共证之者可耳。"① 晚清社会的信息传播越来越倚重报刊媒介，因为报刊每天都为人们提供着日新月异的政治、经济、宗教、教育等重要信息。譬如综合性大报要"广译五洲近事，则阅者知全地大局，与其强盛弱亡之故，而不至夜郎自大，坐眢井以议天地矣。详录各省新政，则阅者知新法之实有利益，及任事人之艰难经画，与其宗旨所在，而阻挠者或希矣。博搜交涉要案，则阅者知国体不立，受人嫚辱，律法不讲，为人愚弄，可以奋厉新学，思洗前耻矣。旁载政治、学艺要书，则阅者知一切实学源流门径，与其日新月异之迹，而不至抱八股八韵考据词章之学，枵然而自大矣"。②

圣贤典籍承载的知识可以穿越历史的风沙历久弥新，可以供文人反复阅读，而周期出版的报刊因为提供日新月异的信息，可以一新文人耳目，但只能沦落为"阅后即弃"的命运。这对于自幼阅读圣贤典籍的中国文人而言，可能需要一定的心理适应期，而对商人来说则是重要的媒介。商人经商需要对市场价格信息有及时的掌握，报刊提供的最新货物价格信息可以让商人看透商业的玄机："苏州商市行情涨落，大致悉依上海市价为准，苏沪商业一气联络。《新闻日报》《申报》各载省商务类志一项，所有商货行情，随时涨落，立即登报，朝发夕至，近今宁沪铁路货车开行，尤为捷速，是以一切市面与沪市不相上下。"③ 商人依靠报刊获取市场信息，而文人则依靠报刊学得新知。包天笑在描述自己购报阅读的经验时说："常常去购买上海报来阅读，虽然只是零零碎碎，因此也略识时事，发为议论，自命新派。也知道外国有许多科学，如什么声、光、化、电之学，在中国书上叫

---

① 《论阅报之益》，《新闻报》1893 年 2 月 18 日。
② 李良荣：《中国报纸文体发展概要》，福建人民出版社出版 1985 年版，第 33 页。
③ 章开沅等编：《苏州商会档案丛编》第一辑（1905—1911），华东师范大学出版社 1991 年版，第 202 页。

做'格物',一知半解,咫闻尺见,于是也说'中国要自强,必须研究科学'。"①

晚清文人阅读报刊,不仅改变了自我的生活方式,也改变了自我对时间、空间观念。阅读报刊,可以让文人时刻感觉到与世界保持联系。所谓"秀才不出门,能知天下事"。有人如是描述看报的习惯:"自出了这《京话日报》,把我害的成了话痨,天天一过了晌午,坐在家里,一语不发,呆呆的盼报,真比上了鸦片烟瘾还厉害,报纸来了,赶紧看完,赶紧对人去说。"② 由这段叙述话语可见,已经习惯阅读报刊的文人倘若一天不读报刊,就会产生与世隔绝的失落感觉。看来,晚清文人的信息焦虑、阅报成瘾,与今日中国人的手机成瘾有着跨越时空的心灵相契之感。由此回望中国历史,文人自圣贤孔子便养成了"信而好古"的阅读观念,喜欢追慕历史先贤,以历史视野来观看晚清文人的视野取向,不得不说报刊使得国人的思维发生转变,从朝向历史转向朝向现在,从关注历史的典籍世界到关注现实的周遭世界。

二 报刊书写:横向传播的"信息共同体"

报刊媒介打破了物理空间和社会场景的传统关系,营造了一种作者与读者、读者与读者之间可以互动的"信息场域"。切特罗姆引用一位报人的话道出报刊的横向互动性:"新闻业注定比以往更有影响,及时报道的新闻将给大众的意识带来更多的活力。重大事件的迅速传播将在社区的群众中引起对公众事务的强烈关注——整个国家在同一时间内关注同一事物,从国家的中心到边陲将保持着同一种感情和同一个搏动。"③ 麦克卢汉对于书籍与报刊两种媒介的辨析也为分析晚清媒介变迁下的文人书写提供了启示,他说:"书籍是一种个人的自白形式,它给人以'观点'。报纸是一种群体的自白形式,它提供群体

---

① 包天笑:《钏影楼回忆录》,台北龙文出版社1990年版,第160页。
② 李建中:《迷信报纸》,《京话日报》第445号,1905年11月13日。
③ [美] 丹尼尔·切特罗姆:《传播媒介与美国人的思想》,曹静生、黄艾禾译,中国广播电视出版社1991年版,第14页。

参与的机会。"[1] 任何一种媒介都会制约人们获取信息的途径，影响人们的思维方式，从而形成特定的知识结构。传统典籍适合时间上的纵向传播，给人以排斥感和隔离感，加强社会的分层，而报刊打破这种感觉。根据报刊媒介的传播特征，它更加适合知识在空间中的横向传播，而不是适合知识在时间上的纵向传播。报刊造就的是共时，同一个集体意识感觉到的各项同时存在并构成系统的要素间的逻辑关系和心理关系；儒家典籍的阅读书写造就的是历时的关联，彼此间构成纵向继承系统。

机械印刷、周期出版、大众传播的报刊出版使得人们的阅读发生了革命，转型为一种横向的空间化传播。《知新报缘起》指出："不慧于目，不聪于耳，不敏于口，曰盲、聋、哑，是谓三病"，"报者，天下之枢铃，万民之喉舌也，得之则通，通之则明，明之则勇，勇之则强，强则政举而国立，敬修而民智。"[2] 传统的阅读方式都是一对一的单向阅读方式，阅读者没有多少互动的机会。而报刊的阅读者的数量也不受限制，可以同时拥有成千上万的阅读者。戈公振在《中国报学史》说："人民阅报之习惯业已养成，凡具文字之知识者，几无不阅报。偶有谈论，辄为报纸上之记载。盖人民渐知个人以外，尚有其他事物足以注意。本来我国人对于'自己'之观念甚深，而对于社会国家之观念甚薄。'各人自扫门前雪，休管他家瓦上霜'之消极人生观，实为我民族积弱之由来。今则渐知自己以外，尚有社会，尚有国家，去真正醒觉之期不远矣。"[3] 报刊时代的阅读已经从知识的传播转型为一种新闻信息的互动传播。人们每天关注报刊可能只是为了通过报刊获得信息，改变了观察的视角，将报刊放到"时间—空间"的整体中，报刊作为人们社会生活的一部分存在，形成了一个横向的信息共同体。

---

[1] ［加］麦克卢汉：《理解媒介——论人的延伸》，何道宽译，商务印书馆2000年版，第256页。

[2] 吴恒炜：《知新报缘起》第1期，1897年2月22日。

[3] 戈公振：《中国报学史》，上海古籍出版社2003年版，第237页。

报刊给我们带来的种种变化，其实都是因为它的通上下、中外的功能所造成的。当我们的媒介发生变化时，我们的行为会有新的形式和意义。报刊传媒改变了传统的文化生产和传播方式，正如《时报》中所说的："近年来，民智渐开，人心日辟，报馆之创立，时有所闻，报纸之销数日见增广，遇有公共团体之事业，一经报张登载，则遍传全国，加之爱国志士极力提倡，开演说会，以布告同胞，于是通国闻风响应，无不慷慨激昂，是非国民得有长足进步之征验欤，是非近日报章提倡之力欤！"① 在报刊出现之前，很多政事外交问题只是执政者与上层文人关注的问题，下层群众不会关心，他们只关心自己的日常生活。正如时人所指出的："国家之政治，惟天子得主持之，惟公卿、大夫、士得与闻之，而民人则丝毫不能干涉，既不能与闻国事，即只能随国家为转移。"② "国家兴亡视为一姓之家事，于多数国民无涉也。"③ 通过报刊信息的传播渠道，全国民众可以及时了解国内的各种政事外交信息，都能够对提出的问题参加讨论。吉登斯在描述报刊出现对社会影响时说，报刊使"某个边远乡村的居民对当时所发生事件的知晓程度，超过了一百年前的首相。阅读某份报纸的村民自己就同时关心着发生在智利的革命、东非的丛林战争、中国北方的屠杀和发生在俄国的饥荒"；"如果不是普天盖地而来的'新闻'所传达的共享知识，现代性制度的全球性扩张本来是不可能的"。④ 回到晚清时期的中国语境，报刊传媒的出现让社会民众开始关心周遭世界之外的国家大事，在对清朝与法国、日本、英国、美国等帝国主义列强的战事信息阅读中逐渐认识到国家、民族的重要性，由此推动或支配了中国社会思想文化的发展动向。援引安德森的话说，印刷术资本主义帮助了中国人相互连接，促进了现代国家、民族意识的成长。⑤ 报刊媒介在

---

① 《论今日亟宜多创浅易之白话日报》，《时报》1906年5月29日。
② 《论中国风俗之本于宗教》，《中外日报》1904年1月8日。
③ 氓：《论国民之心理》，《时报》1910年1月8日。
④ ［美］吉登斯：《现代性的后果》，田禾译，译林出版社2000年版，第67—68页。
⑤ ［美］本尼迪克特·安德森：《想象的共同体民族主义的起源与散布》，吴叡人译，上海人民出版社2016年版。

晚清中国的兴起，它适应了当时国家危机存亡之中社会动员的需要，也促成了国家、民族认同的形成。在报刊影响下，问题的讨论性质起了某种构成上的变化。

第二节　书籍媒介与纵向的传播网络

20世纪初年，阅读报刊已经成为中国文人日常生活中习以为常之事。自从报刊作为一种大众传媒问世之后，它就逐渐渗入到人们生活中，形成每天晨起时间阅读报刊的文化习惯。黑格尔将当时欧洲人每日早餐后阅读报纸的习惯，称为现代人的"晨祷"。[①] 中国文人虽然没有"晨祷"的习惯，但每日清晨朗诵《四书》《五经》却是一直沿袭而下的文人传统，然而报刊的普及推广让晚清文人逐渐养成了晨起读报的习惯。从圣贤典籍转向了新闻报章，文人晨读媒介的变革也隐藏着价值观念的变动。如果说报刊时代塑造的是横向的"信息共同体"，重在社会共识状态的信息共享，那么书籍时代的纵向"知识共同体"重在追求与历史先贤和士林小圈层的对话。

一　阅读惯习：书籍时代的"历时"对话

在报刊出现之前，文人们的阅读是以圣贤典籍为主，这样的阅读习惯绵延了千余年，已经内化到文人身心之中，渗透到社会意识之中。中国典籍是古代文化的书面载体，通过各种复制技术和阐释方式，一代一代流传下来，积淀了中国数千年的文化遗产，形成了博大精深的中国文化传统，也在维系着源远流长的文人书写传统。《尚书序》中云："古者伏羲氏之王天下也，始画八卦，造书契，以代结绳（爻）之政，由是文籍生焉。"民国初年钱振东在《书厄述要》指出："文化之于国家，犹精神之于形骸。典籍者，又文化所赖以传焉者也。"[②] 国

[①] ［英］雅各布斯：《精神分析和阅读的风景》，商务印书馆2010年版，第41页。
[②] 王余光主编：《藏书四记》，湖北辞书出版社1998年版，第398页。

学大师钱穆在其《国史大纲》也强调:"中国为世界上历史最完备之国家,举其特点有三。一者'悠久'……二者'无间断'……三者'详密'。"① 中国文化数千年未曾中断,这其实也是中国典籍所起到的作用。没有典籍,也就没有无间断的、详密的历史记录,也就称不上是悠久的历史了。由是,历代文人都重视书籍之价值:"书之作也,帝王之经纶,圣贤之学术至于玄文内典,百氏九流,诗歌之劝惩,碑铭之训戒,不由斯字,何以纪辞故书之为功,同流天地,翼卫教经者也。"②"书籍者,天下之至宝也。人心之善恶,世道之得失,莫不辨于是焉。天下唯读书之人,而后能修身,而后能治国也。"③ 由此也可以理解在报刊媒介刚刚出现时,社会缘何对于报刊采取一种抵制的态度:"昔日每日发行之报,无过数百份。每份仅一纸,其事务之简单可知。……而社会间又不知报纸为何物,父老且有以不阅报为子弟勖者。"④ 因为,传统的阅读习惯与报刊出现之后的阅读习惯有了显见的不同。我们来看一下维持千余年的阅读传统。

传统社会的阅读群体,与现代阅读群体有着迥异的文化性征。传统社会中,只有贵族、文人才有闲暇,有财力读书,由此阅读也形成了一种等级化色彩,小群体、精英主义的倾向。缘何如此?这与书籍媒介的文本生产有关。早期的文本书写,无论是"书于竹帛""镂于金石""琢之盘盂",都是贵族阶层的事务,普通人很少接触到这些文本,即使后来拜赐于纸张而出现的手抄本,也仅仅在很小的范围内传播。印本书的出现,是基于中国纸和印刷术发明的非凡产物,这种书籍形式扩展了文字著作的受众和内容,使它们更易于迁移和传递。吴澄曾经描述雕版印刷对古代文人的影响:"古之书在方册,其编衷繁且重,不能人人有也。京师率口传,而学者以耳受,有终身止通一经

---

① 钱穆:《国史大纲》,商务印书馆1997年版,第1页。
② 项穆:《书法雅言》,《历代书法论文选》,上海书画出版社1979年版,第512页。
③ 孙从添:《藏书纪要》,祁承爜等《藏书记》,广陵书社2010年版,第39—40页。
④ 林语堂:《中国新闻舆论史》,刘晓磊译,冯克利校,上海人民出版社2008年版,第94页。

者焉。噫！可谓难也已。然其得之也艰，故其学之也精，往往能以所学名其家。纸代方册以来，得书非如古之难，而亦不无传录之勤也。"虽然没有"耳授之艰""传抄之勤"，但书籍的传播还只能停留在文人之中。

书籍不仅是提供信息的一种渠道，而且也是自我和身份的象征。报刊出现之前，古代的书籍生产多以圣贤典籍为主，其余皆为医疗、种植等实用书籍，或者小说、戏曲等娱乐性书籍。医疗、种植等实用书籍，文人不愿读；小说、戏曲等娱乐书籍文人不屑读。因此，文本一般是固定的，以儒家文化典籍为中心而展开的，如《诗经》《尚书》《周礼》《春秋》，并形成了以儒家经典为主导经学一元知识谱系。皮日休认为中国文人以孔子为"万世师表"，因此需要熟习儒家经典，因为"经学不明，则孔子不尊。孔子不得位，无功业表见。晚定六经以教万世，尊之者以为万世师表，白天子以至于士庶，莫不读孔子之书，奉孔子之教。天子得之以治天下，士庶得之以治一身，有舍此而无以自立者。此孔子所以贤于尧舜，为生民所未有。其功皆在删定六经"。[1] 如果说皮日休是从士林阅读传统角度来阐释阅读以儒家经典为主的问题，那么康有为则从制度层面分析了科举对士林阅读范围窄化的影响问题。康有为在分析"八股取士"之过时曾经述及科举圈囿了士林群体的阅读范围，因为撰文言理都只能代圣人立言，因而不能涉猎其他书籍。康有为说："立法过严，以为代圣人立言，体裁宜正，不能旁称诸子而杂其说，不能述引后世而谬其时，故非三代之书不得读，非诸经之说不得览。于是汉后群书，禁不得用；乃至先秦诸子，戒不得观。其博学方闻之士，文章尔雅，援引今故，间征子纬，旁及异域，则以为犯功令而黜落之。"[2] 可见，文人的阅读文本选择范围非常狭窄，不可与报刊时代的阅读同日而语。

---

[1] 皮锡瑞：《经学通论》，中华书局2003年版。
[2] 康有为：《请废八股试帖楷法试士改用策论折》（1896年6月17日），《康有为全集》第4集，第78—80页。

二 传统书写：纵向传承的"知识共同体"

《墨子·兼爱》有言曰："何知先圣六王之亲行也？子墨子曰：'吾非与之并世同时，亲闻其声，见其色也，以其所书于竹帛，镂于金石，琢之盘盂，传遗后世子孙者知之。'"中国典籍是古代文化的书面载体，通过各种复制技术和阐释方式，一代一代流传下来，积淀了中国数千年的文化遗产，形成了博大精深的中国文化传统。传教士裨治文对中国人有着很深的理解，他在《中国丛报》发表的文章中指出中国人对语言和典籍知识的尊重："只有在他们的语言中才存在统领与调和世界的礼仪和原理，上古时代的圣人们已经把革新的理论通过文字传给他们，他们必须将这些包会的遗产代代相传。"① 作为传统文化的载体，中国典籍形成了独特的知识结构体系、阅读方式和传播现象。孔子时代将这种知识通称为"文"。

《论语·子罕第九》："子畏于匡，曰：'文王既没，文不在兹乎！'天将之丧斯文也，后死者不得与于斯文也；天子未丧斯文也，匡人其如予合？"② 在这里"斯文"指代的就是上古的典籍传统，后来发展包括书写、言行等方面的传统。文人要掌握这些传统，在实践中加以运用，以其自身的学术成就和文学写作对之阐幽入微。他们完全可以像孔子先前通过把斯文当作一种累积的传统加以维系，他们就顺应了事物的自然秩序，接续了上古的文化遗产。这就是儒家典籍所讲的"为往圣继绝学"的文化承命姿态。在书籍媒介影响下的典籍文化中，文人们经常阅读《诗经》《周易》《尚书》，这反映文献典籍、礼乐知识等已经成为普世价值，文人群体共享特殊的知识。千百年来，传承儒家此道者有一个历史的发展过程。这个过程就是"尧以是传之舜，舜以是传之禹，禹以是传之汤，汤以是传之文武周公，文武周公传之孔

---

① [美]雷孜智：《千禧年的感召——美国第一位来华新教传教士裨治文传》，尹文涓译，广西师范大学出版社2008年版，第100页。

② （春秋）孔丘：《论语》，杨伯峻、杨逢彬注译，岳麓书社2000年版，第78页。

子,孔子传之孟轲。轲之死,不得其传焉"。① 之后,诸如韩愈、李翱、皮日休等诸多文人都有着继起斯文的观念。而典籍的阅读都是继起斯文的行动罢了。

其实,文人阅读文化典籍,是一种小范围的知识传承,与大众无关。历代文人就是这样一个通过解读经书而形成的"知识共同体"。这种典籍文献知识,是只有文人才得以学习、分享、传承的,与普通知识不同。为了更好地理解这种知识的区别,这里援引曼海姆"日常知识"和"秘传知识"的分类予以纾解。曼海姆在探讨知识分子的性质时,谈到知识有两种:"日常知识"和"秘传知识"。"日常知识"是在日常经验的连续过程中,个人总是被迫去解决一些实际问题,当这些问题在自己的生活中出现的时候。他在一些知识的帮助下去对付这些问题,这些知识是他自然地、偶然地,或通过效仿,而不是以自觉的方法得到的。这样积累起来的信息形成了工匠的技艺、生活的经验和处世的手段。文人拥有的不是这种日常知识而是一种秘传知识。对此,我们可以以《论语》中樊迟问稼的对话加以纾解。《论语》有文曰:"樊迟请学稼。子曰:吾不如老农。请学为圃。曰:吾不如老圃。"② 孔子在这里并非妄自菲薄,也不是认为种田种菜无知识可言。这些都是日常知识,而文人掌握的是一种"秘传知识"。所谓"秘传知识"指的是一种不同类型的知识产生于秘密的传递渠道中,这种传递渠道在社会形态更复杂的某些国家变成了"教育"的载体。这些秘密传授的世界观不是自然获得的,而是刻意的努力和养成的传统的产物。③ 这种秘传知识,通过文人的引经据典、阅读书写,形成了一个纵向的传承关系,形成一个以圣贤典籍为中心的"知识共同体"。④

---

① 韩愈:《原道》卷十一,《韩昌黎全集》,中国语言文化大学出版社1990年版。
② 杨伯峻译注:《论语译注》,中华书局2019年版,第187页。
③ [德]卡尔·曼海姆:《文化社会学论集》,艾彦、郑也夫、冯克利译,辽宁教育出版社2003年版,第131页。
④ 有人也将这种"知识共同体"称为"文人共和国"。参见[美]周绍明《书籍的社会史——中华帝国晚期的书籍与士人文化》,北京大学出版社2009年版,第15页。

第三节　社会启蒙：空间化传播中的报刊书写

传统书籍占主导的媒介时代，文人书写是圈子性的交流，形成的是一种"知识共同体"，而到报刊时代的写作的空间化迅速传播，使得书写文本面对成分复杂的公众。事实上，报刊时代出现的横向的"信息共同体"，与书籍时代的纵向"知识共同体"有着明显的差别。报刊为晚清文人提供了一种新型的言论书写传播平台，他们可以通过报刊将一己的思想主张公布于众，以引导社会舆论，推进公众启蒙。

一　主持舆论：晚清报人书写的自我追求

如果说书籍阅读是一种私下交流的话，报刊则是一种公共的交谈。在报刊出现之前，虽然生活在同一个"天下"，但士人与民众缺乏有效的交流手段，且共享的知识缺少现实感和同时性，很少能在同一时间、向具体的现实问题提问，因而难以出现情感上的"共振"。每一个地域内部有它不同的意见，都有它独特的观念和思潮。思想的潮流就在圈定的范围内旋转，一个地方的思潮和另一个地方的思潮因为不相往来而彼此陌生。正如法国的塔尔德所言："虽然书籍使操同一语言的读书人都感觉到同一的语文身份，但是它们并不关心当前令人人兴奋的问题，文学有力地验证了民族的生存状况；但是激励民族活力并使之万众一心、众志成城的，正是每天波动的情况。人们从报纸推出的具体事实中获得趣味性，书却不是这样，书籍吸引读者的办法，主要是靠它的思想内特的普泛性和抽象性。"而报刊是"公共的书信""公共的交谈"，甚至是"公共的头脑"。[1] 可见，借用不同的媒介形式，其书写文本的传播效应，包括普及程度、持久程度、准确程度以及可信程度，都会有所不同。徐宝璜也曾经阐述报人书写对一国舆论

---

[1]　[法]加布里埃尔·塔尔德：《传播与社会影响》，何道宽译，中国人民大学出版社2005年版，第237页。

的影响:"在教育普及之国,其国民无分男女老少,平时有不看书者,几无不看新闻纸者,言论行动,多受其影响。至对其记载者,多所怀疑,对其议论,为肯盲信者,固不乏人;然其势力驾乎学校教员、教堂牧师之上,实为社会教育最有力之机关,亦为公论之事实。自各国民权发达以来,国内大事,多视舆论为转移,而舆论又隐为新闻纸所操纵,如是新闻纸之势力,益不可侮矣。"① 从书籍到报刊,晚清报人书写观念也在逐渐转型。中国文人自古便希望自我思想观念能够起到人文化成的社会价值,希望从个人观点转化为社会观点,继而转化为社会舆论。这个转化过程在书籍时代需要漫长的历史过程,而在报刊时代个人话语借助报刊媒介的大众传播,便可轻而易举地引起公众注意,进而引发公众情感、态度和行为的变化。报刊的传播可谓"一纸飞行,万众承认",因此有人将报刊视为"社会的公共教科书",将记者视为"社会的公共教员",报人的书写也被赋予很高的地位,认为是主持舆论,可以导向国家的前途:"若夫主持舆论,阐发政见、评议时局,常足为一国前途之导向方针也,砥柱也。"② 在报刊出现之前,文人影响社会靠"清议"。所谓清议,乃是以儒家的伦理道德为依据以臧否人物、影响舆论。钱穆曾经如此阐释"清议"的兴起:"士人在政治、社会上势力之表现,最先则为一种'清议'。此种清议之力量,影响及于郡国之察举与中央之征辟,隐隐操握到士人进退之标准。而清议势力之成熟,尤其由于太学生之群聚京师。"③ 这种清议在古代受到文人和朝廷的重视,但是它是一种小众型的舆论形式。

进入报刊时代,文人将清议搬到报刊上来实现。中国以前并没有现代意义上的报刊,古代的"邸报"只是传达信息,不会提供刊载评论的空间。因此,传统文人的写作并没有通达的传播媒介,其有志于学者,往往毕一生之力,汇其所学,完成一本著作,并付诸刊刻。当然,中国本土最早出现的报纸大多是传教士报刊和商业报刊,它们为

---

① 肖东发等编:《徐宝璜新闻学论集》,北京大学出版社2008年版,第47页。
② 范祎:《第二百册之祝辞》,《万国公报》第200卷,1905年9月。
③ 钱穆:《国史大纲》上册(修订本),商务印书馆1996年版,第176—177页。

了传教或谋利,也尽量不去谈论政治,很少能够为文人提供指点江山、激扬文字的机会。直到政论报刊出现,文人士大夫才感受到报刊媒介的魅力。政论报刊兴起是在1895年甲午海战失败之后。戈公振在《中国报学史》里认为:"迫光绪二十一年,时适中日战后,国人敌忾之心颇盛,强学会之《中外纪闻》与《强学报》,先后刊行于京沪,执笔者皆魁儒硕士,声光炳然。我国人民之发表政论,盖自此始。"① 借助报刊媒介,报人书写可以尝试在传统权力系统之外发挥自己的作用。这些报章的政论达于阅读者,使得全国信息交流,产生共鸣,由此更促进报人有着"一吐为快"的欲望。在梁启超等报人影响下,文人心有所感,学有所得,常常随机在报刊发表,以相讨论。文人的思想刚付诸报端,就会有很多人进行回应反馈,激发很多的对话。每天早上,消息、言论从世界各地滚滚而来,当天,消息、言论又回头走向世界各地。报刊靠表达舆论起家,起初表达的完全是局部的观点,是士林群体的观点,但经过报刊传播,经过社会民众的闲聊、讨论或辩论,报刊逐渐担当起引导舆论的使命。于是投身报刊的文人可以把个人对政治时事的观点付诸印刷,使之成为茶余饭后的日常谈资。交流、冲突、关注、切磋,晚清的公众"对话环境"由此而生,也实现了"求通""合群"的报刊职能。梁启超在《时务报》创刊号就谈到报刊书写的"去塞求通"之功能,一个国家上下、内外的传播畅不畅通,会影响国力的强弱。而中国处处充满"壅塞",想要使得一个国家肌体的血脉畅通,"报馆导其端也"。② 严复创办《国闻报》,与梁启超有着相同的看法:"《国闻报》何为而设也?曰,将以求通焉耳。"③

晚清文人对报刊赋予崭新的认知,同时也对自我书写价值进行重构。于是,报刊通过空间化传播影响到全国各地各个阶层的人,由此也就形成了新的舆论生态:"夫新闻为舆论之母,清议之所从出,左挚国民,右督政府。有利于社会者则鼓吹之,有害于社会则纠正之。

---

① 戈公振:《中国报学史》,生活・读书・新知三联书店1955年版,第113页。
② 梁启超:《报馆有益于国事》,《时务报》第1期,1896年8月9日。
③ 严复:《国闻报缘起》,《国闻报》1897年10月。

社会所疑，昭而析之；社会隔阂，沟而通之。有所褒，则社会荣之，有所贬，则社会羞之。此新闻纸之良知良能也。"①《时报》曾经刊发论说，探讨报刊传播的舆论效果："近年来，民智渐开，人心日辟，报馆之创立，时有所闻，报纸之销数日见增广，遇有公共团体之事业，一经报张登载，则遍传全国，加之爱国志士极力提倡，开演说会，以布告同胞，于是通国闻风响应，无不慷慨激昂，是非国民得有长足进步之征验欤，是非近日报章提倡之力欤！"②《苏报》发表的一篇时评很典型地折射了这一点："报馆者，发表舆论者也。舆论何自起，必起于民气之不平，民气之不平，官场有以激之也。是故舆论者，与官场万不能相容者也，既不相容，必生冲突。于是业报馆者以为之监督，曰某事有碍于国民之公利，曰某官不能容于国民，然后官场所忌惮或能逐渐改良以成就多数之幸福。此报馆之天职者，即国民隐托之于报馆者也。"③

二 启蒙大众：改良、革命舆论氛围的建构

既然报人以主持舆论来自我认同，他们就需要探索舆论生产的规律，进而通过报刊书写去引导舆论、操控舆论。在书写中，报人逐渐探索到，只有极端激进的声音才能够得到受众的欢迎，而理性的文章虽然说理至深，但应者寥寥。梁启超在晚清报界之所以赢得很大的声望，造成很大的影响，举国响应，乃是其抓住了大众传播规律，善于"笔锋常带情感"的书写，作为执言论之牛耳的人，梁启超对此并不避讳，并且曾经以"极端之议论"为表率，"虽稍偏稍激焉耳不为病"。本来偏激是一种盲目偏信而导致的行为，而在梁启超笔下，则是一种自觉的有意为之的言论特色："彼始焉骇甲也，吾则示之以倍可骇之乙，则能移其骇甲之心以骇乙，而甲反为习矣。及其骇乙也，吾又示之以数倍可骇之丙，则又移其骇乙之心以骇丙，而乙又为习矣。

---

① 《论中国书报不能发达之故》，《东方杂志》第 2 卷第 1 期，1905 年 2 月 28 日。
② 《论今日亟宜多创浅易之白话日报》，《时报》1906 年 5 月 29 日。
③ 《论湖南官报之腐败》，《苏报》1903 年 5 月 26 日。

如是相引，以至无穷。所骇者进一级，则所习者亦进一级。""大抵所骇者过两级，然后所习者，乃适得其宜。某以为报馆之所以导国民者不可不操此术。"①从梁启超的"报馆之所以导国民者不可不操此术"话语中，可以看出梁启超对于大众传播规律有着清晰的把握，用说理的方式，只能让人明白道理，而用情感化的书写去激发读者，不会让人坐而思，但会起而行。

梁启超的亲密战友蒋智由曾经对报刊书写与大众接受之间的规律进行过梳理分析，他认为报刊书写模式有"冷的文章"与"热的文章"之分别。热的文章"其刺激也强，其兴奋也易，读之使人哀，使人怒，使人勇敢"，而冷的文章"其虑也周，其条理也密，读之使人疑，使人断，使人智慧"。②两种文章书写方式各有优劣，当然在危急存亡之际，蒋氏还是比较推崇梁启超式的"热的文章"。梁启超的报章写作"笔锋常带情感"，修辞力求高亢、振奋、警醒。邹韬奋曾回忆中学时期阅读《新民丛报》的感受："他的文章激昂慷慨、淋漓痛快，对于当前政治的深刻的评判，对于当前实际问题的明锐的建议，在他那支带着情感的笔端奔腾澎湃着，往往令人非终篇不能释卷。"③由此可见梁启超对青年读者的影响。当然梁启超的书写文风一方面是自己的个性使然，另一方面也是自觉的读者意识的体现。何谓读者意识？它"指作者在写作时充分考虑到读者的爱好和需求，并以此来指导、制约自己的写作"。④因为报刊的空间化传播，报人书写所要面对的对象出现了变化。传统的书写与阅读都是一种私人性的活动。而报刊时代的书写，需要面对成分复杂的大众。大众就是传播过程中信息知识的接受者。在传播学"五W"模式中，接受者是传播过程中的一个重要因素，它直接影响着传播者的文本生产取向。因此投身报刊的文人在书写中也会自觉地增强对读者受众的关注，从而催生一种新型

---

① 梁启超：《敬告我同业诸君》，《新民丛报》第17号，1902年10月2日。
② 蒋智由：《冷的文章与热的文章》，《新民丛报》第4年第4号，1906年2月。
③ 邹韬奋：《邹韬奋自述》，安徽文艺出版社2013年版，第10—11页。
④ 庄涛等主编：《写作大辞典》，汉语大词典出版社1992年版，第174页。

的传受关系。正如有学者指出的那样："以报纸和杂志为代表的新的媒介的出现，不仅有了普适性的传播方式，而且媒介以读者需要为存在之本的特性使得它与传统意义上的具有排他性和权威性的经典传播系统大异其趣。"①

报刊出现之前，文人的书写受儒家道统和政统的影响，维持一种"以人文印证天文"的文化传统。而到报刊时代，这种文化传统渐渐遭遇消解，报刊出版渐渐受到一种商业市场规律的支配，文人书写也不能仅仅停留于代圣人立言，而需要迎合大众趣味，以谋取更广泛的关注度和阅读量。可见，报刊时代的文人书写借助市场化的力量摆脱了政治束缚，但在得到自主性的背后，也增加了一种被控制、规训的隐性力量。作为一种现代大众传媒，报刊的出现不单单使得社会的组织方式发生了深远的变革，使社会与知识界由于报刊而紧密地联系起来，报刊传媒改变了知识的生产方式，打破了传统的知识圈子，使得文人开始面对一群潜在的陌生而广大的读者。报刊写作，因为考虑读者的爱好兴趣，文人的思想情感、态度、行为等方面都相应发生了变化或反应，开始考虑市场意识，读者左右报章书写的现象日益突出。文人开始被看不见的"规则"所控制，书写形式和书写观念也在受到大众影响。不是文人在操纵大众习惯，大众也在操纵着文人。其实，报人书写从私人化书写走向公众书写，要引导大众，但不能顺从大众，当文人唯大众兴趣是求时，也就失去了书写的自我意识。因此有报人如此呼吁："我们与其以感情的言论刺激读者的神经，毋宁以有用的智识，开拓读者心胸；与其发表未成熟的主张，使读者跟着走错路，毋宁提供事实的真相，给读者自作主张的底子。换一句话说：我们是舆论的顾问者，而不敢自居舆论的指导者的。"②

---

① 干春松：《制度化儒家及其解体》，中国人民大学出版社2003年版，第191—192页。
② 坚瓠：《本志的第二十年》，《东方杂志》第二十卷第1号，1923年1月10日。

第 五 章

报刊与语言：从"文质之辩"看晚清文人的书写观念转型

> Journalism 就是一种企业，且是一种现代文字工业；它能代表某种社会的状态及其动向；它的领域扩张到社会的全部；为适合需要者的要求起见，在它的领域以内的，一切都通俗化了。
>
> ——谢六逸①

与传统书籍媒介相较，报刊的一个重要特征是"大众发行"。既然是大众发行，报人的书写语言就需要接受并适应大众传播的规则，选择为广大受众广为接受的通俗语言形式。然而，在文人书写中，古雅的文言不仅仅是一种书写工具，而且成为一种身份的象征。晚清报人的书写语言既需要适应报刊通俗化的传播原则，但内心的精英意识又时时浮现，影响着自我的报章表达。本章从语言的通俗化来考察晚清报人的书写观念转型。

第一节 大众发行与报刊语言的通俗化

作为大众传播的媒介形式，报刊书写要面向大众。报纸的文字越易懂，销路自然越好，影响也自然越大。正如"话须通俗方传远，语

---

① 谢六逸：《谢六逸文集》，商务印书馆1995年版，第310页。

必关风始动人"的古语言说,通俗成为报刊语言选择的一个重要特点。报刊所载内容本是面向大众传播的新鲜之事,在多元尝试之后,最终都会顺理成章地选择通俗易懂的语言进行记载传播。

一 传播召唤:"报章宜改用浅说"

19世纪以来,随报刊媒介的发展,许多文人致力于报刊事业,报刊发行数量与报刊阅读数量都呈现出一种前所未有的局面。报刊这种大众化的传播模式,使得传统的书写标准也发生变化。1899年,陈荣衮发表《论报章宜改用浅说》呼吁报章文字的通俗化,要求"作报论者",以"浅说""输入文明",并明确提出:"大抵今日变法,以开民智为先,开民智,莫如改革文言。不改文言,则四万九千九百万之人,日居于黑暗世界之中,是谓陆沉;若改文言,则四万九千九百万之人,日嬉游于琉璃世界中,是谓不夜。"阅读陈氏的言论,还是从报章启蒙作论,其实在其提出"报章宜改用浅说"之前,《申报》在创刊号启事中便已经指出:"新闻纸所刊出的文章,事情简而能详,文字通俗,不仅士大夫欣赏,即使工、农、商贾皆能通晓。"[1]《申报》此言绝非单纯就自家而言,实乃报界之通例。刘师培在《论白话报与中国前途》中如是阐述语言、报刊与启蒙之间的关系:"中国自近岁以来,所创之报日增,而阅报之人,仅占国民之一小部分,岂国民之不嗜报欤?则以中国发行之报,皆用文言,仅适于学士大夫之目,而不适于农工隶卒之目也。且中国之民,号四百兆,而农工隶卒之数,倍于学士大夫。今聚四百兆之民,而受报界之影响者,仅及于上流社会,何其与文明普及之旨相背欤?吾观乡里愚民,无不嗜阅小说,而白话报体,适与小说相符,则其受国民之欢迎,又可知矣。"[2]

报刊内容是否为大多数受众所接受,主要是由它本身具有的特质所决定的,如果它是大众的、符合时代潮流和传播规律的,它的传播

---

[1] 《本报启事》,《申报》1872年4月30日。
[2] 刘师培:《论白话报与中国前途之关系》,《警钟日报》1904年4月26日。

范围就广、影响力就大。陈荣衮之所以倡导报章宜改用浅说,因为浅说(白话)是"大众的"、是"口传的"、是"新鲜活泼的"。晚清报人往往把这种充满生机的白话作为模仿对象,有意从中汲取有益的语言养料,以创作出适合大众口味的报刊语言。追溯白话发展缘起,历史非常悠久,唐代的传奇,宋代元代的话本,明代清代的小说,白话文一直在民间市井之中传播,但白话一直处于文化的边缘,文人不屑使用白话书写,白话的价值也得不到社会的认可。但这种局面随着晚清报刊媒介的崛起发生了转变。许多文人逐渐在报刊书写中使用白话、提倡白话。为什么如此?因为白话顺应了媒体选择的最省力原则。所谓"最省力原则"是施拉姆在其《传播学概论》中提出的。"最省力原则"阐释了人类在媒介选择中总是付出最小而获益最大的规律。他还列有公式:

媒体选择几率(P)=媒体产生的功效(V)/需付出的代价(C)①

在施拉姆看来,公众选择媒介获取信息总遵循"最省力原则"。一方面可以提高收益,另一方面是降低成本。这个降低成本,可以分为购买成本与阅读成本。语言的通俗化是阅读成本,就是不需要有多高的学识,就可以阅读。通俗化的语言符合印刷业的节约逻辑,需要印制大量文本,出售给最大量的读者。晚清报人裘廷梁的观点与施拉姆遥相呼应:"阅报之多寡,与爱力之多寡,有正比例,与阻力之多寡,有反比例。"② 而这里的"爱力""阻力"与报刊文字的浅俗/艰深有着重要关系。早在1887年,黄遵宪就曾提出"言文合一"以促"通文者多"的观点:"盖语言与文字离,则通文者少;语言与文字合,则通文者多。"因此,他呼吁创造一种"明白晓畅,务期达意",

---

① [美]施拉姆、波特:《传播学概论》,陈亮等译,新华出版社1984年版,第114页。
② 裘廷梁:《序》,《无锡白话报》1898年5月11日。

第五章 报刊与语言:从"文质之辩"看晚清文人的书写观念转型 / 95

"适用于今,通行于俗",使"天下之农工商贾,妇女幼稚皆能通文字之用"的新文体。①

1897年,严复、夏曾佑在《本馆附印说部缘起》中指出报刊文章口语化的传播规律:"而今世之俗,出于口之语言与载之纸质语言,其语言大不同。若其书之所陈,与口说之语言相近者,则其书易传;若其书与口说之语言相远者,则其书不传。"②为了受众能够更容易地选择报章,阅读报章,报章语言亟待通俗化。其实,语言的通俗化既使得报刊可以广泛传播,也有利于实现晚清知识人的启蒙目标。1897年裘廷梁致函汪康年,倡导《时务报》"增设浅报"。他解释说:"诸君子创开报馆,曾未及岁,每期销至万四千册,可谓多。然尤不逮中国民数万分之一。……以无锡言之,能阅《时务报》者,士约二百分之九,商约四五千分之一,农工绝焉。推之沿海各行省,度不甚相远。""商人之子弟尽人而读之,工人之子弟读者十七八,农之子弟读书者十五六",如"增设浅报,俾天下之为商、为工、为农及书塾中年幼子弟,力足以购报者,皆略同中外古今及西学之足以利天下,为大开风气之助。"③

裘廷梁从报刊的大众发行量来为报章"浅说"论证。前面有论,报刊相较书籍媒介,其特点之一便是"大众传播"。报刊这种"大众传播"的媒介形式,面向的是最广大的受众,追求最大的阅读量。机器生产背景下的近代报刊,必须有一定数量的读者才能存活。帕克曾经在叙述报纸的形成时解释说:"报纸不仅是印刷品,它是发行出来供人阅读的,否则,便不成其为报纸。生存竞争就报纸来说,乃是为报纸的发行而斗争。不被人们阅读的报纸就停止了它在社会上的影响。

---

① 黄遵宪:《日本国志·学术志二》,陈铮编《黄遵宪全集》下,中华书局2005年版,第1420页。
② 严复、夏曾佑:《本馆附印说部缘起》,《国闻报》1897年第16期。
③ 裘廷梁:《裘廷梁致汪康年书》,《汪康年师友书札》(三),上海古籍出版社1986年版,第2625—2626页。

报纸的力量的大小，大体上可以用读报人的数量多少来衡量。"① 与传统书写只是面对少数人不同，报刊一般发行量非常大。因此，报刊为了赢取更多的受众，需要以通俗化的文字来书写。晚清时期，报刊在推广中面对诸多障碍，一个最重要的障碍便是社会民众识字率太低，大量不识字的民众无法成为报刊读者，另外还有一大部分只是粗识文字无法进行高深的文章阅读。面对此种社会语境，报刊想要打开市场，其语言必须要进行通俗化改造，只有通俗化的报刊语言才能赢得更多的读者。梁启超在《变法通议·论幼学》中曾经论及语言通俗与否与读者数量的关系："古人文字与语言合，今人文字与语言离，其利病既缕言之矣。今人出话，皆用今语，而下笔必效古言，故妇孺农氓，靡不以读书为难事。而《水浒》《三国》《红楼》之类，读者反多于六经。……但使专用今之俗语，有音有字者以著一书，则解者必多，而读者当亦愈伙。"② 1897 年，陈荣衮作《俗话说》，从文体的雅俗方面论言文应该一致。他说："人人共晓之话谓之俗，人人不晓之话谓之雅，十人得一二晓者亦谓之雅。今日所谓极雅之话，在古人当时俱俗话也。今日所谓极俗之话，在千百年后又谓之雅也。"报刊印刷主要面对的是大众，因为走的是商业经营的路线，报刊出版商要始终以报刊市场与大众需求为导向。

著名报刊研究者谢六逸曾经指出："Journalism 就是一种企业，且是一种现代文字工业；它能代表某种社会的状态及其动向；它的领域扩张到社会的全部；为适合需要者的要求起见，在它的领域以内的，一切都通俗化了。"③ 诚哉斯言！报章时代的写作，已经容不得过多的文言词汇，句子结构不能太长，应该短促有力。报章时代的读者，对于很多直观浅白的文字更有触动。要考虑到大众对报刊的接受程度、停留时间等。从报刊的阅读市场来看，倘若使用文言文，只有士大夫才能够

---

① [美] 帕克等：《城市社会学——芝加哥学派城市研究文集》，宋俊岭、吴建华等译，华夏出版社 1987 年版，第 78—79 页。
② 梁启超：《变法通议·论幼学》，《时务报》第 18 册，1897 年 2 月 22 日。
③ 谢六逸：《谢六逸文集》，商务印书馆 1995 年版，第 310 页。

购买阅读；倘若使用通俗化的书写，除了士大夫，另外一些粗识文字的人也可以购买阅读。可见，白话的使用其实是扩大阅读市场的要求。

报刊媒介对白话的功劳善莫大焉，却容易被一些学者所忽视。在探讨从文言到白话的语言转型问题时，后世学者纷纷称赞胡适、陈独秀领衔的"五四"白话文运动之功勋，殊不知，真正的功臣是报刊传媒，它对语言的通俗化有着巨大的推动力。报刊语言需要通俗，几乎是晚清投身报刊文人的共识。刘师培在《国粹学报》中指出："以通俗之文推行书报，凡世之稍识字者，皆可家置一编，以助觉民之用，此诚近今中国之急务也。"① 中国人"字不皆能识，书不仅能读"，要开通民智，"宜多设白话报馆，捭粗识字者皆得从此而知政要，庶不致再如睡梦矣！"②

潘璇为《女学报》作序时也把白话书写有利于报章传播这层意思说得十分清楚："中国通行的，有这官话。'官'字是公共的字，'官话'就是公共的话了。我们如今立报，应当先用官话，次用土话。为什么呢？因为土话只能行在一乡一村的，不能通到一县一州，行在一县一州的，不能通到一省一国。本报章定用官话乃是公共天下的意思。"③《东方杂志》的一篇文章《论中国书报不能发达之故》写道："一则在其内容腐败，失社会之信用；一则在其措辞立说，介乎不文不俗之间。以为文言，则支离诘屈，不能自明其意旨之所在，某杂志所谓语国文不成片段者是也。设以为俗语，则又之乎者也，纷然满幅，即一部说书，已非尽人能读。是以长于国文者，则望而生厌；粗知文义者，又泛滥无归，二者皆不适于社会者矣。"④

二 报刊语言：从"报章体"到白话文

梳理中文报刊历史，我们便会发现，从 1815 年《察世俗每月统记

---

① 刘光汉：《论文杂记》，《国粹学报》第 1 年第 1 期，1905 年 2 月。
② 刘孟扬：《开民智法》，《大公报》1902 年 7 月 21 日。
③ 潘璇：《上海女学报缘起》，《女学报》第 1 期，1898 年 7 月 24 日。
④ 鹤谷：《论中国书报不能发达之故》，《东方杂志》第 2 卷第 1 号，1905 年 2 月 28 日。

传》到 1915 年创刊《青年杂志》的一百年间，无不强调报刊语言的通俗化写作。正如有学者指出的那般："印刷术对文字陈述、文法规则的影响甚大，许多崭新的意义因此产生。"[①] 认真梳理晚清报刊语言通俗化历程，其中有着三重的演变因素：有来自传教士对语言改造的影响；有民间商业报刊为了因应市场需求，报刊本身自行进行的改革；有知识群体出于社会关怀，介入政治阐发议论，造成的语言变革。诸种因素彼此交互渗透、相互影响，促使报刊语言走向通俗化。

（一）传教士报刊语言

传教士办报，其目的在于传教，必须借助通俗化的语言才能够广为传播。为了满足读者需要，传教士报刊雇用了许多秉笔华士协助对报刊语言进行修改、润色，以增加报纸的可读性，并使广大受教育的读者乐于接受。传教士报刊一开始就十分注意报刊的通俗化。《察世俗每月统记传》发刊词中说："察世俗之每篇必不可长，也必不可难明白。盖甚奥之书，不能有多用处，因能明甚奥理者少故页。容易读之书者，若传正道，则世间多有用处。浅识者可以明白，愚者可以得智，恶者可以改就善，善者可以进诸德，皆可也。"[②]《东西洋考每月统记传》"报道新闻，犹如说书，娓娓道来"，就很能说明这个趋向。这种语言形式收获良好的传播效果，并且开创了报刊语言通俗化的开端。

（二）商业报刊语言

商业性报刊如《申报》《新闻报》《字林沪报》等。这些报刊依靠出版盈利，因此对于读者、市场都非常重视，在语言使用上也希望探索大众喜闻乐见的语言形式。1875 年《申报》在《论本馆作报本意》中提出："务使措词字质而无文，论事宜显而弗晦，律女流、童稚、贩夫工匠辈，皆得随时循览，以扩知识，而增见闻。"1876 年 3 月《申报》专门附张《民报》，其目的是"专为民间所设，故字句俱

[①] 李仁渊：《晚清的新式传播媒体与知识分子：以报刊出版为中心的讨论》，台湾稻香出版社 2005 年版，第 13 页。

[②] 《察世俗每月统记传》第一卷第 1 期，1815 年 8 月 5 日。

如常谈"。很明确定位于"民间",定位于"稍识字者"。① 报刊与市场需求有着依存关系,这就决定了报章书写必须适应报刊的市场要求,以获得商业利润。

(三) 政论报刊的"报章文体"

何为报章体? 是指出现在报刊之上,不同于桐城派古文的一种比较通俗浅近的文体。这种文体首先是王韬在《循环日报》上运用,但没有形成气候。甲午之后,《时务报》等维新报刊创办,梁启超的报章写作不避俚语,杂糅各种白话语素,进入报章写作,其文通俗易懂、传播性强。报刊史家戈公振曾经记述道:"清代文字,受桐城派和八股之影响,重法度而轻意义。自魏源、梁启超等出,绍介新知,滋为恣肆开阖之致。留东学子所编书报,尤力求浅近,且喜用新名词,文体为之一变。"② 可见,报章体之所以盛行一时、广受关注,是因为它摆脱了传统精英的那些写作程序,突破八股文、桐城派的束缚,形成了一种政论书写方式。政论语言流畅、简洁,不追求华丽的辞藻,不用冷僻的典故,即使在现在,稍有古文基础的人都可以看懂。流畅和简洁,正是报刊言论所需要的语言特色,唯有如此,才能适应报刊"周期出版""大众发行"的特点。

(四) 晚清白话报刊

晚清的知识群体一方面创造了报章体政论文,同时注重底层启蒙,创办白话报刊,使用浅俗的语言进行报刊书写。19 世纪、20 世纪之交,白话报刊如雨后春笋般出现,且范围广、数量大。很多仁人志士开始投身创办、经营白话报刊,他们注重以通俗的白话语言进行写作,引导下层民众阅读报刊以起到知识启蒙的效果。譬如《白话报小引》所述:"中国人要发奋立志,不吃人亏,必须讲究外洋情形,天下大势,必须看报。要想看报,必须从白话起头,方才明明白白。"③ 晚清白话报刊的书写语言是一种模拟口语写作,一般不加修饰、不加剪裁,

---

① 《本馆告白》,《申报》1876 年 3 月 30 日。
② 戈公振:《中国报学史》,中国新闻出版社 1985 年版,第 109—110 页。
③ 《白话报小引》,《演义白话报》第 1 号,1897 年 10 月 13 日。

追求一种原汁原味的口语表达方式。行文之中，常常出现"列位""你道是"等口语化词语。此中既有直接言说的俗白效果，也有虚拟对话的言说策略。白话本身就倾向口语，晚清白话报刊特别强调那种说话的感觉，特意营造一种贴近口语的语言风格，在晚清社会下层启蒙中起到不可低估的作用。

第二节 报刊语言与文人传播观念的变革

报刊书写推动了文人书写语言的通俗化。这种通俗化的语言改变了古代文人以"雅言"为尚的书写传统。黄遵宪指出："周秦以下文体屡变，逮夫近世章疏移檄，告谕批判，明白晓畅，务期达意，其文体绝为古人所无。"① 本节将梳理中国传统"雅言""文言"的语言书写的生成，并将书写与仪式相勾连深入思考古代文人书写的价值意义，进而与晚清报刊书写观念相比较。

一 文人雅言：书写的仪式化实践

"文言"的概念，是相对口语而言，但并没有精确定义，是一个动态发展的概念。但文言如何形成是值得探讨的。清人阮元曾经通过对书写媒介的考察予以阐释，他指出："古人无笔砚纸墨之便，往往铸金刻石，使传久远；其著之简策者，亦有漆书刀削之劳；非如今人下笔千言，言事甚易也。……是必寡其词，协其音，以文其言，使人易于记诵，无能增改，且无方言俗语杂于其间，始能达意，始能行远。"② 这种阐释或许并不全面，但书写材料与文言形成的关联，是确实存在的。这与人类媒介革命有关。人类经历了口语媒介—文字媒介—印刷媒介—电子媒介等媒介形式。从口语媒介到文字媒介，是文言形成的关键。

---

① 黄遵宪：《日本国志（下）》，天津人民出版社2005年版，第811页。
② 阮元：《文言说》，《中国近代文论选》上册，人民文学出版社1959年版，第100页。

第五章 报刊与语言:从"文质之辩"看晚清文人的书写观念转型

人类发明了文字,对语言所表达的信息进行记载,使信息传播的深度和广度发生了巨大的变化。但是,文字的记载和传播,必须有一定的物质手段——比如写、刻、印,才能实现。在远古时代,源于书写材料的珍贵、书写的难度,古代人的书面文字与口语传播有着不同的表达形式,一个重要的特点就是需要简单凝练。例如最早的《弹歌》:"断竹,续竹,飞土,逐六(古肉字,指禽兽)。"有人认为这是黄帝时代的歌谣,固然没有根据,但从它的内容和形式上看,无疑这是比较原始的语言形式。伴随着书写材料的演进,可考的文字记载也从二言句到四言句再到多言句。文字记载的这种发展在西方也有同样的例证。加拿大媒介学家伊尼斯在叙述"帝国与传播"的问题,讲到埃及文明,书写材料从石头转到莎草纸时说:"'由于摆脱了石头这个沉重的媒介',思想获得了轻灵的属性,'所有的环境都激发了人们的兴趣、观察和反思'。手写的文字显著增多,文字、思想与活动的世俗化就随之产生。"[①] 伊尼斯分析埃及书写材料的变化,认为材料的改进是文字通俗化的重要因素。因此,也可以反推依靠传统书写材料的书写,需要简短、文言化。冯友兰也有过类似的分析:"中国古代用以书写纸竹简,极为夯重。因竹简之夯重,故著书立言,务求简短。"[②]

《淮南子·本经训》说:"昔者仓颉作书,而天雨粟,鬼夜哭。"文字参天地之造化,鬼神都不能隐其形,所以"鬼夜哭"。文字崇拜使后人甚至有意扩大文与言的距离。文字书写很长一段时间内都是文人阶级的特权,因此被赋予身份认同、知识资本等诸多象征意义。口语逐渐成为属于庶民的事物,而文言则是属于文人君子的专利品。在古代文人眼中,文言书写,是一种实践,也是一种仪式,一种文化的象征。中国被称为礼仪之邦,因为在儒家传统之中,人们为一系列的礼仪所调解。这些礼仪的目的便是让人在进退、揖让、升降、酬酢之

[①] [加]克劳利等编:《传播的历史:技术、文化和社会》,董璐等译,北京大学出版社2011年版,第29页。

[②] 冯友兰:《中国哲学史》,中华书局1984年版,第9页。

中,学会尊卑有序,崇敬礼让之节,明礼仪,知敬惧。理论上讲,人们在日常生活中一言一事都有一套礼仪,为之规范。书写也慢慢参与其中,需要遵守各种礼仪规范。在古代中国,书写从来就不是言辞本身,而是牵到人们的日常生活礼仪。依据戈夫曼日常生活的自我表演理论,所有社会角色的行为实际上都是表演。文言的书写也成为一种行为的展示。书写以一种特有的言语方式承担着这一教化功能。文人承担着教化和训导职责,其书写文化呈现出一种泛道德化倾向,其复杂性突出了文人的重要地位。语言、文体以书写的实践方式渗透到礼乐文化之中,发挥着言语文字交流示意的特殊作用,并以此示范礼仪,进行教化,负有阐释教化功能。这就是我们常说的"以文释礼",人们通过既定的、适合书写方式行使着礼仪。"文"使贵族成为贵族,也使士大夫成为士大夫、文人成为文人。

二 报刊语言:书写的信息传递观

王韬在为郑观应的《易言》作序时说:"夫著书在通时适用而已。文词其末也。晚近文人动矜奥博,而宣尼辞达之旨亡,著书之本意亦晦。"[①] 王韬在报刊上撰文自我阐释:"自愧言之无文,行而不远,必为有识之士所齿冷,惟念宣尼有云'辞达而已',知文章所贵在乎纪事述情,自抒胸臆,俾人人知其命意之所在而一如我怀之所欲吐,斯之佳文。至其工拙,抑末也。鄙人作文窃秉斯旨,往往下笔不能自休,若于古文辞之门径则茫然未有所知。"[②] "古文辞之门径",指的就是传统的文章写作规范。这其实不难理解,报刊的纪事抒情文章自抒胸臆,文章力求浅近,是因为要考虑读者的接受能力。这种面向大众书写的报刊政论,对统治晚清文坛的科举时文写作和桐城派文章造成了极大冲击,有利于新知的传播和启蒙的普及。

晚清文人在报刊书写实践中逐渐形成一种信息传递观,认为做报

---

① 王韬:《与郑陶斋观察》,《弢园尺牍续抄》,清光绪十五年淞隐庐刻本。
② 王韬:《自序》,《弢园文录外编》,上海书店出版社2002年版,第1页。

刊是书写、传递消息。而传递消息的书写不是传统的文章写作，无须斟词酌句、精密组织。《申报》在1872年创刊时刊出的《本馆告白》强调新闻纸的纪事特点及功能，主要着力于其传播信息，助人通晓时事之作用。比如："求其纪述当今时事，文则质而不埋，事则简而能详，上而学士大夫，下及农工商贾皆能通晓者，莫如新闻纸之善矣。新闻纸之创制自西人传于中土……务求其真实无妄，使观者明白易晓，不为浮夸之辞，不述荒唐之语，庶几留心时务者，于此可以得其概，而出谋生理者，于此亦不至受其欺，此新闻之作固大益于天下也。"① 陈独秀在《开办〈安徽俗话报〉的缘故》中说："现在各种日报、旬报，虽然出的不少，却都是深文奥义，满纸的之乎者也矣焉哉字眼，没有多读书的人，哪里能够看得懂呢？这样说起来，只有用最浅近最好懂的俗话，写在纸上，做成一种俗话报，才算是定好的法子。……我们做报的人，就算是大家打听消息的人。"② 由以上引述可以发现，创办白话报刊的文人的语言观念，他们认为语言是交流的工具、信息的载体而已。

语言工具论与传播学中的"传递观"是相通的。何为信息传递观？传播的传递观首倡之人是杜威，后来詹姆斯·W.凯瑞对其发展演绎，提出了传播的传递观（a transmission view of communication）和传播的仪式观（a ritual view of communication）。信息传递观，指的是信息在地理空间之中的传递运输，便如运送货物一样。与之相较，传播仪式观是将传播作为一种象征或仪式化的展现。③ 结合这里探讨的文言与白话来说，文言写作是一种仪式化的行为，它呈现在接受者面前的并非单纯的信息，而且是一种书写规矩、仪式的展现。我们可以通过表5—1比较"传递观"与"仪式观"两种传播观念的差异。

---

① 《本馆告白》，《申报》1872年4月30日。
② 陈独秀：《开办安徽俗话报的缘故》，《安徽俗话报》第1期，1904年3月31日。
③ [美]凯瑞：《作为文化的传播》，丁未译，华夏出版社2003年版，第4—5页。

表 5—1　　　　　　　传递观与仪式观的差异比较

类属	传递观	仪式观
隐喻	运输、运送	仪式、典礼
角色	发送者、接受者	参与者、旁观者
意涵	发送、接收	生产、再生产
传播功能标准	接收者"收到"（传递的精确性）	分享经验（共同感）
功能	穿越空间的影响	穿越时间的维系
语言	工具论	象征论

根据表 5—1 的分类比较，可以发现传递观重在信息的传递，而仪式观重在行为的展示。传递观需要信息清晰可辨，因此需要通俗化的语言，不需要调动更多的感官和思维去理解，而文言则是一种模糊性的，需要凭借一定的学识积累才能理解的。[①] 文言写作，对于接受信息而言相对复杂，不易于知识信息的传播普及。晚清之季，中国正处于危机存亡关头，语言需要祛魅，需要传达知识信息给民众。如果思想文化交流仅仅局限在一些学者和绅士间，它的交流也就局限在社会的一隅。即使是社会改革思想，也大大减低了其作用和进程。祛除文思雅驯，只保留信息的核心部分，这便是重中之重。语言工具论，其实是将语言祛魅化、世俗化，从社会的道德生活中排出宗教信仰、仪式和共同感的过程。

第三节　语言通俗化与文人的精英意识

伴随着出版工业的兴起，报刊的种类和发行数量急剧增加。因此就需要不断寻求新的市场，这就加速了报刊语言的通俗化。从市场角

---

① 这便如麦克卢汉所言的"热媒介"与"冷媒介"。热媒介并不留下那么多空白让接受者去填补或完成。热媒介要求的参与程度低；冷媒介要求的参与程度高，要求接受者完成的信息多。依此而言，白话是一种热媒介，信息简单、清晰，不用接受者高度参与就可以理解；而文言是一种冷媒介，需要接受者调动知识积累参与、解码。参见［加］麦克卢汉《理解媒介——论人的延伸》，何道宽译，商务印书馆 2001 年版，第 51—64 页。

度来说，报刊的市场是普通民众，他们的知识结构，决定了他们根本没有能力去接受精英化的文言书写。投身报刊的中国文人必须调整自己的写作习惯，用一种贴近大众接受心理的语言形式来进行创作，使书写形式逐渐通俗化。

一 认同困境：白话书写的文人心理

置身报刊时代，倘若文人固守传统的文言书写，而无法将语言写得通俗易懂，就无法适应报刊写作模式。"言之不俗，行而不远"是报刊时代的新的传播规则。读者的阅读应该是随时的。只有报刊能够随时阅读，而且无须复杂的技巧与烦琐的准备工作，才能吸引赢得更多的受众。报刊出版倚重商业逻辑，这就损害了传统文人所尊崇的文言书写观念。千百年积累的儒家经典皆是以文言书写而成，文人自古在这些圣贤典籍中发掘义理，以文言书写来安身立命。而置身晚清的时空，不但印刷业的发展推动书写语言走向大众化，而且社会启蒙的社会任务也需要走向通俗化。在晚清报刊时代，语言走向通俗化已经成为大势所趋，同时"以通俗之文，助觉民之用，上至卿士下至齐民，凡世之稍识字者皆可以家置一编，而觉世之力愈广矣"。[①] 从"社会启蒙"维度审视报刊语言，很多文人将白话报刊的发达与社会文明的演进相勾连，认为白话报是推进社会文明的利器。正如刘师培所言："自吾观之，白话报者，文明普及之本也。白话报推行既广，则中国文明之进步固可推矣；中国文明愈进步，则白话报前途之发达，又可推矣。"[②]

通俗化的报章文体逐渐取代了传统的文章书写规范。但文人内心对文言这种精英语言还有某种怀恋之情，仍有一些报人坚守文言书写。然而，文言书写与文本传播有着二律背反性。严复坚持用先秦古雅的文言翻译西方著作，开始靠的是思想的冲击力，到后来其语言古奥文

---

① 刘师培：《论白话报与中国前途之关系》，《警钟日报》1904年4月26日。
② 刘师培：《论白话报与中国前途之关系》，《警钟日报》1904年4月26日。

雅，只能流于曲高和寡。与此相较，梁启超及时调整自我的写作，并接续王韬的报章体，创成了亦文亦白的新文体，影响深远。很大原因在于后者与报刊事业有着语言上的共振。中国文人毕竟在文言历史的长久浸泡中中毒已深，几近无法自拔。曾经在中国传教的马礼逊，对中国文人的书写语言规律有清晰的把握。他说："中国文人对于用俗语，即普通话写成的书是鄙视的。必须用深奥的、高尚的和典雅的古文写出来的书，才受到知识分子的青睐，因此只有极小一部分中国人才看得懂这种书。正如中世纪黑暗时期那样，凡是有价值的书，都必须用拉丁文写出，而不是通俗的文字。"[①] 可见，在中国文人眼中，文言的使用并非单纯传递信息，而且具有标明社会身份的象征意义。即使梁启超认识到报章文体需要通俗，但是当裘廷梁劝《时务报》出白话报附张时，还是没有采纳。他心中未免没有一种精英意识在的。可见，文人虽然知道报刊语言需要通俗化，但内心仍然坚持一种精英主义，对大众对白话总是抱着一种强烈的戒备心理。对白话的抵制与轻蔑便体现了文人内心的纠结。

从晚清到五四运动，白话语言不断地推广普及，但是文人群体对此总是五味杂陈，部分文人甚至对白话的推广心生恐怖。有人曾书写《士的阶级的厄运》描述文人面对白话文的感情障碍："等到白话文风行全国，人人都可以多少用文字发表他的意思，那士的阶级向来所居奇的能力也就无所施其技了。中国文字的通俗化，对于人民一方面是使他们得到一个新的发表意思的工具，几千万以先缄默的人如果学到三五百字就可以发表他们单简的意思，而对于士的阶级一方面是剥夺了他们唯一的武器。他们所宝贵的奥秘完全为人所吐弃了。老先生们反对白话文不是无意识的；那正是他们最末次的奋斗，他们生命最终的光焰。"[②] 这种对白话的轻蔑态度并非保守人士所独有，即使以倡导

[①] 马礼逊夫人编：《马礼逊回忆录》，顾长声译，广西师范大学出版社2004年版，第154页。

[②] 唐钺：《告恐怖白话文的人们》，郑振铎编《新文学大系·文学论争集》，上海良友图书印刷公司1935年版，第254—255页。

白话文为一生志业的胡适也在所难免。胡适不但是"五四"白话文运动的旗手,而且还专门撰文《报纸文字应该完全用白话》以推动白话文的普及。其实他个人的报业实践也是以白话为书写语言的。1908年,年仅17岁的胡适,就担任《竞业旬报》的主编,以白话文为主体,书写刊出了《地理学》《真如岛》等多篇白话作品。可是,在后来的《四十自述》中胡适的回忆叙说却不自觉透露出语言书写的矛盾心理,他说:"我的长处是明白清楚,短处是浅显"。其实"明白清楚"与"浅显"不过一个硬币的两面。"浅显"和"高深"本也无高低优劣之分,但胡适内心精英意识作祟,遂认为"浅显"是一种"短处"。胡适在语言书写中的这种精英意识与民主观念才导致在白话文叙述回忆中有"他们""我们"的话语歧义。①

二 两种笔墨:报章书写的语言分层

1897年,章太炎加盟《时务报》,为报刊撰文《论亚洲宜自为唇齿》《论学会有大益于黄人亟宜保护》两篇,引起强烈反响。黄遵宪致函《时务报》经理汪康年说:"馆中新聘章枚叔、麦孺博,均高材生,大张吾军,使人增气。"但他转而又说:"章君之《学会》,论甚雄丽,然稍嫌古雅,此文集之文,非报馆之文。"② 何为报馆之文?何为文集之文?从黄遵宪的话语所指中,我们不难发现,报馆之文不能太过古雅,太过古雅则是文集之文了。章太炎后来主编《民报》发表了《革命之道德》等论战文章。鲁迅后来追述道:"我爱看这《民报》,但并非为了先生的文笔古奥,索解为难……是为了他和主张保皇的梁启超斗争……真实所向披靡,令人神往。"③ 可见,章太炎并非写不了报馆之文,但是他心中对文集之文和报馆之文还是有区别的。

---

① 张宝明、褚金勇:《中国新文学发生语境的吊诡——从胡适"他们"与"我们"的白话两难心态出发》,《文史哲》2008年第5期。
② 黄遵宪:《致汪康年》,《汪穰卿先生师友手札》(三),上海古籍出版社1986年版。
③ 鲁迅:《关于太严先生二三事》,《鲁迅全集》第6册,人民文学出版社1981年版,第546页。

章太炎曾经撰文说："林纾小说之文，梁启超报章之格，但可用于小说、报章，不能用之书札文牍，此人人所稔知也。今学子习作文辞，岂专为作小说、撰报章，而舍书札文牍之恒用邪！若欲专修文学，则小说、报章固文辞之末务。且文辞虽有高下，至于披文相质，乃上下所通。议论欲直如其言，记叙则直书其事，不得虚益华辞，妄增事状。而小说多于事外刻画，报章喜为意外盈辞，此最于文体有害。既失其末（书札文牍），又不得其本（高文典册），学此果何为哉？"①

不同的媒介载体有着不同话语体式的追求。有人就说："以通俗之文推行书报，凡世之稍识字者，皆可家置一编，以助觉民之用，此诚近今中国之急务也。然古代文词，岂宜骤废。故近日文词，宜区二派：一修俗语，以启瀹齐民；一用古文，以保存国学。庶前贤矩范，赖以仅存。若夫矜夸奇博，取法扶桑，吾未见其为文也。"② 正是在这种认知之下，从事古文写作的刘师培也发出自己的祝愿："吾愿白话报之势力，日渐膨胀，以渐输灌文化于各区域，而卒达教育普及之目的。"③ 其实，即使当时的报刊也出现了两种报刊语言与办报取向。严复曾经指出："阅报之人亦可分为二类：大抵阅日报者，则商贾百执事之人为多，而上焉者或嫌其陈述之琐屑；阅旬报者，则士大夫读书之人为多，而下焉者病其文字之艰深。"④ 晚清报刊语言出现两种趋向，一种是专门针对士林、官僚知识群体，使用相对通俗的文言，另一种是为了粗识文字的下层民众所办，用俗语、白话。为"他们"办的白话报与为"我们"自己写文章，存在两套笔墨。这在陈独秀发表在《安徽俗话报》与《新小说》两篇《论戏曲》中可见一斑。例如："依我说起来，戏馆子是众人的大学堂，戏子是众人大教师，世上人都是他们教训出来的。"同样的意思在《新小说》则换成了另一种文

---

① 章太炎：《与钱玄同书》，马勇编《章太炎书信集》，河北人民出版社2003年版，第118页。
② 刘光汉：《论文杂记》，《国粹学报》第1年第1期，1905年2月。
③ 刘师培：《论白话报与中国前途之关系》，《警钟日报》1904年4月26日。
④ 严复：《国闻报缘起》，《国闻报》1897年10月。

言体式:"由是观之,戏园者实普天下人之大学堂也;优伶者实普天下人之大教师也。"为了更加直观地考察其区别,我们可以再列举一段文字:"列位呀!有一件事,世界上人没有一个不喜欢,无论男男女女老老少少,个个都诚心悦意,受他的教训,他可算得是世界上第一大教育家。却是说出来,列位有些不相信,你道是一件什么事呢?就是唱戏的事啊!列位看《俗话报》的,各人自己想想看,有一个不喜欢看戏的吗?我看列位到戏园里去看戏,比到学堂里去读书心里喜欢多了,脚下也走的快多了,所以没有一个人看戏不大大的被戏感动的。"① 上面所引语句中,几乎每一语意句中,都有一个"列位"在。如此对于拉近作者与读者关系非常重要。但在《论戏曲》文言版本中,与之相对应的文句已相当简括:"戏曲者,普天下人类所最乐睹、最乐闻者也,易入人之脑蒂,易触人之感情。故不入戏园则已耳,苟其入之,则人之思想权未有不握于演戏曲者之手矣。"②

就以晚清白话报而言,朱自清曾做过分析:"这种白话……就记得的来说,好像明白详尽,老老实实,直来直去。好像从语录和白话小说化出;我们这些人读起来大概没有什么味儿。原来这种白话只是给那些识得些字的人预备的,士人们自己是不屑用的。他们还在用他们的'雅言',就是古文,最低限度也得用'新文体',俗语的白话只是一种慈善文体了。"③ 后来胡适专门撰写文章,倡导"报纸文字应该完全用白话",但语言表述之中却充满了为"他们"与为"我们"的语言差别:"用白话做文章,这也是近十六年的新风气。十六年前,白话报是为'他们'老百姓办的,不是给'我们'读书人看的。民国七年复活的《新青年》杂志才有一班文人决心用白话为'我们'自己写文章。"④

---

① 三爱(陈独秀):《论戏曲》,《安徽俗话报》第11期,1904年9月10日。
② 三爱(陈独秀):《论戏曲》,《新小说》第2年第2号,1905年3月。
③ 朱自清:《论通俗化》,《朱自清全集》第3卷,江苏教育出版社1996年版,第142页。
④ 胡适:《报纸文字应该完全用白话》,《胡适全集》第20卷,安徽教育出版2003年版,第448页。

第 六 章

报刊与义利：从"义利之辩"看晚清报人书写观念的转型

　　把文章来卖钱，在旧时视为江湖派，是文人中的最下流。因此，凡是稍自矜持的人，总不肯走到这一步。由卖文为辱转而卖文为荣，这是一个社会革命，是由封建意识转变而为资本主义的革命。

　　　　　　　　　　　　　　　　　　　　　——郭沫若①

　　报刊媒介是一种常规化的出版工业。周期化、数量化、高密度的报刊内容生产，既要雇用大量的从业人员，也要吸纳报社之外的诸多优秀稿件。由此，晚清报刊媒介的兴起促生了书写的商业化模式。投身报业的文人传统的重义轻利观念遭遇冲击，在书写商业化趋势中完成了义利观念的现代转型。本章三节分别探讨了报刊的投稿人"传播"与"谋利"观念的轻重转换，报刊的雇佣人员"卖文谋生"与"屈节写作"之间的痛苦，报刊的主创人员"谋义"与"谋利"的选择。

第一节　传播与获利：晚清文人报刊投稿观念的转变

　　中国古代文人居四民之首，往往以读圣贤书为业，需要以道德为

---

① 郭沫若：《创造十年续编》，《沫若文集》，人民文学出版社1958年版，第197页。

社会表率。传统文人受传统文化典籍中的知识、思想和信仰影响，养成了重义轻利的思想。所谓"著书不为稻粱谋"这句流传已久的古谚成为内化士人的心灵习性。正如《循环日报》载文所言："中国遇有新法可获利者则必妒忌之，以为孔孟之书俱在，未尝教人熔取金银以获利也，凡市利者则目之为鄙夫。"① 从书籍到报刊的媒介转型促生了用稿付酬的商业化模式，也动摇了中国维系两千多年的义利观念。投身报业的中国文人，开始还保存"重传播、轻获利"传统观念，后来逐渐地接受了用稿付酬的商业化运作模式，养成了维护个人劳动所得的版权意识，完成了义利观念的现代转型。

一 重传播，轻获利：传统书写的文化"习性"

古代文人的文章传播依靠人际传播为主，因此非常重视传播，而不在乎能否因此得利。即使到晚清报刊在中土扎根之时，报刊常常以免费刊登文章作为招揽作者、读者的策略。我们可以从《上海新报》《申报》两大著名报纸的征稿启事中窥见一斑。1862年，《上海新报》第47号刊出了如下征稿启事："华人如有切要近事，或得之传闻，或得之目击，无论何事，但取有益于华人有益于同好者，均可携至本馆刻登，分文不取。华友如有切要时事及有维持风化之篇者，务请送来，即当代印，专此鸣谢。"② 10年之后，在上海创刊的《申报》延续《上海新报》的策略，依旧以"概不取酬"等来招揽文人的传播文章之心。1872年4月30日《申报》创刊号："如有骚人韵士，有愿以短什长篇惠教者，如天下各名区竹枝词及长歌纪事之类，概不取值。""如有名言谠论，实有系国计民生、地理水源之类者，上关皇朝经济之需，下知小民稼穑之苦，附登斯报，概不取酬。"③ 《申报》的这一

---

① 1874年12月的《循环日报》并没有留存原件，庆幸的是王韬发表在《循环日报》的评论被上海《申报》转载，本条引语转引自《申报》甲戌年十一月十四日（1874年12月22日）。
② 《上海新报》1862年第47号。
③ 《本馆条例》，《申报》1872年4月30日。其他报刊也有如此征稿，例如林乐知撰写征文稿，为《教会新报》征文："倘各处教友抒胸中之见而成为妙论、成为巨文，俱可邮寄便登。"

公告启事引起了一些文人的注意。郑观应是早期文人中最早向《申报》投稿之人。在《申报》创刊不到两个月，郑观应便开始在这份报纸上发表文字。当年11月，郑观应在《申报》发表11篇。他把这些"触景伤时"的作品，编成《救时揭要》结集出版。①

表6—1　　郑观应《救时揭要》部分文章刊发简表

篇名	郑观应的署名	发表时间
澳门猪仔论	岭南指迷道人郑香山未定稿	《申报》1872年8月3日
续澳门猪仔论	镜濠醒世道人来稿	《申报》1872年8月6日
求救猪仔论	岭南苍生合启	《申报》1872年8月28日
救亡者无归论	粤东假鸣子来稿	《申报》1872年8月29日
议遍考庸医以救生命论	罗浪山樵稿	《申报》1872年9月25日
拟请设华官于外国保卫商民论	星峰待鹤居士稿	《申报》1872年10月11日
记猪仔逃回诉苦略	无署名	《申报》1872年10月17日
论禁止贩人为奴事	无署名	《申报》1872年10月18日
拟自禁鸦片论	星峰荥阳居士甫稿	《申报》1872年10月29日
澳门窝匪论	醒世道人荥阳氏甫稿	《申报》1872年11月12日

之所以敢明目张胆地不给稿费，而郑观应又心甘情愿地免费投稿，因为当时传播媒介资源稀缺，文人想要传播自己的文章而不得。当时与《申报》齐名的报刊《上海新闻》，文人如果刊登自己的文章，便如登告白广告一样，需要付费刊登。这与书写材料与印刷成本的问题有关。现代印刷技术传入中国以前，虽然已经有了雕版印刷和活字印刷，但刻书局所出版的大多都是经典巨著的文献典籍，或者传奇小说等消费书籍，或者医疗、种植类的实用书籍。如果是个人想要印刷自己的书籍，因为纸张、刻书、印工都非常昂贵，因此是一件非常奢侈

---

① 1873年出版的《救时揭要》与郑观应的1880年由香港中华印务总局出版的《易言》有着不同的写作成书过程。《救时揭要》是给报刊投稿后结集出版。其内容与时事相连，是没有结构性的，用郑观应自己的话说是"偶有所见，随笔札记"。而《易言》则是提前拟定题目，对各类题材和题材的范围有统筹设想的情况下动笔写作的。

第六章 报刊与义利:从"义利之辩"看晚清报人书写观念的转型

的事情。从传播学来说,物以稀为贵,书籍媒介的难以制作,使得文人生产书籍的可能性减少。其实,直到晚清,手稿、手抄书一直是一种文本交流和传播的重要媒介。

在古代中国社会,文人有着"重义轻利"的价值准则。"重廉耻,畏刑法,崇文教,士敦古道,励志节,安贫贱,耻营求。"[1] "卖文"这类市场行为,从未作为一种正面人文元素进入社会伦理主流。反之,传统的人文价值观正是在与市场功利的激烈对峙中建立起来的——思想界延续了千百年的"义利之辩",将市场包孕的价值观,推向了一个与正统义理相对立的极端。"君子喻以义,小人喻以利""君子耻言利"这类古训,不仅喻示着社会层级的高低,亦界分了社会人格的优劣。在传统社会结构中,文人属士阶层,列四民之首,是传统伦理的承担者和阐扬者。"无恒产而有恒心,惟士为能"这一价值标准,不仅被涵化为文人的人格修养准则,亦被要求通过其示范作用,落实为一种全社会的道德取向。但在近代社会,这种唯义唯心的单一思维,与唯实唯利的市侩心态一样,均妨碍了文人的近代转型。1891年《申报》的一篇文章最具代表性,文中依传统观念对四民各业应守的本分重予申论:"以义理为性命者,士之常也;以耕种为生计者,农之常也;以操作为衣食者,工之常也;以贸迁为恒业者,商之常也。使士而不谈义理,则失其为士;农而不务耕种,则失其为农;工而不勤操作,则失其为工;商而不事贸迁,则失其为商。此固为士、为农、为工、为商者之所知也。"文中批评如今实际生活中四民却多有失其本分的现象。如文人多有言行不一,道德堕落的,"乃若义理非不谈也,儒雅其躬者,或不免鬼蜮其行,似是而非,有名实,此士之蠹也"[2]。士人居四民之首,往往以读圣贤书为业,需要以道德为社会表率。"著书不为稻粱谋"这是流传已久的古谚,也是内化到士子文人心灵的习性。

---

[1] 黄苇等:《近代上海地方志经济史料选辑》,上海人民出版社1984年版,第338页。
[2] 《醒世刍言》,《申报》1891年6月21日。

《论语·里仁》:"君子喻于义,士志于道,而耻恶衣恶食者,未足与议也。"

《论语·卫灵公》:"君子固穷,小人穷斯滥矣。""君子谋道不谋食。耕也,馁在其中矣;学也,禄在其中矣。君子忧道不忧贫。"

《孟子·尽心上》有言:"故士穷不失义,达不离道。穷不失义,故士得己焉;达不离道,故民不失望焉。"

就一个身份团体而言,中国的文人一般皆以出仕于君王作为其正规的收入来源与活跃机会而尽力争取出仕。他们写文章并非为了谋利,而是寄托情趣、展露才华。文人以书写安身立命、养性怡情,同时希望自己的文字、思想、书籍能够传播,使得重演"洛阳纸贵"的光辉历史。[1]

署名惜花馆主人有言:"陈贵馆列之申报,俾风雅君子共欣赏焉。"[2] 在中国古代,一些文人雅士相聚之时,习惯于吟诗作赋、唱和酬答,其题材大抵是风花雪月,感慨身世,或者吹捧艺人及描述当时风光。这些诗歌无非逢场作戏,在散场后,即如过眼烟云,大都不能刊行于世。虽然报纸篇幅有限,刊出的数量很少,但终算是有了发表的地盘。免费提供一块发表文章的领地,就像现在网络能够为普通人提供写作发表的平台一样,有谁不喜欢"自媒体"呢。更何况,当时印刷出来的文字拥有象征权力,是一种荣誉。能有报刊刊登自己的作品,传播自己的文字,赚得名声,获得表达和交流的机会,岂不快哉。只有传播开来,才能实现自我的价值。因此文人更重视文章的传播,而对于金钱却往往不放在心上。

当然,"重义轻利"的书写观念,有时也是一种文化资本的积累与打造。以郑观应为例,他发表在《申报》上的诸多文章,为他赢得

---

[1] 洛阳纸贵,中国古代成语,原指洛阳之纸,一时求多于供,货缺而贵。后喻作品为世所重,风行一时,流传甚广。《晋书·左思传》:"于是豪贵之家竞相传写,洛阳为之纸贵。"

[2] 《扇头集古诗》,《申报》1872年9月16日。

第六章　报刊与义利：从"义利之辩"看晚清报人书写观念的转型　／　115

了声望。虽然这些文章开始以笔名形式发表，但他在出版《救时揭要》时重新冠名整理。1874 年丁韪良、艾约瑟在北京主持出版的《中西见闻录》中节录转载："《救时揭要》一书于去岁刊自上海待鹤斋，意在杜绝贩卖人口，禁止吸食鸦片，而旁及他务，均中当时利弊，且与《中西见闻录》所论者适相符合。兹特节录一条，以广见闻。"① 西方人的好评对于郑观应在洋务政界的名声大噪有着极大的关系。这种社会效果并非单纯靠商业活动的成功而轻易获得的。可见，重传播轻谋利这种书写观念的存在也有其合理的内在原因。

二　重谋利，轻传播：现代稿费、版权制度的生成

哈佛大学的韩南博士在《中国近代小说的兴起》一书中，阐发了这一动向出现的时机和背景。他特别提到英国儒士傅兰雅 1895 年 5—6 月以私人名义举办的一次小说征文活动。这次活动的影响和意义绝不限于狭义的小说界和文学界，是晚清文学和思想启蒙运动的先声。现将傅氏刊登在《万国公报》第 77 期上的征稿启事悉录如下：

> 求著时新小说启窃以感动人心，变易风俗，莫如小说推行广速，传之不久辄能家喻户晓，气习不难为之一变。今中华积弊最重大者计有三端：一鸦片，一时文，一缠足，若不设法更改，终非富强之兆。兹欲请中华人士愿本国兴盛者，撰著新趣小说，合显此三事之大害并袪各弊之妙法，立案演说，结构成编，贯穿为部，使人阅之心为感动，力为革除。辞句以浅明为要，语意以趣雅为宗，虽妇人幼子皆能得而明之。述事务取近今易有，切莫抄袭旧套，立意毋尚稀奇古怪，免使骇目惊心。限七月底满期收齐，细心评取，首名酬洋五十元，次名三十元，三名二十元，四名十六元，五名十四元，六名十二元，七名八元。果有佳作，足劝人心，亦当印行问世，并拟请其常撰同类之书，以为恒业。凡撰成

---

① 《中西见闻录》1874 年 2 月。

者，包好弥封，外填名姓，送至上海三马路格致书室，收入发给收条，出案发洋亦在斯处。英国儒士傅兰雅谨启。①

1909年10月《小说时报》发表征稿启事："欲借本报发表不愿取资者，本报苟经登录，亦必有报酬，用答高谊。"② 从1872年《申报》征文的"概不取值"到1909年《小说时报》征文的"不愿取资""亦必有报酬"。时间前后相距近40年。当然这并非最早的有偿征稿启事，最早的有偿征稿启事出现在1878年3月7日的《申报》。当时，《申报》刊登"搜书启事"："愿意出资征购士人著述：'启者，本馆以印刷各种书籍发售为常。如远近诸君子，有已成未刊之著作，拟将问世，本馆愿出价购稿，代为排印。抑或俟装订好后，送书数十或数百部，以申酬谢之意，亦无不可，总视书之易售与否而斟酌焉。'"③ 书报市场如何决定稿酬付给的标准呢？书稿容易销售，得到的稿酬就多，如果比较难卖，售出的书少，自然获得的稿酬低。看到这个《搜书启事》，我们可能感到惊讶。前面还谈到书籍出版的艰难，而此时书局却开始购稿。原因何在？其实这都是拜机械印刷技术所赐。印刷技术增进了印刷的速度、质量、数量，降低了出版成本和出版周期。书局、报馆的日渐增多，使得稿件需求量也在增加，逐渐从僧多粥少，变得粥多僧少了。因此稿酬制度也渐渐出现，由此促成了文人书写的商业化。最初读书人对报刊撰文并不是很看重，认为这是"落拓文人"所为之事。但伴随着报刊稿酬制度的发展，文人逐渐适应具有现代意义的稿酬制度。这里可以从林纾的观念转变中窥见一斑。林纾于1897年译成《巴黎茶花女遗事》交付上海《昌言报》馆印刷。因《昌言报》的出书"告白"中有"重价购取"之言，这招致林纾的怨辞，他专门给高凤谦写信，并希望他能够转告主笔汪康年，希望他在报刊上刊登

---

① 《求著时新小说启》，《万国公报》第77期。
② 《本报通告》，《小说时报》第1年第1号，1909年10月。
③ 《搜书》，《申报》1878年3月7日。

第六章　报刊与义利:从"义利之辩"看晚清报人书写观念的转型 / 117

更正启事,表明自己的义利观念。①

显然,以林纾当时心态,在众人面前告知己译之书被"重价购取",是有损文人名节的事。但随着稿酬制度在上海出版市场渐成规则,林纾非但坦然地收取稿酬来,且取的是每千字六元的当时最高标准的稿酬。钱基博在《现代中国文学史》中曾谈及林纾的版税收益,认为他的著译事业堪比"造币厂":"版税版权之所饶益,并世所睹记,盖无有及纾者也。"又言:"同县陈衍戏呼其[林纾]室为'造币厂',谓动即得钱也。"② 于此可见:从耻于谈利到权益自觉,制度语境起着非常关键的作用。随着作文取酬被制度化为一种"社会规则",文人作为"劳心者"的职业意识和权益观念渐成气候,"卖文"亦由"末路"走向"正当"。

伴随着稿酬制度的形成,版权意识也渐渐萌生。在机械印刷初兴之际,国人的版权意识不强,政府对版权的保护也根本不到位。何谓版权?林乐知曾经撰文指出:"夫版权者,西国以保护著书者、印书者之权利也。彼著书者、印书者自有之权力,谓之版权,而国家因以保护之。保护乃国家之责任,而非其私恩也。"③ "今观中国之士,终身著述,而书或无资刊印,即数世不出。苟出矣,而坊间翻板同时发卖。殚力于己,而授利于人,或竟以原稿售之坊间,尽归他人。以数十年之辛苦,易数十金笔墨之资,岂不可惜!何中国之人不知算计若此耶?"④ 因为晚清出版工业的发展,对于畅销的书报,书局报馆等出版场所会很快翻印,牟取利润。但这侵犯了作者的劳动成果。版权意识的形成,表现了文人从重传播、轻利益转向重利益、轻传播。有人如此描述版权对社会文明进步的重要性:"人己两利,乃为真利。自

---

① 后来,高凤谦重新写了更正启事:"《巴黎茶花女遗事》告白:此书为福建某君所译,本馆喜其新颖,拟用重价购买。承译者高义,不受酬资,只收原刻板价,并将原板寄来。特此声明,并致谢忱。"上海图书馆编:《汪康年师友书札》(二),上海古籍出版社1986年版,第1656页。

② 钱基博:《现代中国文学史》,岳麓书社1986年版,第100页。

③ 周林、李明山主编:《中国版权史研究文献》,中国方正出版社1999年版,第81页。

④ 周林、李明山主编:《中国版权史研究文献》,中国方正出版社1999年版,第24页。

计学家发明此理,国家不得禁人言利,而又恐罔利之徒,夺人之利以为利也。于是不禁者当中又有禁者……而关系于文明进步者,独以版权为最。"版权其实限制了传播,以前的文章可以随意传抄,但现代出版,促成了版权意识的形成。有人就以传统"重传播,轻获利"的心态拒绝版权制度:"风气初开,著作未盛,若成一书,必禁人翻印,则行之不远,受益者少,不如无版权之愈也。"但有人以维护劳动成果拥护版权制度:"不知著述之士,大抵穷愁发奋者多。积年累月,耗竭心力,得稿盈寸,持之问世。而射利之辈,乃遽袭为己有,以分其锱铢之微,徒任其劳,不食其报,盖未有不废然而返者矣。"① "吾之版权不能自保,而外人之著作,吾官长必遵约为之保护,严禁翻印,主客之情,颠倒如此。吾恐有志之士从此焚笔,而市贾无赖之徒转得窃取他人所有,增删割裂以谋射利,或借用洋商牌号开设书店,以冀得保护版权,此于文化进退,社会消长,所关匪细。"② 严复在给官学大臣张百熙信中也提出了版权保护的问题:"国无版权之法者,其出书必稀,往往而绝。希且绝之害于教育,不待智者而可知矣。"③

版权意识的产生,是对知识劳动的确认,但文人面对版权制度,其观念转变的微妙心态是值得细细勾画的。譬如1887年王韬的《淞隐漫录》刚刚出版便被盗版翻印。为此,王韬和《申报馆》的美查都登报对此举进行批评:"我则劳而无获,彼则安享厥成,言利则诚有得矣,揆之于理,窃未安也。"然而,对方拿出"因思文章为天下之公器"来为翻印辩护。④ 此时王韬的心态是复杂的,一方面他积极登报谴责,另一方面他又对自己的书能够翻印广为传播颇为自得:"韬平生著述约略三十余种,已刻者未及一半,内有数种屡经翻印,岂真能不胫而走,风行海内欤,抑世之有嗜痂癖者多也。"⑤ 伴随着版权制度

---

① [英]斯克罗顿・普南、[美]罗白孙:《版权考》,周怡君译,上海商务印书馆1903年版。
② 《商部速定版权之原因》,《时报》1905年10月7日。
③ 严复:《与张百熙书》(二),《严复集》(二),中华书局1986年版,第577页。
④ 《申报》1887年8月24日。
⑤ 张敏:《晚清新型文化人生活研究——以王韬为例》,《史林》2000年第2期。

的确立，文人们也逐渐不再对维护版权难为情，不但大大方方接受稿费，而且敢于向盗版翻印叫板。以报人李伯元为例，他所著《官场现形记》出版后被其他书局翻刻印刷，他非常重视此事，将翻印书局告到租界会审公堂，最终胜诉，这是晚清世人最早通过诉讼维护版权、维护书写成果的案例。

第二节 职业与志业：晚清职业报人书写中的观念失衡

晚清之季，西方传教士为了在中国进行传教雇用了许多中国文人担任主笔、编辑，协助他们译书、编书、办报。这些被雇用的中国文人便被称为"秉笔华士"。作为一种新兴的职业书写岗位，传教士书局报馆的工作给秉笔华士带来了不同的书写体验，也给他们带来"职业"与"志业"的心理痛苦。因为"书写"对于中国文人来说具有独特的文化意涵。在历史悠久的书写实践中，中国文人形成了一种独特的书写方式与书写标准，进而也形塑着文人的书写心理和书写观念，而这也势必影响到秉笔华士对雇佣书写行为的心理认知。

一 笔以谋食：报刊催生的职业报人

伴随近代国门的被迫打开，西方传教士开始进入中国大地传教。他们在宗教传播的过程中逐渐明白："阐释耶教，介绍西学，决难囿于讲坛，徒恃口舌，必须利用文字，凭藉印刷，方能广布深入，传之久远。"[①] 于是传教士开始以书籍出版、报刊发行的方式进行传教，也开启了中国现代书报出版的先河。而从早期《察世俗每月统记传》《东西洋考每月统记传》的传教士报刊，到墨海书馆、英华书馆等出版机构，书报出版逐渐成为常规化的出版行业，为中国近代士人提供了以书写谋生的职位，由此也催生了中国第一批专门从事报章书写、

---

① 顾卫民：《基督教与近代中国社会》，上海人民出版社1996年版，第221页。

以出卖文字以求生存的新型士人。

选择书局、报馆以谋生计，这是中国晚清第一代书报从业者的共同特征。中国早期进入报社书馆的知识人大都是家境贫穷、经济拮据的落魄文人。从《察世俗每月统记传》的刻工梁亚发到投身墨海书局从事《圣经》翻译的王韬，他们只是把报馆数据的工作视为"一种可以靠手中之笔谋取衣食之资的社会行当而已"。① 有学者甚至更直白地指出："旧报人参加报业，多半是被动的就业，为噉饭而来。"② 1843年以后，在上海、广州，都有中国知识分子参与西书翻译工作，李善兰、王韬、管嗣复、张福僖等为其著者。1872年《申报》刊登文章描述当时士人纷纷来到上海谋生的现象："上海为商贾辐辏之地，铺户林立，各省趋利之徒固已少长咸集，而寒士之谋馆者，亦若以乐土之可居而群贤毕至。计上海大小馆地不下千余……几乎无位置。……是故，风闻某处有馆缺……即纷纷嘱托，如群蚁之附。"③ 由此可见，落魄文人投身书局报馆谋生求食在中国近代社会是非常重要的生活路径。

中国文人最早投身报刊的是《察世俗每月统记传》的梁亚发。梁亚发生于乾隆五十四年，世代居住广东内地。家贫，11岁私塾就读，14岁辍学，到广州学笔工。嘉庆十五年随米怜赴马六甲刻印华文书报——《察世俗每月统记传》，开始参加西方传教士书报撰译工作。梁亚发与主编米怜住在一起，是米怜所写福音文字首先的读者；米怜夫妇为了造就他，还特地编写了简明的要理问答，要他研读思考。梁亚发后来成为米怜书报编辑的重要助手。值得一提的是，梁亚发作为一个中国读书人，因为与米怜朝夕相处，又寄身其保管谋事谋食，后来由米怜为他施洗，成为中国基督教第一位牧师。

王韬出生于距上海不远的乡村，本身家境贫寒，又因父亲病故，家更无所养，老母弱弟皆需衣食供养。屡试不第的王韬便来到上海入墨海书馆帮助西方传教士译书。王韬晚年在回顾进书局、办报刊等事

---

① 程丽红：《清代报人研究》，社会科学文献出版社2008年版，第164页。
② 马光仁：《上海新闻史》，复旦大学出版社1996年版，第129页。
③ 《师说》，《申报》1872年8月17日。

宜时，说："既孤，家益落，以衣食计，不得不秉笔沪上。"① 王韬入墨海书馆助西人译书，在此任职达一年之久。虽然当时为洋人做事，特别是帮助西人翻译西教书籍，是为士林所不齿的"失节"行为，但王韬为了抚养老母、弱弟，也只能接纳这个不易得的饭碗。他后来曾自述投身报刊的原委："其时寄以全家之仰事俯育，曾无大力之左提右掣。困苦交攻。鹿思走险，寒饿所迫，燕惯依人，所以速为幕之巢，而不为荫之择也。"② 可见，王韬是因为家道中落而不得不投身报刊。与王韬相类的还有《申报》主笔蔡尔康。蔡氏乃是因为遭遇太平天国战祸，而家道中落，为求生计而投身报刊。其实，太平天国战乱时期，江浙一带的士绅、读书人纷纷外出避乱谋生，蔡尔康在回忆从报之路时说，自己家庭受到太平天国战祸，辗转各地，"举家幸未一见锋镝，然器用财贿荡然无存，家业中落"，于是"不孝尔康""涉历洋务，就馆西人"。③ "出自己的汗，吃自己的饭"，之所以能够如此，在很大程度上拜赐于报刊媒介为文人提供了职业化书写的岗位。一般文人往往忌讳谈"钱"，这作为一种书写观念已经渗透到文人内心。但就"职业报人"而言，既然受雇于报刊，拿文章"换钱"天经地义，虽然并不那么崇高，但也不必为此不安。这些新型行当中的职位薪水较一般民间塾师要高一些，因此是诸多贫寒之士所向往的。

二 书以谋志：雇佣报人的心理困境

报刊书写的商业化促成了一种人力雇佣关系。这种雇佣关系是受雇人（报人）向雇佣方提供劳务（书写编校工作），而雇佣方（书局、报馆）支付给受雇人相应报酬。中国文人传统书写观念，强调"我笔写我心"，但作为投身报刊的职业报人，他们在写作中却需要听命于报业老板的要求。雇佣写作要受人"役使"，因此被文人群体认为是"屈节"。本节以王韬、管嗣复等早期投身西人书报出版工作的秉笔华

---

① 孙邦华编选：《弢园老民自传》，江苏人民出版社1999年版，第30页。
② 王韬：《王韬日记》，中华书局1987年版，第66页。
③ 蔡尔康：《先妣沈太安人行述》，《万国公报》第82期，1896年9月。

士为中心考察雇佣书写人的心灵痛苦。汉学家柯文指出:"王韬可能是现代第一个既受过中国经典训练,又在西方度过一段有意义时光的中国学者。"① 王韬作为早期的雇佣写作之人,对这种受命他人的书写模式多有抱怨:"每日辨色以兴,竟晷而散,几于劳同负贩,贱等赁舂。疏懒之性,如处狴犴,文字之间,尤为冰炭。名为秉笔,实供指挥,支离曲学,非特覆瓿糊窗,直可投之溷厕。"② 既然受雇于西人,以薪酬谋生计,就需要听命于他人。因为是职业选择,需要负其责任,他们知道想要顶风而上只能使得自己丢掉这个养家糊口的职位。在书局、报纸帮忙翻译西方书报,润色文章。但受到的儒家教诲以及文人本身的意义诉求,使得他们在灵魂上有着种种挣扎。有些文章是在传教士报纸编辑的授意下写作的,有的是口述,由中国人书写。有些是传教士将文章写好,请中国文人进行修改润色,以符合中国人的接受心理。戈公振曾经指出:"外报,仅可代表外人之意思,虽其间执笔者有华人,然办报之宗旨不同,即言之亦不能尽其意也。"③ 既然受雇于洋人,写作应该按照他人的要求来进行,虽然有时对文章中的观点或者内容有着不同看法,甚至与自己的价值观完全相悖,但不能显露出来。但传教士的传教工作却是从这些雇佣文人开始的。从最早的梁亚发到后来的王韬,在为传教士书局报馆服务过程中,都受洗,加入了基督教。士人是四民之首,具有领导社会风气的作用,只有转变了他们的思想,才有利于传教。当时一个传教士如此描述这一想法:"接受儒家学说的人,即以儒学那一套哲理作为他立身处世的思想。如果我们要把这些人头脑中的儒家思想改变过来,我们就得培养一批接受过基督教义和自然科学教育熏陶的人,使他们能够胜过中国的旧式大夫阶层。"④

---

① [美]柯文:《在传统与现代性之间:王韬与晚清改革》,江苏人民出版社 2003 年版,第 386 页。
② 王韬:《王韬日记》,中华书局 1987 年版,第 57 页。
③ 戈公振:《中国报学史》,上海古籍出版社 2003 年版,第 143 页。
④ 狄考文:《怎样使教育工作更有效地促进中国基督教教育事业》,朱有献、高时良:《中国近代学制史料》第四辑,华东师大出版社 1993 年版,第 97 页。

第六章 报刊与义利:从"义利之辩"看晚清报人书写观念的转型 / 123

在工作中,雇佣文人会有所妥协。比如一些命题作文,可能自己不认同,但也会努力去写,因为这就是工作。1859 年,美国传教士裨治文找到管嗣复,想让他帮助翻译《旧约圣经》,没想到遭到他的严词拒绝。管嗣复是在墨海书局以译介西方医学书籍为主,并博得大名的。后来管嗣复和王韬谈起此事时说:"吾人既入孔门,既不能希圣希贤,造于绝学,又不能攘斥异端,辅翼名教,而岂可亲执笔墨,作不根之论著,悖理之书,随其流扬其波哉?……惟我终身不译彼教中书,以显悖圣人。"[①] 王韬亦是阅读儒家经典,深受儒家影响的人。他曾经在给郑观应书籍作序时表白自己的心迹:"器则取诸西国,道则备当自躬。盖万世而不变者,孔子之道也。孔子之道,儒道也,亦人道也。道不自孔子始,而道赖孔子以明。"[②] 即使他是孔夫子的信徒,但有灵活变通的一面。他劝说管嗣复说:"教授西馆,以非自守之道,譬如赁舂负贩,但求心之所安,勿问其所操何业。译书者彼主其意,我徒涂饰词句耳,其悖与否,故于我无涉也。且文士之为彼用者,何尝肯尽其心力,不过信手涂抹,其理之顺逆,词之鄙晦,皆不任咎也。由是观之,虽译何伤?"[③] 正是王韬这种务实的风格,我们看到他后来想要信教,其实不过是为了更好地谋生计。用他自己的话说:"韬逐臭海滨,为西人佣书,既非得已,然舍此无可适者。"[④] 但"衣食足而知荣辱,仓廪实而知礼节"。当一个人处于困难的时候,他想到的是吃饭穿衣等生活日常的物质需求,而当其在此基础上满足了物质需求时,灵魂的冲突便凸显出来。他们会突然意识到这些雇佣写作与自己坚持的儒家立身原则有着强烈的差异。

[①] 王韬:《弢园老民自传》,江苏人民出版社 1999 年版,第 77—78 页。
[②] 夏东元编:《郑观应集》上,上海人民出版社 1998 年版,第 167 页。
[③] 王韬:《弢园老民自传》,江苏人民出版社 1999 年版,第 77—78 页。
[④] 王韬:《弢园老民自传》,江苏人民出版社 1999 年版,第 30 页。

第三节　谋利与谋义：报刊出版的义利选择

前面在讨论雕版印刷与活字印刷的区别时曾经谈到，雕版印刷是一次雕成，随时印刷，没有搁置的存货，也不会搁置资金。而活字印刷是需要排版后就马上印，印完后就要拆版，所以活字印刷要求书籍批量印刷，就有存货，搁置资金，就有经营问题。新引进的机械印刷业面临这样一个问题。因此，依靠机械印刷的报刊媒介出版和发行的方式与传统书籍媒介相较发生了变化，也面临商业化经营的问题。此中，报刊经营在义利观念中呈现出多元面孔。

一　报以谋利：现代报业的商业经营

所谓报刊的商业化，就是将报刊作为与其他产业组织一样来经营。在现代报业视野下，信息资讯是一种商品，报社便是此种商品的制造厂和经销商，印制报刊与生产其他商品的目的是一样的，就是要卖给消费者，以求取最大的利润目标。戈公振如是描述报纸的商业化经营原因："因器械的改良，原料的供给，工薪的增加，更因经济的集中，而人才亦集中。所需的接卸，要有丰富的原料，以及大量的工资，均有很大的资本不可。另一方面，要优秀的人才，就非出很大的代价办不到……由这形势看，报纸故不得不商业化，欲是不向商业化的路上去，报纸就无法使它发展与存在。"① 谈到报纸的商业化经营，一般容易谈到商业性报刊，容易想到上海的著名报刊《申报》。《申报》的经营成功之道就在于商业化的追求。1875年10月，《申报》发表题为《论本馆作报本意》一文，讲述了商业报刊的经营之道："夫新报之开馆，大抵以行业营生为计。故其谋疏义以仅谋利者或有之，其谋利而兼仗义者亦有之。……本馆即不敢自夸役照义所开，亦愿自伸其不全

---

① 戈公振：《报业商业化之前途》，李锦华、李仲诚编《新闻言论集》，广州新启明印务公司1932年版，第152页。

忘义之怀也。"《申报》摆出"义""利"兼顾的姿态,向中国传统的义利观发起挑战。①

古代中国往往注重"重义轻利",即使从事儒家典籍的刊刻的书局也往往是为了保存经典。当然并非说古代没有以营利为目的的出版行当,但这种"坐获不赀之利"始终处于社会边缘,为士林所轻视。中国早期的传教士报纸,为了传教,不为商业报刊。他们希望通过报刊打开中国的大门,使得国人接受他们的文化、宗教。因此对于盈利并不十分看重。而《申报》开创了现代商业报刊的出版经营模式,随后《字林沪报》《新闻报》等陆续创办,商业性报刊遍地开花。据《大公报》1905年5月11—25日"报界最近调查表"、《东方杂志》1904—1908年各期"各省报界汇志"、《清议报》1901年第100册"中国各报存佚表"等资料统计测算,可以直观地看到商业报刊创办的年份、数量和比例。

表6—2　　　　　　1895—1901年新创报刊商办比例

年份(年)	商办数量(份)	商办比例(%)	年份(年)	商办数量(份)	商办比例(%)
1895	1	33	1902	22	76
1896	1	11	1903	22	73
1897	3	30	1904	37	64
1898	26	76	1905	20	56
1899	4	40	1906	40	90
1900	7	67	1907	31	74
1901	11	50	1908	41	85

商业报刊的最大特色就是,媒介技术与资本主义结合,商业报刊遵循资本主义的市场逻辑,以谋利为主,一般都重视刊登新闻消息,淡化论说的政治色彩,保持政治中立。这种报刊相较于《时务报》《新民丛报》等政治报刊来看,缺少明确的言论主张,且短期来看,

---

① 《论本馆作报本意》,《申报》1875年10月。

《申报》《新闻报》等商业化报刊对社会影响很小，但这种报刊因为不轻易依附政治势力，因此也能够在政治变迁中保持自己的出版空间，因此商业报刊一般出版时间较长。在长期的报刊新闻出版传播之中，其对社会民众的影响也以潜移默化的方式进行。天长日久，日复一日，报刊会对社会义利观念的转变产生重大影响。

二 义利选择：报刊经营的多元面孔

报刊出版单位是一种企业，需要靠营业收入来维持常规工作的运转。其实，谈到报刊经营问题，不单单是商业报刊的专属问题，无论早期的宗教性报刊还是甲午后兴起的政论性报刊，都会牵涉一个商业经营问题。正如《申报》新闻函授学校讲义中所言："办报的目的，我们可以简括分为两种：一种是宣传；一种是赚钱。但无论你办报的目的是赚钱，或是宣传，终究脱不了经济的范围，就是一张宣传学说政见的报纸，要是没有经济做后盾，终究不能永久存在，而它的力量，也就很有限的了。"① 这样的阐述是有道理的，无论何种报刊，作为一种机械印刷、大众发行的出版产品，都需要金钱的投入，都需要按照企业的经营法则进行管理。尽管如此，报刊还是有选择自己谋义还是谋利的权利。

就一份报刊而言，雇用的报人只能决定报刊的文体风格，但无法决定报刊的义利取向。只有主创人员能够把控报刊偏向"义"还是偏向"利"。譬如 1896 年创办的《苏报》，由胡璋主创，以营利为业，主要刊登社会新闻。但这份以营利为主的报刊却因营利无门，1900 年转让给陈范经营，陈范从保皇逐渐倾向革命，辟《学界风潮》专栏支持学生运动，后又聘请章士钊等人撰写文章宣传革命思想。最终酿成了著名的"苏报案"。由此可见，报刊主创者对报刊义利选择中的重要性。深居内地的刘大鹏曾经如是说："天地之间，原是一个利数，

---

① 钱伯涵、孙恩霖：《报馆管理与组织》，《申报新闻函授学校讲义》，上海申报馆 1936 年版，第 1—2 页。

自天子以至于庶人壹是，皆以求利为事。以义为利者，则天下国家长久而治；以利为利，则天下国家必将倾覆。"① 刘氏将《大学》中"自天子以至于庶人壹是以修身为本"演绎出"自天子以至于庶人壹是，皆以求利为事"，凸显了"利"的存在，但他的思想并没有逾越儒家的"义利之辩"，肯定义大于利的正当性。

有的报刊经营选择谋义轻利。例如甲午之后兴起的政论报刊。这些报刊不以谋利为业。戈公振曾经记述："以庞大之中国，败于蕞尔之日本，遗传惟我独尊之梦，至斯方憬然觉悟。当时之执笔者，念国家之阽危，憬然有栋折榱崩之惧，其忧伤之情，自然流露于字里行间。其可得而称者，一为报纸以捐款而创办，非以谋利为目的；一为报纸有鲜明之主张，能聚精会神以赴之。"② 这些报人为实现政治理想办报，他们关心国家前途、民族命运。政治精英争相利用报纸，鼓吹自己的主张：温和者宣传变法维新，借报纸开启民智；激烈者则抨击官场、抨击专制制度，甚至公开宣称排满革命。率先打破报坛沉寂的是维新派，他们最早办的报刊《万国公报》（与西方传教士报刊同名，后改为《中外纪闻》）。康有为在《康南海自编年谱》中说："以士大夫不通外国政事风俗，而京师无人敢创报以开知识，变法本原，非自京师始，非自王公大臣始不可。乃与送京报人商，每日刊送千份于朝士大夫，纸墨银二两，自捐此款。令卓如、孺博日属文，分学校军政各类，日腾于朝，多送朝士，不取报费，朝士乃日闻所不闻，识议一变焉。"③ 阅读康氏这段字数，我们不难发现《万国公报》是康有为有感于"士大夫不通外国政事风俗"的现状，免费送给别人看的。私人出钱办报，并请人送给达官贵人阅读，这在中国历史上还是一件破天荒的事情。缘何如此？康有为继承孔子遗志，作素王，有为天下谋公义的心理。他曾经说过："既会民生艰难，天与我聪明才力拯救之。

---

① 刘大鹏：《退想斋日记》，乔志强标注，山西人民出版社1990年版，第71页。
② 戈公振：《中国报学史》，上海古籍出版社2003年版，第206页。
③ 康有为：《康南海自编年谱》，转引自丁文江、赵丰田编《梁任公先生年谱长编初稿》，中华书局2010年版。

乃哀物悼世，以经营天下为志。"后来康有为参与创办的《时务报》也是一种谋义的政论报刊。《时务报》鼎盛时期代售处遍布全国70县市，最高销量达17000份。陈炽在论及为学者个人之利与国家之"公利"的关系道："天下滔滔，大抵皆利中人耳。惟有利而后能知义，亦惟有义而后可以获利。"① 《时务报》风行海内外，不以谋利，但获得了巨大的收获，无论社会效益还是经济利益。梁启超的成功为精英办报树立了一个榜样，此后有一批仁人志士纷纷加入报业，从事救亡图存运动。后来出现的革命报刊如《民报》《民立报》等都志在宣传革命思想，对于营利方面也不十分看重。

有的报刊谋利轻义。这种报刊不像《申报》那样保持客观公正的办报原则，而是将报刊媒介作为单纯敲诈谋利的工具。胡思敬在《言路报馆网利之术》中如是说："民之所畏者官，官之所畏者，一曰言路，一曰报馆。报馆网利之术，凡攻人之过恶，必先隐其名而微讽之；不动则甚其辞，直述其劣迹；又不动则指其名而大骂之。故官大而有利者，其于报馆必馈干修，或投资与之合股，或出重金鬻归官办。如端方、袁树勋、蔡乃煌皆然，俗所谓机关报是也。"② 《大公报》在讨论中国报馆三大怪相时也指出："乃今有一种报馆，其主持笔政者，聋其耳，瞽其目，而且盲其心。利害是非之不明，以致拉东扯西，糊涂满纸。间其宗旨，则曰兴利除弊也；而其见诸报纸之宗旨，则为诱嫖海淫，直等于俗所谓妖狐之献媚。而且名为春秋之笔、存三代之公，其实忍心害理，无故败坏良善之声名。揆其意，不过择肥而噬，以造言污蔑者预为诈财之地，其恶毒有甚于俗所谓海怪之食人焉。若此种报馆之主笔，正合以斯文败类四字蹭之，然犹嫌此四字之名称不足以满其量，吾无以名之，名之曰报馆之大怪相而已。"③ 义是"義"的简化字。甲骨文"我"是用刀斧屠宰牛羊以祭祀的会意字。在古代，杀

---

① 赵树贵、曾丽雅编：《陈炽集》，中华书局1997年版，第273页。
② 胡思敬：《国闻备乘》，庄建平编《稗海精粹·晚清民初政坛百态》，四川人民出版社1999年版，第101页。
③ 《论今日中国之三大怪相》，《大公报》1904年3月2日。

牲祭祀是必须办理的重大事情。由此引申为正当的、合宜的、应该的、公正的、合乎正义或公益的道理、举动，等等。冯友兰曾经指出："道德方面的应该，无条件的应该，就是所谓义。"① 依此而论，上面谈到的报馆网利之术、三大怪相，都有违"德"的原则。

与以上重义轻利与重利轻义的两类报刊相较，《大公报》从创办时，就注意义利兼顾。一方面重视报刊的经营管理，按照市场逻辑进行策划，另一方面又重义重公。1902 年 6 月 17 日，英敛之在《大公报》创刊号上将"大公"二字解为"忘己之为大，无私之为公"，并称要"扩大公无我之怀"，"移风易俗，民富国强"，"该报之宗旨在开风气，牖民智，挹彼欧西学术，启我同胞聪明"。客观言之，《大公报》是营利性报刊，并非政党报刊，但面对报界市场，《大公报》试图以"大""公"之姿态立足于舆论界。当然，《大公报》主持"公义"，也必须盈利才能维持正常的报业运转，但同时又不能为金钱所左右，坚持国家民族大义、民主进步之义、社会公益之义、监督舆论的职守之义。时至 20 世纪 20 年代，由张季鸾、胡政之、吴鼎昌等人接手的新记《大公报》承继此一"大""公"精神，践行道义担当、正义维护、公益倡行、民意代言的角色，成为中国新闻事业史中以义率利而成功的报刊典范。胡政之曾经指出《大公报》与其他报纸的不同追求："中国素来做报的方法有两种：一种是商业性的，与政治没有联系，且以不问政治为标榜，专从生意上打算；另一种是政治性的，自然与政治有了联系，为某党某派做宣传，但办报的人并不将报纸本身作为一种视野，等到宣传目的达到了以后，报纸也就跟着衰歇了。我们的最高目的就是要使报纸有政治意识而不参加实际政治，要当营业做而不但是大家混饭吃就算了事。这样努力一二十年后，使报纸真正代表国民说话。"② 而张季鸾则从士人义利传统角度阐释"不求权、不求财是士之常行"。1941 年 5 月 15 日，《大公报》获得美国密苏里

---

① 冯友兰：《中国哲学之精神》，中国青年出版社 2005 年版。
② 吴廷俊：《新记大公报史稿》，武汉出版社 1994 年版，第 5 页。

新闻学院奖章这一世界性荣誉。张季鸾先生在《本社同人的声明》中说:"中国报原则上是文人论政的机关,不是实业机关。这一点,可以说中国落后,但也可以说是特长。……假若本报尚有渺小的价值,就在于虽按着商业经营,而仍能保持文人论政的本来面目。"①《大公报》的经营实践表明:以义率利则兴,不义而利必衰。在报业实践中,"义利兼顾"不但是可行的,而且是文人化解报刊公器与私利之矛盾的最佳途径。

---

① 《本社同人的声明》,《大公报》1941 年 5 月 15 日。

第七章

报刊与功名:从科举制度看晚清报人书写观念转型

> 当戊戌四五月间,朝旨废八股改试经义策论……主试者以报纸为蓝本,而命题不外乎是。……盖巨剪之业,在今日用之办报以与名山分席者,而在昔日则名山事业且无过于剪报学问也。
>
> ——姚公鹤[①]

在报刊媒介影响下,晚清报人逐渐适应了报刊书写方式,但他们内心的自我认同依然是士子文人,依然看重科举功名。所谓功名,旧指科举称号或官职名位,泛指功业和名声。中国自隋代开始实行科举制度,宋代以后才真正完全以考试成绩选拔人才,给普通平民进入社会权力机构提供了机会。但科举也存在很多弊病,特别是明代,以程式固定、内容不出《四书》范围的八股文为专门的考试文体,许多读书人实在并不读书,只是成年累月地揣摩一篇几百字文章的作法,"代圣贤立言"的语气,弄得空疏无比。即使依靠报刊书写可以获名获利,但依旧无法与"学而优则仕"的科举之路相媲美。晚清报刊兴起与科举制度的衰落是同步的。本章分别探讨早期报人在科举取士的诱惑还以制度性的方式影响着文人的时候的自尊与自卑;1895—1898年政治报人的崛起;科举制度改制、废除之后报人地位的提升。

[①] 姚公鹤:《上海报纸小史》,《东方杂志》1917年7月15日。

第一节　文人末路：科举时代的
　　　　报业选择与报人形象

晚清报馆日多、报章日兴，但科举取士还以制度性的方式笼罩在中国文人心头。早期投身报刊的报人写作得不到社会认同，人们给予报刊文人的理解不够，将其作为"搬弄是非"之人。但就报人自己而言，既然走上此路，就需要通过各种方式达成认知协调。本节将从投身报刊的晚清文人报业与举业之间的自我选择与心理调适展开分析。

一　"斯文败类"：他人眼中的报人形象

1893 年，多年从事报章写作的王韬，在给自己《弢园尺牍续钞》作"自序"时说："顾性不喜帖括，十九岁应秋试不售，归即焚弃笔研。窃视同里间诸友，于帖括外无所长，亦无所好，未尝不隐笑之。然余有所作，即示人，人亦不欲观，咸轻视余，若以余不知文章为何物者。尝作一书托人转达所知，久不见答；及询其人，乃知以书中无要言，未之达也。呜呼！彼之所谓文章者，时文耳，所谓要言者，俗事耳；宜其与余初不相入也。"① 此时，王韬投身书局报章写作，对于科举的"时文"写作并不感冒，但当时的士子对于"时文"还是非常重视。王韬一席话，也道出自己在报章写作问题上所陷入的心理困窘，他未必认同所谓的科举"时文"写作，但他在报刊上发表的文章也免不了遭受他人的轻视，有文人末路之嫌。

"学而优则仕"，这是千余年来文人普遍认可的正路。"士"在士农工商四类群体中位列首位，这也决定了他们内在的身份认同。自汉代行乡举里选，士身份确定之权遂操自上，隋唐以降沿行科举制度，士人身份的认定、等级的高下以及相伴身随的特权，便主要由朝廷所定的科举等级功名来决定。降及明清，科举制度愈形发达，成为覆盖

---

①　王韬：《弢园尺牍续钞》"自序"，清光绪十九年铅印本。

整个社会的教育和选官制度,也几乎是欲为士者的唯一进身孔道。其时流行的诗歌反映出了社会对于科举的追崇:"少小需勤学,文章可立身。满朝朱紫贵,都是读书人。""天下重英豪,文章教尔曹。万般皆下品,唯有读书高。"由此可以看出科举"时文"写作是获取政治资本的桥梁。在古代中国,唯有精通文献与书写的人,才被认为是够资格出仕从政。在礼仪熏陶训练下的中国文人,是以文章书写的锻炼来谋取政治进路,因此他们的文章书写不由自主地深深卷入科举选拔制度之中。考得高等功名,则授官食俸,身家富贵,故人争趋之。正如时人所言:"无论文武,总以科甲为重,谓之正途;否则胸藏韬略,学贯天人,皆目为异路。"①"考其学业,科举之外无他业也;窥其志虑,求取功名之外无他志也。"② 与此相较,从事报章写作只可做谋生之用,绝非文人"正路"可言。因此晚清文人更看重科举时文的写作,连从事教书育人的塾师都在文人鄙夷之列:"读书之士不能奋志青云,身登仕版,到后来入于教学一途,而以多得脩金为事,此亦可谓龌龊之极矣!"③ 对于报刊书写更是不屑一顾。

在士林群体看来,普遍存在着"视报馆为蟊贼,目报章为妖言"④的心理。陈宝箴、梁启超在论及晚清社会对报刊的观感时,分别指出:"沪上新闻纸"多"记载猥琐、语多无稽、不关学识,尤乖宏远,诚为士大夫所不屑观听"⑤ "每一展读大抵'沪滨冠盖''瀛南春来''祝融肆虐''图窃不成''琼散鸳鸯''甘为情死'等字样阗塞纸面,千篇一律"。⑥《申报》曾经对早期社会各界对报刊书写的态度作过细致分析:"政府视报纸为败类,不齿新闻记者于士林;官场对报纸的

---

① 李东沅:《论考试》,葛编:《经世文续编》卷一二零。
② 汤成烈:《学校篇·上》,盛编:《经世文续编》卷六五。
③ 刘大鹏:《退想斋日记》,乔志强标注,山西人民出版社1990年版,第71页。
④ 梁启超:《论报馆有益于国事》,《时务报》第1册,1896年8月9日。
⑤ 陈宝箴:《湘抚陈购时务报发给全省各书院札》,《时务报》第26册,1897年5月12日。
⑥ 梁启超:《本馆一百册祝辞并论报馆之责任及本馆之经历》,《清议报》第100册,1901年12月1日。

意见恐有发其履,深恶而痛忌之;学界平时视报纸供消遣,作谈资而已,专留心考试时的试题及榜案;工商界对报纸的论说视若无睹,稍能读报者,不过喜看盗案、奸淫案之类新闻;农民则不知道有所谓报纸。"① 为什么有如此认知?来看看早期报刊所刊载的内容。报刊是以刊载新闻为主要内容的刊物。早期报刊主要由传教士报刊和商业报刊组成。这些报刊都是或传载西方宗教知识,或刊载新闻为主。即使广受报业史称赞的《循环日报》也是商业报刊。《循环日报》1874年2月4日创办,被称为国人自办的第一份报刊。该报是四版的日报。第一、三、四版皆为广告、启事或者航运信息等非新闻类内容。第二版登新闻,分为三栏:第一栏是"京报选录",第二栏是"羊城新闻",第三栏是"中外新闻"。报刊的新闻,首先是选录邸报、辕门抄以及告示,其次是翻译外国新闻,社会新闻,一般都是关于官吏起居、斗殴、拆稍、回禄之事,琐碎至极。因此才有姚公鹤所言:"盖社会普遍心理,认报纸为朝报之变相,发行报纸为卖朝报之一类(卖朝报为塘驿杂役之业,就邸抄另印,以出售于人。售时必以锣随行,其举动颇猥鄙,而所传消息亦不尽可信,故社会轻之,今乡僻尚有此等人),故每一报社之主笔、访员,均为不名誉之职业,不仅官场仇视之,即社会亦以搬弄是非轻薄之。"② 传播小道消息,是士林所不齿的东西。当时文人重视的科举时文书写,讲求代圣人立言,尊重圣贤学说,呼应孔孟之道。而报刊上的新闻在时人眼中不过是传播消息,搬弄是非的写作,有违孔孟之道。宋恕便对此有所批评:"海道大开,阅年五十,交易诸区,报馆渐立。然主馆莫非他族,执笔盖鲜通儒。体例陋俗,访录芜杂,谈中说外,寡切多浮。"③ 李鸿章在接受《纽约时报》采访时说:"中国馆办有报纸,但遗憾的是我们的编辑们不愿将真实情况告诉读者,他们不像你们的报纸讲真话,只讲真话。我国的编辑们在讲真话的时候十分吝啬。他们只讲部分的事实,而且他们的报纸

---

① 《论阅报者今昔程度之比较》,《申报》1906年1月12日。
② 姚公鹤:《上海报纸小史》,《东方杂志》1917年7月15日。
③ 宋恕:《自强报·序》,胡珠生编《宋恕集》,中华书局1993年版,第257—258页。

也没有你们的报纸这么大的发行量。由于不能诚实地说明真相，我们的报纸就失去了新闻本身高贵的价值，失去了广泛的传播文明的可能。"①

新闻消息的写作被看作搬弄是非的"歹人"，或是贩卖情报的商人。那么报刊上的政论文章呢？在报刊史中，《循环日报》刊载政论文章，被誉为报界创举。但就《循环日报》整张报纸来说，与大版的广告、新闻相较，地位并不突出。当代学人《循环日报》必谈其政论文章，因此造成一种《循环日报》是偏重政论的报刊之错觉。其实，即使当时刊载的政论文章，也并没有受到社会重视，而被认为是抒发"抑郁无聊之意兴"。《申报》老报人雷瑨在回忆晚清报业发展时曾经说："彼时朝野清平，海隅无事。政界中人咸雍榆扬，润色鸿业，为博取富贵功名之计，对于报纸既不尊崇，亦不忌嫉。而全国社会优秀分子，大都醉心科举，无人肯从事于新闻事业，惟落拓文人、疏狂学子，或借报纸以抒发其抑郁无聊之意兴。"② 其实不单单外界如此认为，投身报业写作的人，自己内心也未必有自信。报人书写，需要面临社会的评价尺度，既要解决外部世界的眼光，也要界定"我是谁"建构自我认同。否则王韬也不会在自序中所流露出的自尊与自卑的困窘之色。后来王韬在《循环日报》等报刊上发表的文章结集出版，王韬将其命名为《弢园文录外编》，何为外编？乃正书以外带补遗、补缺性质的别编。例如《宋史·艺文志一》："程迥《易章句》十卷，又《外编》一卷。"再如清雷浚著的《说文外编》："因取见于群经和《玉篇》《广韵》而《说文》不载的字，故以外编为名。"可见，在王韬眼中，这些发表于报刊的政论文章不过是拾遗补缺的文字，而他的内编是谈性理之学的文字。陈寅恪有言："解释一字，便是一部文化史。"我们从王韬的内外有别中可以窥见，在文人心目中文章书写的

---

① 郑曦原编：《帝国的回忆——〈纽约时报〉晚清观察记》，当代中国出版社2007年版，第23页。

② 雷瑨：《申报馆之过去状况》，民国十二年申报馆编：《最近之五十年·五十年来之新闻业》，"近代中国史料丛编三编"第九、十辑，台北文海出版社1923年版。

差别在其知识、思想和信仰世界的地位。

二 "泰山北斗":早期报人的自我期许

尽管晚清社会对于报人书写普遍持一种轻视态度,但媒介转型所带来的影响需要报刊积极进行调整以适应。报人的身份认同既是由地位、权力、声望等外部的客观因素决定,也取决于报人对自我正面形象的积极建构。王韬在《日报渐行于中土》中便为投身报刊的文人正名:"西国之为日报主笔者,必精其选,非绝伦超群者,不得预其列。今日云蒸霞蔚,持论蜂起,无一不为庶人之清议。其立论一秉公平,其居心务期诚正。如英国之《泰晤士》,人仰之几如泰山北斗,国家有大事,皆视其所言以为准则,盖主笔之所持衡,人心之所趋向也。"[①] 细细审读王韬这段表述,其实他是从中西两种思想资源中为自我正名。

"泰山北斗"在中国有特殊意义。泰山极高,北斗最亮。"泰山北斗"喻指当世所瞻仰瞩目的人和事。《唐书》有载:"唐兴,愈以六经之文,为诸儒倡,自愈没,其学盛行,学者仰之如泰山北斗。"韩愈发起古文运动,重振文风,有着"文起八代之衰"的美誉。王韬将西方报刊主笔誉为"泰山北斗"无异于将其作为文章写作的风范,而"国家有大事,皆视其所言以为准则,盖主笔之所持衡,人心之所趋向也",恰如中国"动而世为天下道,行而世为天下法,言而世为天下则"的文人君子理想。这种内圣外王的君子思想,让投身报业的文人抱着中国传统"布衣卿相"的梦想,希望借助报刊来为皇帝、为朝廷建言献策、解难分忧。

就西学资源而言,在叙说以《泰晤士报》为典型个案的西方报业系统中,以主笔的形象为自己辩护。在中国早期报刊文人王韬、梁启超、严复、英敛之等的报章写作之中,均可看到《泰晤士报》等西方报纸的影子。梁启超曾经在《时务报》创刊号第一篇文章中就曾用

[①] 王韬:《论日报渐行于中土》,复旦大学新闻系编《中国新闻史文集》,上海人民出版社1987年版,第13页。

《泰晤士报》来探讨"报馆有益于国事":"故怀才抱德之士,有昨为主笔而今作执政者,亦有朝罢枢府而夕进报馆者,其主张国是,每与政府通声气。如俄、土之争战,德、奥、意之联盟,五洲之人,莫不仰首企足以观《秦晤士》之议论,文甫脱稿,电已飞驰,其重之又如此。"① 严复在创办《国闻报》时明言自己仿效《泰晤士报》体例:"光绪二十三年之夏,馆之主者议创《国闻报》于天津,略仿英国《泰晤士报》之例。……《国闻报》何为而设也?曰,将以求通焉耳。……积人而成群,各群而成国。国之兴也,必其一群之人,上至君相,下至齐民,人人皆求所以强而不自甘于弱,人人皆求所以智而不安于愚,夫而后士得究古今之变……农得尽地利之用……工得讲求艺事探索新理……商得以消息盈虚……一群之民智既开,民力既厚,于是其为君相者,不过综其大纲,提絜之,宜布之,上既不劳,下乃大治。"②《大公报》的创办者英敛之也颇为推举《泰晤士报》:"夫欧西各国所以开民智、强种类者莫不藉报馆之功。而其最隆盛见重于天下者莫如英之泰晤士报馆。"③

王韬、严复、梁启超、英敛之等文人援引《泰晤士报》来作参照,意在用西方报人的显著地位来证明自我的身份,这种期许是对现代报刊传媒社会的展望。虽然从事报刊写作,与传统的科举取士不是同一条道路,但是潜藏在文人心中内圣外王的政治意识并没有泯灭。文人通过对《泰晤士报》的追崇,意在通过报刊来营造自我的地位。文人放弃科举取士的"正路",投身报业,对报章的认知态度以及书写观念的建构,其中都有着对自我的身份认同。就报刊承载的内容来看,由新闻和论说两部分构成。国人常以新闻载琐碎知识,而鄙弃文人投身报业,视为"斯文败类""搬弄是非之人",而投身报刊的文人强调报刊的政论文,以其作为自我写作的重点。报界同行之间的相互

---

① 梁启超:《论报馆有益于国事》,《时务报》第1册,1896年8月9日。
② 严复:《国闻报缘起》,《国闻报》1897年10月26日。
③ 英敛之:《拟访英国泰晤士日报例各省启蒙设官报局以开风气说》,《大公报》1902年12月22日。

称许，也多就报章论说而言。例如1887年王韬60岁寿辰时，《申报》曾刊文："惜乎先生徒以笔墨之功，显然揭之于记载，诚能举先生而加以宰辅之位，寄以军国之事，则将平日之所筹画者，一一措而行之，庶几国因而富，兵因而强，欧洲诸国亦复屏息下气，望风怀畏，从此不敢复生觊觎心，岂非国家之大幸哉！"① 这里虽是感叹王韬怀才不遇，但同时也在将其与"宰辅之位"相比照，由是可见王韬借助报刊开中华风气之先，获得了报林群贤的仰望，铸就了其类似"泰山北斗"的名望。

当然，谈到"怀才不遇"的问题，这正是王韬的痛处。王韬在报界混得风生水起，但在科举道路上却遭遇一挫三折，尽管有"学成文武艺，货与帝王家"的抱负，但一生酬报未曾开。王韬在《弢园文录外编》的自序中说："时以所见达之于日报，事后每自幸其所言之辄验，未尝不咨嗟太息而重为反复以言之，无奈言之者谆谆而听之者藐藐也。"② 姚公鹤在书写上海报业历史时道出当时语境下报人的心理："昔日之报馆主笔，不仅社会上认为不名誉，即该主笔亦不敢以此自鸣于世。"并且他以同乡沈任佺为例，讲述了"光绪初年（沈任佺）即就沪上某报之聘，转辗蝉联，至光绪末年而止，然对人则嗫嚅不敢出口也"。③ 光绪帝自1875年2月25日即位到1908年11月14日驾崩，在位33年，而沈任佺到光绪末年作为报人依然难以"嗫嚅不敢出口"，由此可见社会心理和报人心理。而王韬与其也有同病相怜之心。阅读王韬的日记书信，这些私人化的书写更能表露其心迹，也可发现其投身书局报刊实出无奈，在其内心"学而优则仕"的人生理想一直未曾真正熄灭。这种身在职场，心在科场的"仕途情结"，可从王韬1859年的一则日记中见出："薄暮，阆斋来访，同入城中。小异、壬叔偕去……阆斋酒渴欲死，乃至黄垆沽饮。酒间抵掌剧谈，各言其志。壬叔言：'今君青先生在此，予绝不干求，待其任满时，请其为予攒

---

① 《寿弢园民六十初度序》，《申报》1887年11月16日。
② 王韬：《弢园文录外编》，辽宁人民出版社1994年版，第1页。
③ 姚公鹤：《上海闲话》，上海古籍出版社1989年版，第131页。

资报捐,得一州县官亦足矣。'小异曰:'予则不然。愿赴乡会试,得一关节,侥幸登第;否则至军营效力,杀贼得官;否则专折保举,如周眭甫之以奇才异能荐。舍此之途,宁终老风尘耳。再不然剃发为僧,如觉阿故事,构一兰若,环植万梅花树于旁,亦可了此一生。然情缘未净,捐弃妻子有所未忍。'阆斋曰:'待我得志时,公等之事皆易办也。'予在旁默默微笑而已。"①"小异"是指管嗣复,"壬叔"是指李善兰,这些人都是投身上海书局报馆的新型文人。从这段表述来看,王韬貌似在嘲笑管嗣复、李善兰等人对科举之痴迷,但他自己未尝不是如此。就在写这则日记前几个月,王韬刚刚参加完科举考试。② 其实,早期报人虽然投身报刊书写,但在他们内心的自我认同来看,他们依然是士人,他们依然看重功名,即使能够依靠写文章谋利,依旧无法与文章取士相媲美。在当时的社会中,倘若没有科举功名,就算其在报刊书写中获取很高的影响力,但其社会地位依然不显。只有当报人进入科举道路,被赋予其一定功名头衔,才能够获得士林所共同承认的正统地位。譬如《申报》的主笔蒋芷湘当主笔十余年,到1884年考中进士,便迅疾离开报馆。而《申报》的另一位主笔蔡尔康,其名片:"四品衔分部主事奏保经济特科、六举优行恩贡生、历办《申报》副主笔、《沪报》总主笔、《新闻报》开创正主笔、《南洋官报》采访委员、历掌《万国公报》广学会正翻译。"③ 将科举头衔"四品衔分部主事奏保经济特科、六举优行恩贡生"放在其他头衔之前,可以想见其对科举功名的看重。由此也可见报刊初兴时期的社会风气,早期的报人大多是将报刊当作谋生的权宜之计。

---

① 王韬:《王韬日记》,中华书局1987年版,第117页。
② 王韬:《王韬日记》,中华书局1987年版,第97页。
③ 郑逸梅:《纪〈申报〉前任主笔蔡紫黻》,《梅庵谈荟》,黑龙江人民出版社1985年版,第118页。

第二节　报刊作为一种资源：从
边缘到中心的报人

在以书籍为主导的知识场域，文人通过阅读《四书》《五经》等儒家典籍提升知识素养，以此作为科举考试的敲门砖，进而谋得社会功名、提升社会地位。但报刊为晚清文人提供了另一条路径。借助这条路径，文人不但可以获取与儒家典籍知识不同的西学知识资源，同时也能借助报刊获得社会声誉、名望等象征资本。

一　知识的权力：作为知识资源的报刊

晚清之季，与西方洋人打交道日益增多，士林群体也愈发觉得西方知识的重要性，也开始认识到报刊的重要性。报刊也日益成为晚清文人获取知识资源的平台。学问深厚的孙宝瑄曾强调："报纸为今日一大学问，无论何人，皆当寓目，苟朋友相聚，语新闻而不知，引为大耻。"[1]《申报》创刊时即声明："盖古书之事，昔日之事；而新报之事，今日之事也。"[2]"新闻纸之设，原欲以辟新奇，广闻见，冀流布四方者也。"[3]创作于年的"春江胜景图"，涉及《申报》馆时，画中题诗则写道："文人但知古，通人也知今。一事不知儒者耻，会须一一罗胸襟。心胸上下五千年，笔墨纵横九万里，见闻历历备于此，读之可惊复可喜。费去十文买一纸，博古通今从此时。"[4] 到了1875年的《六合丛谈》，几乎已经看不出教会的色彩，转而则已是："通中外之情，载远近之事，尽古今之变，见闻所逮，命笔志之，月各一编，罔拘成例，务使穹苍之大，若在指掌，瀛海之遥，如同衽席。"[5] 1884

---

[1] 孙宝瑄：《忘山庐日记》下，上海古籍出版社1983年版，第917页。
[2] 《申江新报缘起》，《申报》第1号，1872年4月30日。
[3] 《申报馆条例》，《申报》，1872年6月21日。
[4] 张静庐辑注：《中国近代出版史料》（现代甲编），上海书店出版社2003年版，第30页。
[5] 沈国威编著：《六合丛谈》，上海辞书出版社2006年版，第521页。

年创办的《述报》则向读者宣称:"生今之世,将欲为国家有用之才,必兼明友邦,乃能折冲御辱。吾儒于吟余读罢,取日报及公法和约西学等书,一为寓目,日积月累,自能中外贯通。"①

以王韬为代表的"通商口岸知识分子"也很早认识到报刊知识的重要性。王韬曾说:"中国之士,博古而不知今,西国之士,通今而不知古,然士之欲用于世者,要以通今为先。"② 何启、胡礼垣也曾指出:"见闻多由日报而出,夫古典虽多,不合当今之务;旧闻莫辑,难为用世之资。"③ 郑观应强调:"士君子读书立品,尤贵通达时务,卓为有用之才,自有日报,足不逾户而周知天下之事。"④ 而身居山西内地的刘大鹏汲汲于科举,所读多事圣贤典籍和八股制艺等书,以至于见到《三国志》都爱不释手,如获至宝。1893年农历七月"余去晋祠游,见一杂货摊上售一部《三国志》,爱不释手,遂用三百廿钱买之,如获至宝一般……"⑤ 由此可以窥见科举制度会圈囿士子的读书范围。以此做参照,更能够显示置身书局报馆中那些看似末路的文人,他们能够近水楼台先得月,以获取西学知识。

时代在变迁,王韬、管嗣复、蔡廷康等人在科举之路遭遇挫折,开始置身西人书局、报馆,总觉得是不光彩之事,既遭社会鄙夷,自己也羞于提及,一旦有机会便愿意舍弃报业营生,而再步入科举之路。但随着时代变迁,西学行情逐渐上涨,他们在社会中的地位也不断提升。以王韬为例,1887年王韬60岁寿辰时,《申报》曾刊文赞誉道:"先生著作之富,久已等身,四海士民,群相钦服。其所论设电线、开铁路、造兵轮、制火器、办矿务,均属条分缕析,不惮洋洋数万言,务极其详而后已。今果一一施行,若合符节。是不独先生先见之明,

---

① 《述报缘起》,《述报》第1号,1884年4月18日。
② 王韬:《王韬文录外编》,中州古籍出版社1998年版,第143页。
③ 何启、胡礼垣:《新政真诠》,辽宁人民出版社1994年版,第145页。
④ 郑观应:《日报》,张之华编《中国新闻事业史文选》,中国人民大学出版社1997年版,第98页。
⑤ 刘大鹏遗著,乔志强标注:《退想斋日记》,山西人民出版社1990年版,第22页。

抑亦先生经济之宏，有能言人所不及言，事人所不及事。"① 与传统的文章书写相同，报刊书写逐渐具有了地位赋予功能。随着西学东渐的进程开启，刊载新知的报章使报刊媒介和投身报刊的没落文人合法化，提高报人的社会声誉和地位，且扩大其社会影响。在报刊媒介出现之前，文人名望的生成是一个厚积而薄发、可遇而不可求的事情。士大夫往往饱读经书、满腹经纶，无处施展便会自己生成一套理论，而这理论往往会成为某些活动的理论基础，获得一大群追随者的依附，便是有了名望。现代报刊时代，文人之文借助报章广为传播，从而也会使一个普通人成为社会名人，一种小规模的活动可以成为全社会关注的公共活动；一种特定的意见经传媒的提示和强调可以获得公开性、显著性和权威性，最终成为社会舆论，等等。前述王韬尽管喜欢拿泰山北斗等词汇为自己的报业生涯正名，但内心却难以驱除"宁为科举老秀才，不做洋场通达人"的观念。不过，随着历史时间的推移，社会观念也在变化，以没落文人身份投身报业书写生涯的王韬逐渐"得到同时代的人愈来愈多的承认，一些官吏开始征询他的建议，年轻的改革者也将自己的作品送给他指正，他的社会价值感自然增加了。王韬作为记者和政论家而'达'。在总体上，他对中国知识分子新的事业模式的形成，起到了推动作用"。②

二 报人的声望：作为象征资本的报刊

梁启超以区区举人身份在当时士林群体不过属于草野之士，但他在晚清之所以能够掀起风起云涌的维新浪潮，乃是拜报刊所赐。真正具有巨大社会影响力的政论，是出自"通都大邑二无有不知新会梁氏者"的梁启超所著的《变法通义》。孙宝瑄在一则日记中说："梁一区区书生，当甲午乙未之交，不过康门小徒耳。自充《时务报》主笔，议论风行，名震大江南北。戊戌政变，康梁并出走，朝廷降悬赏名捕

---

① 《寿弢园民六十初度序》，《申报》1887年11月16日。
② [美] 柯文：《在传统与现代性之间：王韬与晚清改革》，雷颐、罗检秋译，江苏人民出版社2006年版，第53页。

之谕,几于通国人民皆闻其名,莫不震动而注视焉。然康自是匿迹销声,蜷伏海外;梁则栖身东岛,高树一帜,日积其怨气热肠,化为闳言伟论,腾播于黄海内外、亚东三国之间,无论其所言为精为粗,为正为偏,而凡居亚洲者,人人心目中莫不有一梁启超。非奇人而何?"①张之洞在晚清之季是政界执牛耳者,他曾力辟群见,公开为《时务报》正名,认为它"识见正大、议论切要""有裨时政、有裨学术,为经世者不可少之编"。②从事报章写作,使得梁启超暴得大名,积累了极大的社会声望。社会声望是一种象征资本。依据布尔迪厄的场域理论,象征资本涉及对声望、名声、奉献或者荣誉的积累,并建立在一种对知识和认知辩证的基础上。梁启超,名震大江南北,以一个年轻的举子而获如此盛名,皆拜报刊撰文四海传播所赐。盛名之下,这种象征资本也会转化为政治资本。1898年7月23日,梁启超还获得光绪帝的召见,赏六品衔。据梁启超《戊戌政变记》记载:"同日(光绪二十四年五月十五日,1898年7月3日)上谕:'举人梁启超着赏给六品衔,办理译书局事务。钦此。'……梁启超以是日召见,上命进呈所著《变法通议》,大加奖厉(励),遂有是命。"③由此看到,报刊从士林群体眼中的"断烂朝报"竟开格成了科举之外士子登堂入室的进身之阶。通过报刊传媒,梁启超已经积累了四海皆闻其名的社会声望,也获得了士林仰望的(光绪帝召见)政治资本。但置身当时的社会语境,报章盛名和科举功名有着不同的出名轨道,报刊盛名靠言论市场来博得,科举功名靠政府制度来颁赐,因此在士林群体中二者有着不同的价值标准。二者能否打通,晚清维新派官员陈炽"留心天下利病",主张学习西方报业惯例,希望中国依照实行:"主笔者公明谅直,三年无过,地方官吏据实保荐,予以出身。"④

---

① 孙宝瑄:《忘山庐日记》上册,上海古籍出版社1983年版,第563页。
② 张之洞:《鄂督张饬行全省官销〈时务报〉札》,《时务报》第6册,1896年9月27日。
③ 梁启超:《戊戌政变记》,《续修四库全书》第446册,上海古籍出版社1995年版,第214页。
④ 陈炽:《报馆》,复旦大学新闻系编《中国新闻史文集》,上海人民出版社1987年版,第22页。

但这种象征资本与报章尚未出现时,知识场域的运行规则是不同的。在科举时代,权力基础来自清朝政府,对于文人来说,阅读经典,科举取士是不二路径。文人的定位是来自知识资本、政治资本和社会资本的转化。通过科举制度,文人以其掌握的文化典籍符号的能力取得政治权力的认可,通过政治权力赋予的特权,文人得以在地方社会积累社会资本。而这些社会资本又会帮助下一代积累财富,完成知识资本的积累。由此可见,传统知识场域中,政府占据核心环节,掌握绝对的权威,通过阅读文化典籍、科举取士来掌控中国文人,而中国文人则借助科举谋求社会认可,获得社会地位。倘若这条路走不通,只能走向其他行当,例如医生、塾师、幕友等,但这些已经不是文人的正途。在晚清文人眼中,从事报章写作也非正途。始料未及的是,梁启超通过报章写作却赢得了本来需要通过科举才能得来的地位。这是象征资本所起的作用。报刊书写是一种公共性的书写。即使以前的一些私密性的信息,报刊也将其赋予了公共性。报刊时代的新知识分子,重要的影响方式便是写作、刊发文章的形式。晚清报人并不是收买,而是通过一种媒体言说吸引人们关注他们。他们并没有强大的政治力量来实现自己争夺话语权力的目的,但是他们可以依靠报章写作等方式来获得大众的关注与跟随。此时的话语权威不再靠官方认可,或依靠暴力征服,甚至不是财富诱惑,而是依靠媒体表达。

传统知识场域,文人(行动者)要通过阅读四书五经(文化教养),参加科举考试(教育经历),获取社会的功名地位。这是传统知识场域的规则。曾国藩、张之洞等清朝大员都是通过这样一条道路走上来的。但是报刊出现之后,通过报章写作便能够建立一种新的路径。最早的中国报人是中国在与西方国家的接触中产生出来的。他们大多因为家庭拮据中途停止了科举考试,到上海等通商口岸谋生计,其中为传教士的书局、报纸写作成为当时比较重要的职位。他们是最早与西方知识接触的人,具有新知识,但中国当时还在传统的知识谱系中,因此他们虽然是新知,能够从比较开放前卫的角度理解阐释中国,但是并不被看重。从 1815 年中文报刊出现到 1895 年甲午海战,报业虽然一直发展，但人们对于报刊并未重视。但自从《时务报》之后，报刊与政治维新结合，使得报刊成为从事政治的一种工具。从而也提高了报刊从业人员的社会地位。此时，官场对于报刊也格外重视。张之洞曾经在《劝学篇》中写道："光绪二十一年以后，志士文人创办报馆，广译洋报，参以博议，始于沪上，流衍于各省，内政外事学术皆有焉。虽论说纯驳不一，要以扩见闻，长志气，涤怀安之酖毒，破扣预之警论。于是一孔之士，山泽之农，始知有神州；筐筐之吏，烟雾之儒，始知有时局。不可谓非有志四方之男子学问之一助也。"①

再以梁启超的老师康有为为例，康有为的想法倘若只是留存在心里，不予发表，就难以进入人们视野之内。有人可能会说，康有为领导公车上书，但是康有为的公车上书，并没有传到光绪帝手中。他后来得到召见，有很大部分功劳要归功于报刊。作为印刷品，报刊是大众化生产的产品。文人的写作内容不再仅限于应和执政者的意图，印刷赋予边缘化文人更强大的声音。正如传播学者巴伦所言："印刷术的使用帮助形成并扩大了为数众多的中产阶级，统治者和被统治者并存的社会不再存在。印刷助长了民主思想，出身不再是权势和财产的决定因素，两者都能通过勤奋而获得。"②

第三节　科举改废：晚清社会对报刊书写态度的转变

近代中国遭遇"数千年未有的大变局"，此中尽可以举西学东渐等各种元素，而科举制的改革与废除也是最重要的变化内容。科举制是一项汇集文化、教育、政治、社会等多方面功能的基本体制，它上及官方之政教，下系士人之耕读，使整个社会处于一种循环的流动之中，在中国社会结构中起着重要的联系和中介作用。废除这样一种使

---

① 张之洞：《劝学篇·阅报第六》，华夏出版社2002年版，第16页。
② [美] 斯坦利·J. 巴伦：《大众传播概论》，刘鸿英译，中国人民大学出版社2008年版，第49页。

政教相连的政治传统和耕读仕进的社会变动落在实处的关键性体制，必然出现影响到全社会各层次多方面的后果。① 此中便包括士林群体自身地位的变迁和对报刊认知的改变。

一 策论范本：科举改革中的报章地位

追溯报刊文章与科举时文之关系，需要追溯到《申报》初创时期。时报初兴，为迎合社会心理，常征刻时艺，谓以供士子揣摩。而每逢考试，则题目视为重要新闻之一，榜名尤须快着先鞭。不惜糜金钱耗精神以赴之。有所论列，亦皆科场中事。而学政黄某提复一案，尤哄传一时，盖亦受科举之影响也。《上海闲话》云："清时科举盛行，每当直省乡试之年，则各报必延聘一科甲者，于放榜之前，拟作江浙两省闱题文，登之报首，以代论说。此风不知始自何时，其后乃相沿成例。盖举世为科举梦所浸灌也。犹忆丁酉江南乡试首场，第一题为'文学子游'四字。《申报》既延某太史拟作闱墨，发之报端矣；嗣于九月初旬，俞曲园自苏寄来拟作一篇，嘱登报端，其破题为'殿四科以文学，圣道南矣'云云，通篇即以此作骨，一时士子轰传。未几，该报邮寄南京监临某，携达主考官，时距放榜之期，尚有两旬。两主考官见曲园拟作如是云云，即就以习礼作骨之阅定各卷，重行去取，而以圣道南行作骨之各卷补其额。吾友孙君霆锐即被摈于此者。孙其时即主《申报》之笔政者。揭晓后，其荐卷房师某过沪，以语霆锐，并询曲园之文之所自来，并为孙惋惜不止。此为报纸之用，本不在科举之末政，而影响反中于是。亦上海自有报纸以来之异闻矣。"② 尽管《申报》将刊载时文作为一种生意，以吸引广大投身科举的士林群体来购买阅读，但它同时关注舆论的好恶，宣扬起"时文溺志""科举误国"的观念来。

晚清之季，战事频仍，内忧外患的社会情势让士林群体也日感八

---

① 罗志田：《清季科举制改革的社会影响》，《中国社会科学》1998 年第 4 期。
② 戈公振：《中国报学史》，生活·读书·新知三联书店 2011 年版，第 103 页。

股时文的衰微腐朽:"自古以来,国家有人才则兴,无人才则败,此乃历历不爽者。……而培植人才之法尤以西学为当务之急。或者曰如子之一言,其将废时文而以西学考试耶必以西学考试为培植人才,是以时文考试不足以培植人才也。"①《申报》进一步分析说"器为末而人为本,器为后而人为先。无利器不足以树威,无用利器之人不足以制变。楚才晋用仅能暂而不能常,仅能行之于平日而万不能用之于临时。利器无人终成虚设,适足以资敌耳,此储才之不可缓也"。②基于此,《申报》大声疾呼要改革科举制度。指出中国"所以取士者止只有科举一途,所以为科举者止只有时文一途,虽豪杰之士,具不世出之才,非是则无以自致于青云之上。读书子弟句读稍明,文理稍通,父兄即使从事于帖括之学,敝精耗神,终其身于推敲声调之中。诗文小楷而外,绝无他长足取。……今日科举,空疏剿窃,流弊更甚于昔。故欲为自强计,莫先于变通取士之法。……今之世文试而不废时文,武试而不废弓矢,未足以论育人才,未足以言得人也。……莫若于时文之外,更行广设科目,藉以宏收多士"。③那么以什么内容和形式替代时文八股文来考核人才呢,《申报》认为:"国家培养人才原为经世之用,今之科目进身者间有经世之学,何在大抵皆为帖括所误。即有一二自诩通才经经纬史,然亦不过作纸上之空谈,而究无裨于实用在。……而不悉沽没人才之具,莫此若矣。今试复乡举里选之法,势必有所不能,则莫如改八股为论说,则有才者得以尽其才,无才者自不能以掉弄空文,杂凑字面以图塞责。四子五经仍不可废。……邑试、府试、院试以及省试、部试、廷试亦不能骤行变动。拟邑试正场题或四子或五经,论说一篇,时务策一道,二场则试以天文禹地格致诸学。各就其所专以制优劣。……取一人得一人之效,庶几才艺各具,利弊尽知。"④这就是说,考核的形式虽由八股文改为论说,但内容仍以

---

① 《论以西学培植人才为急务》,《申报》1895年7月6日。
② 《论海军不可废要在得人》,《申报》1895年6月17日。
③ 《请广设科目议》,《申报》1894年12月17日。
④ 《中国利弊宜变通治法为善后议》,《申报》1895年3月27日。

《四书》《五经》为主，"天文舆地格致诸学"只是作为新增加的一项内容。姑且不论他人，只以投身报人的王韬、郑观应、严复、梁启超等人而言，他们都曾提出了八股害人、时文溺志的观点，希望造成社会舆论，倒逼政府改革科举制度。

面对危急存亡的社会情势和士林群体的上书建议，光绪帝采取了建议，颁布了"改八股为策论"的科举改革方略。梁启超在《戊戌政变记》中，描述变法期间西学传播的浩大声势称："八股既废，数月以来，天下移风。数千万之士人，皆不得不舍其兔园册子帖括讲章，而争讲万国之故及各种新学，争阅地图，争讲译出之西书。昔之梦梦然不知有大地，以中国为世界上独一无二之国者，今则忽然开目，憬然知中国以外，尚有许多国，而顽陋倨傲之意见，可以顿释矣。虽仅数月，八股旋复，而耳目既开，民智骤进，自有不甘于谬陋者，旧藩顿决，泉涌涛奔，非复如昔日之可以掩闭抑遏矣。故此数月废八股之效，其于他日黄种之存亡，实大有关系也。"① 黄遵宪在致梁启超的信函中也有如是记载："时科举方改试策论时务，故应试者亦多借《新民丛报》为蓝本。其文字之势力，乃遍于学堂之学生，科场之士子。厥后报纸繁兴，凡杂志上作长篇论文者，大抵规摹梁氏，即在今兹之日报中，梁氏文脉之余势增未尽衰。"② 时为学生的朱峙三在阅读报刊的日记中也留下了士林群体学习梁启超文章以应科举的证据："午后将郑宅借来之《新民丛报》《中国魂》二种，一一阅之，习其文体，是为科举利器。今科各省中举卷，多仿此文体者"。③

1898年5月12日，光绪帝下达一道谕旨：从乡会试到经济岁举，乃至生童岁科各试，"一律改为策论"④。这意味着八股、诗赋取士被废除，如此一来策论便成为文人书写的重要体裁。从八股到策论，科

---

① 梁启超：《戊戌政变记》，《饮冰室合集》第6册，中华书局1989年版，第25—26页。
② 丁文江、赵丰田编：《梁启超年谱长编》，上海人民出版社2009年版，第181页。
③ 胡香生辑录：《朱峙三日记》，华中师范大学出版社2011年版，第181页。
④ 《光绪二十四年五月十二日上谕》，《戊戌变法资料》（二），神州国光出版社1953年版，第28页。

举取士的文章标准变化，使得文人所读之书、所写之文都有了新的变化。传统知识分子尽管饱读诗书，精通古今，且具有较高的道德标准，但其学识多为文史知识，对于社会所必需的经济、法律、政治、科技等知识，寥寥无几。实际上，科举考试内容的改变，已带有质变之意，预示着知识结构的调整和自身发言方式的转变。就保守的文人而言，"改试策论"是"厘正文体"，向报章文体反击的好机会。王先谦便曾倡导："今奉旨改试策论，适当厘正文体，讲求义法之时，若报馆刊载之文，仍复泥沙眯目，人将以为我公好尚在兹，观听淆乱，于立教劝学之道，未免相妨。"① 但始料未及的是，科举改制，却成了引发晚清文人纷纷学习模仿报章文体，变相推动了报章文字的风行天下。

1901年8月29日，慈禧太后发布上谕："科举为抡才大典，我朝沿用前明旧制，以八股文取士，名臣硕儒多出其中，其时学者皆潜心经史，文藻特其绪余，乃行之二百余年，流弊日深，士子但视为取科名之具，剿袭庸滥，于经史大义无所发明，急宜讲求实学，挽回积习。"② 光绪帝也希望文人摆脱八股，重视实学。其实改八股而试策论正是这样一种举措。策论容纳了新学知识。制度的力量是非常巨大的，科举取士的标准发生改变，导致了文人知识重心的转移。《时务报》《清议报》《新民丛报》等报纸上的论说文体，逐渐被士子视为科举利器，"今科各省中举卷，多仿此文体者"。③ 1903年8月17日的《中外时报》，一则《乡试必携时务清议报汇编》广告："［梁启超］以锐利之笔锋与横绝之眼光，激而为谠言高论，洋洋数千百万言，不特为学堂中爆烈之灵药，即乡试一端亦允称投时之利器，万万不可不备者也。"④ 柴萼以梁启超另一份报纸《新民丛报》的话印证了上述言论："梁氏之《新民丛报》，考生奉为秘册，务为新语，以动上司。吴士鉴

---

① 王先谦：《葵园四种》，长沙岳麓书社1986年版，第864页。
② 沈桐生辑：《光绪政要》卷27，上海荣义堂1909石印本。
③ 费承禄：《警告书业诸君》，《时报》1907年1月15日。
④ 《〈乡试必携时务清议报汇编〉广告》，《中外时报》1903年8月17日。

典试江西,尤喜新词,解元熊生卷上士鉴批语,直奖其能摹梁文。"①这里透露,改试策论后,应试考生自觉搜寻相关西学书籍,报章也是不可或缺的资料。其实,晚清之报纸适应读者需要,对于科考颇为重视,常刊载时文典范供士子揣摩。姚公鹤的《上海报业小史》中记载了科举改制对报章盛行的作用:"当戊戌四五月间,朝旨废八股改试经义策论……而所谓时务策论,主试者以报纸为蓝本,而命题不外乎是。应试者以报纸为兔园册子,而服习不外乎是。书贾坊刻,亦间就各报分类摘抄刊售以牟利。盖巨剪之业,在今日用之办报以与名山分席者,而在昔日则名山事业且无过于剪报学问也。"②而当时的报刊主笔之职责,以报首论说为重要。每星期中,某人轮某日,预为认定。题则各人自拟,大概采取本报所载时事,或论,或说,或议,或书后,体裁与科场试题相仿佛。而篇幅则需满足一千二百字左右,纵意竭词穷,亦必敷衍至及格始已。又与科场程式为近。③ 近代信息的传播已有许多新兴的方式,报纸即是其中主要的一种。特别是改试策论后,因为"主事者以报纸为蓝本",士子"虽在穷乡僻壤亦订,结数人合订沪报一份"。④从都市到乡村,报刊都成为士子们争相阅览的读物。由此让曾经被士林群体鄙夷的报刊书写文本成为竞相学习模仿的对象。

　　从八股到策论的科举改制使得士林群体的文化资本出现再分配、再转移的局面,八股时文的文章之道逐渐失去优势,而报章策论文体的地位得到提升。与之相伴随的是,报人群体的社会地位逐渐上升。1901年,清廷设"经济特科",由部院大臣举荐各地人才,湘乡曾慕涛侍郎推荐时在上海办报著说的李伯元赴试。但遭到了他的拒绝。李伯元的回言颇有报人的傲气:"使余而欲仕,不俟今日矣。"⑤ 与李伯元有想通经历的还有报人孙玉声。孙玉声"应试北闱"不第之后,随

---

① 柴萼:《梵天庐丛录》,中华书局1926年版,第12页。
② 姚公鹤:《上海报纸小史》,《东方杂志》1917年7月15日。
③ 戈公振:《中国报学史》,生活·读书·新知三联书店2011年版,第104页。
④ 戈公振:《中国报学史》,生活·读书·新知三联书店2011年版,第103—104页。
⑤ 吴沃尧:《中国近代小说家李君伯元》,《月月小说》第1年第3号,1906年11月。

即上海办刊,逐渐升任《新闻报》本埠编辑主任、总编纂。在他的《退醒庐笔记》中曾经记录了这样一段故事,他和襄理《笑林报》笔政的周忠望,亦曾遇"某巨公"保试"经济特科":"清光绪季年,余于主政《新闻报》之暇,戏创《笑林报》,延之〔周忠鋆〕襄理笔墨……时某巨公至沪网罗英俊,保试经济特科,一夕设宴征及余与周,索署履历,时周已薄醉,狂笑对曰:'我二人有何经济足资保举?所具者仅嫖经酒济耳,岂亦足以列荐剡耶?明公休矣,请勿复言,言则我二人将拂衣去也。'某巨公乃废然而止,语虽近于玩世不恭,然能毅然谢绝仕进,颇为深得我心……"[①] 可见,伴随着报刊事业的兴盛发展,以及科举制度的衰落,报人已经慢慢淡化了科举功名。可见是一种全新的生命体验——以文博资、价值实现感和自由感,取代了传统文人的"仕途情结",建构了报人自我的职业认同感。

二 栖息之地:科举废除后的文人选择

1904年7月4日,在故宫保和殿,中国大地上正在举行历史上最后一场科举考试。其中的一道策论题目为:"士习之邪正,视乎教育之得失。古者司徒修明礼教,以选士、俊士、造士为任官之法。汉重明经,复设孝廉贤良诸科,其时贾董之徒最称渊茂。东汉之士以节义相高,论者或病其清议标榜,果定评欤。唐初文学最盛,中叶以后,干进者至有求知己与温卷之名,隆替盛衰之故,试探其原……今欲使四海之内,邪慝不兴,正学日著,其道何之从?"从这个策论题目来说,不难发现,清廷已经感觉到"文章取士"这种制度的危机。"今欲使四海之内,邪慝不兴,正学日著,其道何之从?"这个问题,让一心谋取科举功名的士子们,也心感怆然。中国维持千年的科举制度,在晚清遭遇到了西学的冲击,尽管科举已经改用策论,容纳新知,但依旧无法挽救颓势。光绪二十九年(1903年)三月,张之洞上《请递减科举折》诉说科举之弊端:"科举之诡弊相仍,可侥幸而期获售。

---

① 孙家振:《退醒庐笔记》,上海书店出版社1997年版,第73页。

虽废去发古试帖，改试策论经义，然文字终凭一日所长，空言究非实诣可比。"①

1905年9月2日，清廷向全国文人颁布废除科举的诏书。诏书曰："自丙午科为始，所有乡会试一律停止，各省岁、科考试，亦即停止。"②科举制度废除，几家欢乐几家愁。1905年9月7日的《时报》载文欢呼："盛矣哉！革千年沉疴之积弊，新薄海臣民之观听，驱天下人士使各奋精神才力，咸出于有用之途，所以作人才而兴中国者，其在斯乎？"科举制度废除，在当时社会来说是一种进步。科举已经成了束缚人才发展的桎梏。选拔人才、培养人才的机制，需要革新。但《时报》发文尽管有其为选拔人才机制的革新歌呼，但未尝没有作为报人的扬扬自得之感。与报人的扬扬自得相较，身在内地的传统文人听到这样的消息无异于晴天霹雳。他们苦心读书，希望通过传统的文章写作谋得功名，但此时竟被拦腰截断。1905年10月15日：山西文人刘大鹏日记中如是写道："下诏停止科考，士心涣散，有子弟者皆不作读书想，别图他业，以使子弟为之，世变至此，殊可畏惧。"1905年10月17日，他的懊恼之情溢于言表："甫晓起来心若死灰，看见眼前一切，均属空虚……日来凡出门，见人皆言科考停止，大不便于天下，而学堂成效未有验，则世道人心不知迁流何所，再阅数年又将变得如何，有可忧可惧之端。"③1905年11月2日，刘氏记下了自己内心的担忧："科考一停，士皆驱入学堂从事西学，而词章之学无人讲求，再十年后恐无操笔为文之人矣，安望文风之蒸蒸日上哉！天意茫茫，令人难测。"一两月之间，同人已"失馆者纷如"，对于家有恒产者，尚不致虑及吃穿，"若藉舌耕度岁者，处此变法之时，其将何以谋生乎"？④

---

① 朱有献编：《中国近代学制史料》第1辑上册，华东师范大学出版社1986年版，第104—106页。
② 朱寿朋编：《光绪朝东华录》（四），中华书局1958年版，第5392页。
③ 刘大鹏：《退想斋日记》，乔志强注，山西人民出版社1990年版，第146页。
④ 刘大鹏：《退想斋日记》，乔志强注，山西人民出版社1990年版，第146—148页。

科举制度的废除意味着士人阶层赖以安身立命的制度就此停止,赋予士人阶层合法性与特殊性地位的秩序也就此崩盘,取而代之的新秩序却尚未形成。在此空档中,文人被抛离四民秩序,成为流落民间的弃儿。两千年来传统社会从耕读到政教的路已不太走得通,而且为越来越多的人所不取。这一社会变迁的影响是巨大的,它必然导致四民社会的难以为继。如果说科举改制,提升了报人的地位,对传统的文章写作造成了冲击。那么时隔7年的废科举对传统士子来说无异于天崩地坼。科举制度一旦被废除,传统文人所寄予厚望的上升性社会变动之路就突然关闭了。若科举不废,虽然千军万马过独木桥,但假以时日熟悉新学,至少也还有"身登仕版"的可能。但科举制度的废除,从根本上改变了文人通过传统的文章写作谋取政治出路的可能,由此也切断了士的社会来源。文人被扔到了社会之中,失去了庇护的场所。在科举制度废除后,传统文人失去了同国家体制内联系,成为无根的自由漂浮阶层,为谋求生存空间,他们脱离了以往所在的血缘、地缘和文化环境,进入一个全新的陌生世界。这不仅意味着文人所拥有的"功名"身份的逐渐失落而不再构成一个特定的封建等级,更意味着"士"被日趋细化的社会新兴职业所分化。换言之,文人阶层作为一个群体在社会上逐渐消亡。而"四民之首"的士阶层的消亡,则意味着传统"士农工商"的四民社会的彻底解体。从社会结构与功能方面看,从汉到清两千年间,"士"在文化与政治方面所占据的中心位置是和科举制度分不开的。通过科举考试(特别如唐、宋以下的"进士"),"士"直接进入了权力世界的大门,他们的仕宦前程已取得了制度的保障。这是现代学校的毕业生所望尘莫及的。[1]

由于职业观念的转变,传统的功名身份逐渐失去了其固有的吸引力,文人大量流向报刊,靠文字谋生。由此,人们对于报章写作态度大变,不再将其看作落拓文人的选择,而是一个现代职业选择。报业的兴盛发达,提供了一种有别于仕进"正途",体现另类生命价值的

---

[1] 余英时:《从传统"士"到现代知识人》,《文汇报》2002年11月16日。

立身空间。这些投身报刊的晚清文人从传统社会的边缘，逐渐走向并成为近代社会的中心，文人所拥有的知识不再是进身之阶，而成了谋生的手段，晚清文人服务社会的方式发生了大的改变，从追求"修齐治平"走向民间，选择实业，包括从事报刊出版，从事报刊事业反而成了一种热门职业。新型的知识人已经不再将读书做官当作人生导向，而是依靠新知识，供职于报馆、书局、学校。此中，报人群体日益成为一支独立的力量活跃在中国的文化界。事实上，在清末民初，一批依托上海报馆、书局为生的报人，即使后来出现了出仕的机会，也多有辞官不就之举。1910年11月10日，时在上海主持《民立报》的于右任，针对清御史温肃在其奏本中称报馆为"无赖渊薮""逆党机关"等语，作《呜呼温肃》一文，反讥曰："报馆中人，鄙官而不为者，不知多少也。"① 与此相映照的是：很多原先身在仕途的文人，在此一时期纷纷来沪兴办报刊，其中包括：曾捐官清廷"内阁中书"的曾朴，曾为清廷翰林的蔡元培、张元济，"十五走京师，官兵部郎中"的毕倚虹，辛亥后任"临时大总统府秘书"的柳亚子等。我们很难用报人地位的提升来含括发生在晚清报人中的辞官弃仕现象。政海多蹇，遂绝意仕途；清廷腐败，"群乃知政府不足与图治"；人们的政治热情下降等均是导致报人不仕之原因。但无论何种原因，这种现象出现本身已经证明，报人对科举功名、仕途经济之路的轻视，已经完全建构了一种新的职业认同观念。

---

① 于右任：《呜呼温肃》，《于右任辛亥文集》，复旦大学出版社1986年版，第77页。

第 八 章

报刊与战争：晚清战事信息视野下文人报刊认同

> 甲午之后，为吾国社会知有报纸之始。
>
> ——姚公鹤①
>
> 以庞大之中国，败于蕞尔之日本，遗传惟我独尊之梦，至斯方憬然觉悟。在野之有识者，知政治之有待改革，而又无柄可操，则不得不借报纸以发抒其意见，亦势也。当时之执笔者，念国家之阽危，懔然有栋折榱崩之惧，其忧伤之情，自然流露于字里行间。故其感人也最深，而发生影响也亦最速。
>
> ——戈公振②

1894年12月28日，《字林西报》如是叙述中日甲午战争的结果："这是一场充满展示效应的战争。短短几个月的时间，东方两个巨人彻底交换了位置。中国，一直以来被视为东方世界的霸主，却被发现是头披着狼皮的绵羊；而日本，仿佛从来没被我们仔细地注意过，却一跃成为我们这些列强中的一员。"③ 在晚清思想史中，中日甲午战争的失败对于国人社会心理影响巨大，"东方两个巨人彻底交换了位置"的结局让国人重新审视中国和日本的位置，也重新审视报刊在现代化

---

① 姚公鹤：《上海报业小史》，《东方杂志》1917年7月15日。
② 戈公振：《中国报学史》，上海古籍出版社2003年版，第206页。
③ 《字林西报》1894年12月28日。

社会的作用。正如梁启超在《戊戌政变记》中所说："唤起吾国四千年之大梦，实则甲午一役始也。"① 甲午战争加剧了国人的民族危机感，刺激了国人对国内外新闻的渴求，同时也推动着国人国家、民族和世界视野的生成。本章希望以"报刊与战争"为视角分析甲午战争前后晚清文人对报刊阅读与报刊书写的认知转变。

第一节 "士林之路"：科举时代的时文写作与偏狭视野

在报刊进入晚清社会初期，社会公众无论是知识精英还是普通国民对于报刊都不怎么重视，将其视为传播小道消息以"搬弄是非"的西方怪物。《申报》曾经就早期社会各界对报刊书写的态度作过细致分析："政府视报纸为败类，不齿新闻记者于士林；官场对报纸的意见恐有发其覆，深恶而痛忌之；学界平时视报纸供消遣，作谈资而已，专留心考试时的试题及榜案；工商界对报纸的论说视若无睹，稍能读报者，不过喜看盗案、奸淫案之类新闻；农民则不知道有所谓报纸。"② 由此可见，社会各界并不认同报刊。晚清公众为何如此认知报刊？下面将予以纾解。

一 典籍/时文：科举时代文人的读写生活

在甲午海战之前，晚清文人沉湎典籍时文，对于报刊阅读/书写都嗤之以鼻。回溯历史，中国古代自朝堂天子以至民间士子皆以阅读四书五经是尚，他们也是通过阅读这些圣贤典籍来了解自己的生活，认识所置身的周遭世界的。1893年冬月，孙宝瑄日记记载道："初二日，晨，阴。日中，晴。昼暑短极，倏忽已昏暮。晏起，读《左传》。哺，阅《明纪》。夕，读谢希逸《月赋》，观郭景纯《游仙诗》、左太冲

---

① 梁启超：《戊戌政变记》，引自丁文江、赵丰田《梁启超年谱长编》，上海人民出版社1983年版，第38页。

② 《论阅报者今昔程度之比较》，《申报》1906年2月5日。

《招隐诗》及谢康乐诸纪游诗。"① 孙氏记载是晚清文人起居阅读的日常生活，在儒林群体中具有一定的代表性。在儒家传统中，世上最宝贵的不是动人心的财帛，而是浩如烟海的知识义理。儒家读书人牢记孔子传承而下的"文王既没文不在兹乎"的文化承命意识，所以通常会坚持不懈进行学习典籍知识来充实头脑、践行使命。有学者将认为儒林群体读书"不仅是一种直观意义的阅读书籍或与技术性或技能性学习相关的行为，它更可能是强调一种不那么功利、目的性不那么具体的超技能的持续学习，一种追求和探寻无用之用的努力"。② 孙宝瑄传承了阅读典籍的知识传统，而且他是为数较少的不被科举圈围的读书人，用其言曰"知其不可必得，故视之甚淡耳"。当然更广泛的士林群体的典籍阅读习惯除了传承儒家阅读传统，还与科举取士的制度相关。

1876年2月20日，美国《纽约时报》以四书五经"维系着清国灵魂"为题，对中国的儒学教育作了剖析："清国的社会体制使得科举成为人们通往荣华富贵的惟一道路，并且清国法律让政府把这样的机会摆在每一位志愿参加竞争者的面前。这就导致了书本知识在大清国民间的传播很可能比在其他任何民族人民间的传播更加广泛。""大清人从未有过大众化的新闻出版事业。并且，更加奇怪的是他们似乎从未感觉到有如此的需要，即需要以这种现代化的手段去制造和影响公众舆论，或者让统治者了解他们的需要。"③ 要理解清国国民的种种思想意识、思维习惯和行为举止，必须去阅读和了解古代诗人阅读的典籍，读他们的书就是去了解他们。中国科举制要求读书人通过阅读《四书》《五经》体会圣人之意，进而代圣人立言。但是"观今日之世变，盖自秦以来未有若斯之亟也。夫世之变也，莫知其所由然，强而名之曰运会。运会既成，虽圣人无所为力，盖圣人亦运会中之一物。

---

① 孙宝瑄：《忘山庐日记》（上），上海古籍出版社1983年版，第1页。
② 罗志田：《近代读书人的思想世界与治学取向》，北京大学出版社2009年版，第3页。
③ 郑曦原编：《帝国的回忆：〈纽约时报〉晚清观察记》，李方惠等译，生活·读书·新知三联书店2001年版，第101页。

既为其中之一物,谓能取运会而转移之,无是理也"。①受科举影响,士子多沉湎于四书五经等圣贤典籍之中,更有甚至连圣贤典籍也不加阅读。山西士子刘大鹏讲述了山西境内士林群体的读书状况:"当今之世,士风甚坏,平日用功所读者,固是时文,所阅者无非制艺,而于经史子集不问者甚多,所以士林之内多浮文而少实行,则孝悌忠信礼义廉耻诸端,亦皆不讲。"②

因为醉心科举时文,大部分士子无心阅读其他书籍,更不要说报刊了。当时士林群体普遍对于报刊的阅读与书写持一种鄙夷态度:"盖社会普遍心理,认报纸为朝报之变相,发行报纸为卖朝报之一类(卖朝报为塘驿杂役之专业,就邸抄另印,以出售于人)。售时必以锣随行,其举动颇猥鄙,而所传消息亦不尽可信。"③由此导致士林群体对外面世界缺乏基本的了解,同时也对外交战事存有淡漠之心。当然,未尝没有关心外交政事的仁人志士,但是他们关于政治讨论的话语引导却遭遇了"事不关己,高高挂起"的回应:"何必为这种无用的猜测劳心费神,达官显贵自会照料国家大事;他们拿着俸禄,让他们去挣钱,但不必拿与己无关的事给我们添麻烦。我们应该做不问政事的大愚之人。"④晚清之季,知识更替日新月异,外交情势风云变幻,但大部分士子却沉湎于八股时文,视野、观念、思维都处于原地踏步的境地。当梳理中国新闻史时,虽然可以列举林则徐、魏源、郑观应、郭嵩焘、王韬等多个志士仁人的西学视野。但必须看到,这些开眼看世界的读书人只是领风气之先,但风气却一直没有在全国铺展开来。以至于洋务运动开展多年,郭嵩焘出使英法时,学问大家王闿运依然以华夷之眼光看待世界,以苏武牧羊、介子刺主的典故来鼓励郭嵩焘。他在给郭嵩焘的书信中可以窥见此种心迹:"人谓此行以群公难行而

---

① 严复:《论世变之亟》,《严复集》第1册,中华书局1986年版。
② 刘大鹏遗著,乔志强标注:《退想斋日记》,山西人民出版社1990年版,第20页。
③ 姚公鹤:《上海闲话》,上海古籍出版社1989年版,第128、131页。
④ [美]格里德尔:《知识分子与现代中国》,单正平译,广西师范大学出版社2010年版,第96页。

第八章 报刊与战争:晚清战事信息视野下文人报刊认同 / 159

遣公,公所奏张参赞,则云公所畏者使法,而所请者使英。闿运以为人臣奉使,唯其所往。涕泣辞家者固非,慷慨请行者亦谬。唯是海岛荒远,自禹、墨至后,更无经术文儒照耀其地。其国俗,学者专已我慢,沾沾自喜,有精果之心而并力于富强之事。诚得通人开其蔽误,告以圣道,然后教之以入世之大法,与之论切己之先务,因其技巧,以课农桑,则炮无所施,船无所往,崇本抑末,商贾不行,老死不相往来,而天下大平。此诚不虚此一使,比之苏武牧羊,介子刺主,可谓狂狷无所裁者矣。"① 王闿运是晚清学问大家,他的中国学问功底深厚,在士林群体享有很高名望。而他对于西学不甚了解,对于世界格局的认知可能还会引人轻薄之笑。但必须看到王闿运对世界的认知代表了中国晚清大部分的士林群体的认知水平。

二 "虾夷小国":典籍时代国人的日本认知

在人类早期的交往活动中就伴随着冲突与战争,而战争与新闻传播技术的发展也是息息相关的。自从战争这种高级冲突形式诞生之日起,新闻传播媒介就以不同程度的方式参与战争当中。在现代报刊进入中国以前,书籍是占据社会主导地位的媒介形式。尽管中央地方政府也会有邸报印刷以传递朝堂军事等信息,但与现代报刊不可同日而语。古代的邸报本身是传递军事信息,在战争期间,让地方和中央了解前线战争的战士消息。时至两宋之间产生了民间的小报,民间小报的诞生也是因为两宋之间与金辽等国战乱频仍,战事信息非常紧缺,由此催生了南宋的小报。而时至晚清,中国遭遇到西方列强接二连三的侵略,爆发了两次鸦片战争、中法战争等战争。客观言之,战争之中报刊消息传播的真实性、及时性都是非常重要的,政府可以根据不断变动的战事信息做出战时决策、调整外交策略,民众可以根据战事信息判断战事趋势以安排自己的日常生活。但当时知识分子还沉湎于科举考试圣贤典籍之中,无暇关注报刊,也无暇关注这些战事信息。

---

① 王闿运:《湘绮楼诗文集》第 2 卷,岳麓书社 2008 年版,第 110 页。

受圣贤典籍影响，中国人形成了一种"王都所在即天下之中，王即是天下主宰"的观念。《诗经·小雅·北山》中有这样的诗句："普天之下，莫非王土。率土之宾，莫非王臣。"正是这种观念的写照。

在中国人的天下观念中有华夷之分，中国一直自认为是泱泱大国，是世界的中心，把中国以外的不管是少数民族还是其他国家，都认为是南蛮、北狄、西戎、东夷的"蛮夷之地"，由此导致对于西方列强认识不够。直到历经两次鸦片战争之后，国人才转变观念，把西方不再称作"蛮夷"而称作"西洋"。自此以后，开眼看世界的中国人开始认识到中国器物的不足，认识到西方列强有其优势之处，开始实行洋务运动，以期"师夷长技以制夷"。但我们对东邻日本一直还存在轻视态度。对于日本，清朝统治者尚未从"天朝"的迷梦中惊醒，清朝政府仍然按照"天朝体制"来处理"夷务"，而此时的"虾夷"已经对中国不再"恭顺"。但国内很少人了解日本通过明治维新开始发展实业，学习西方先进制度。而中日甲午战争失败让沉湎于书籍、圣贤典籍、科举时文中的士林群体把目光聚焦到日本这个"虾夷小国"上来。1895年4月17日《马关条约》签订，13天之后的4月30日，蔡元培在日记中如是记道："韩魏于秦，宋于金，不如是之甚"，"聚铁铸错，一至于此，可为痛哭流涕长太息者也"。[①] 诚如梁启超所说："吾国四千年大梦之唤醒，实自甲午战败割台湾偿二百兆以后始也。"[②] 包天笑在《钏影楼回忆录》如是追忆："那个时候，中国和日本打起仗来，而中国却打败了，这便是中日甲午之战了。割去了台湾之后，还要求各口通商，苏州也开了日本租界。这时候，潜藏在中国人心底里的民族思想，便发动起来。一班读书人，向来莫谈国事的，也要与闻时事，为什么人家比我强，而我们比人弱？为什么被挫于一个小小的日本国呢？读书人除了八股八韵之外，还有其他应该研究的学问呢！"[③]

[①] 蔡元培：《蔡元培全集》第15卷（日记1895—1911），浙江教育出版社1996年版，第59页。
[②] 梁启超：《戊戌政变记》，《饮冰室合集》专集之一，中华书局1989年影印版，第1页。
[③] 包天笑：《钏影楼回忆录》，香港大华出版社1971年版，第145页。

第二节 "民之耳目"：甲午前后的报刊阅读与视野拓展

梳理晚清历史不难发现，中国土地上自鸦片战争后几乎没有停止过战争，而每一次与列强侵略战争的对抗又无不以中国的战败求和、割地赔款而结束。《申报》曾在其六十周年创刊纪念号中写道："六十年中殆无一日非国难，六十年来之本报可谓一部国难实录，一部鞭痕层叠、血泪交织的丧礼日志。"[①] 然而国人的整体觉醒却始自中日甲午海战，文人对报刊认知的转型也始自中日甲午海战。何启、胡礼垣《新政始基》说：甲午一战实际上是分界线，"未之战也，千人醉而一人醒，则其醒者亦将哺糟啜醨，宜其醉醒无时也"，但是"一战而人皆醒矣，一战而人皆明矣"。[②] 经此一役，晚清文人也认识到了报刊在战争中的"耳目喉舌"功能，认识到报刊在社会中"去塞求通"的作用。

一 战事信息：中日甲午海战的报刊记录

"甲午之后，为吾国社会知有报纸之始。"[③] 姚公鹤在梳理上海报业史的时候如是说。何出此言？因为上海的《申报》《新闻报》《字林沪报》等报刊即时传递了1894—1895年中日甲午海战的战况信息。借助信息传播速度的加快与范围的扩大，报刊对重大事件的报道制造出了全国上下共同关注、讨论的话题。在牵涉民族危亡的战争之中，新闻记者所担负的信息传播使命至关重要。可以说，1895年在报刊史中也有着非同寻常的意义。有人说："近代战争有三大要素，金钱，钢铁和纸。"在战争期间，可靠的战事信息不但对政府日常的政治活动

[①] 《本报六十周年纪念年宣言》，《申报》1932年4月3日。
[②] 郑大华点校本：《新政真诠——何启、胡礼垣集》，辽宁人民出版社1994年版，第183页。
[③] 姚公鹤：《上海报业小史》，《东方杂志》1917年7月15日。

非常重要，它对于保障黎民百姓在危急时刻的个人的生命安全和财务安全也是必不可少的。在甲午海战期间，社会公众开始非常关注各种最新消息，例如中日兵力、军舰的能力比较与战事走向问题，等等。

1894年6月19日，《申报》专门登载日本购船运兵的消息："高丽东学党肇乱后，日本政府电饬各商社派定船只，静候装兵前往保护旅人，昨日上午又风闻某商社欲向某洋行转购轮船十艘，旋购定六艘，尚少四艘，另向他行租赁，不知其作何调度也。至中国陆军之在高丽保守者共有一万四千名，日本则有陆军一万二千名，然并不登岸。"[①]当时的《申报》《新闻报》《万国公报》《点石斋画报》等都对中日甲午战争有着丰富的报道。《申报》语言又比较浅显，通俗易懂，成了人们了解外界消息的最主要的渠道。它"使中国人能阅读到国内和国外发生的事件，成了上海最畅销的报纸"。[②]《申报》在1894年7月4日的报道中声称："遍设刺事之人，必侦得真确情形始得登诸报牍，断不敢凭空摹绘，致贻讥于吠影吠声，亦不敢故作危词从人闻听，薄海内外谅所深知。"除了对战事动向进行记录报道，《申报》对中日战争"是战是和"的社会舆论也加以关注评论。《申报》谈道："从来言和必先言战，战者和之本，能战而后能和，未有不能战而能和者也。是非不能也，不能战而和，和之害有不可胜言者。是故善谋国者，不战则已，战则不肯轻于言和。非好战而恶和也，事势然也。夫善战者，善和者也。战之愈力，斯和之愈久。彼忽而言战忽而言和者，其战也不胜，其和也必不久。"[③]"则能战而后能守，能守而后能和。断未有不修战备，专主和议，而可奠疆宇于苞桑，巩河山于磐石者。"[④]关于中日战事问题，《申报》相继发表一系列关于朝鲜局势和中日战争的评述文章（参见表8—1）。这些评述文章围绕中日战争"战略战术""是战是和"等问题展开讨论，吸引着国人的注意力，同时也催生了

---

① 《申报》1894年6月19日。
② 转引自郑翔贵《晚清传媒视野中的日本》，上海古籍出版社2003年版，第98页。
③ 《议和有十难》，《申报》1895年1月12日。
④ 《论中之与日宜战而不宜和》，《申报》1894年12月6日。

国人"同呼吸，共命运"的国家危急存亡之感。

表8—1　　《申报》1894年7月关于中日战争的评论文章

政论文章	报刊	刊发日期
答客问高丽事	《申报》	1894年7月1日
论日本不应与中国构兵	《申报》	1894年7月4日
台防为今日之急务说	《申报》	1894年7月7日
攘日议	《申报》	1894年7月9日
论战事将成	《申报》	1894年7月10日
战必胜说	《申报》	1894年7月11日
论日本之谋朝鲜将为俄人所误	《申报》	1894年7月12日
论日使致书问朝鲜是否中国藩属	《申报》	1894年7月14日
备日议	《申报》	1894年7月15日
论必保朝鲜以固东圉	《申报》	1894年7月16日
论俄国助中	《申报》	1894年7月17日
阅日使上朝鲜国王疏愤而书此	《申报》	1894年7月18日
论中国为朝鲜事不可不与日本一战	《申报》	1894年7月21日
论中国之兵可胜日本	《申报》	1894年7月23日
论出于战必持之以久	《申报》	1894年7月24日
记西友论堵塞吴淞口事	《申报》	1894年7月25日
和战两全说	《申报》	1894年7月26日
筹战议	《申报》	1894年7月27日
先发制人说	《申报》	1894年7月28日
严防汉奸接济敌军说	《申报》	1894年7月29日
论保朝鲜攻日本宜以全力	《申报》	1894年7月30日
论和议可恃而不可恃	《申报》	1894年7月31日

如果说，1872年创刊成名较早的《申报》在甲午海战的报道中又在晚清社会刷了一轮存在感，而创刊于1868年在早年却属于弱势地位，可以说它是借对甲午海战的报道与评论而引起晚清社会关注的。正如1968年出版社重新影印《万国公报》所指出的那样："其最足歆动中国朝野士大夫之报导，则为甲午战争之际所刊载之中东战纪。

《万国公报》遂引起朝野官绅之广泛注意。"① 1894 年 7 月在丰岛海战发生前后,《万国公报》便采写了一篇《朝鲜纪乱》的新闻,率先报道了中日两国军队在朝鲜半岛对峙的紧张局势。2 个月后,9 月,中日军队经过经平壤之役高下立判,日军呈势如破竹之势,而清军则显现出兵败如山倒之象,中日战火遂引至辽东半岛。阅读《万国公报》的相关评述文字,可见其也在惊呼事出意料之外后逐渐对中国失去信心。主编林乐知如此评述道:"中国昔日自夸之处,至此而扫地殆尽……总而言之,中国至今日,实已一败涂地,不可收拾。"② "吁嗟乎悲哉!余壹不知夫中国之懦弱屡怯,竟至于斯也。呜呼,惜哉!"③ 翻阅《万国公报》不难发现,该报对于甲午海战的报道并非偶尔几篇文字,而是采取一种系统追踪式的报道,几乎每月采写一篇长篇战事报道,非常完整地为世人呈现了中日甲午战争发生发展的历史过程,同时也让中国上至朝堂官员下至黎民百姓都可以借助报道了解战争形势的发展。

随着战争的进展,中国军队的积弱日渐暴露。时人发出了悲怆的感慨"自战于平壤而后知陆军之不可用矣,再战于旅顺而后知险阻之不足恃、海军之不可用矣,三战于威海而后知枪炮药弹、兵轮战舰之悉不足凭矣。朝鲜自主则失我之指臂,东三省为敌人所割则据我之门户。天下事尚可为乎?此殆宇宙之奇变,古今之创局也"。④ 战争形势急转而下,清朝政府内部对于中日战争是战是和存在不同意见。以翁同龢为首的主战派与以李鸿章为首的主和派,各持一端,针锋相对。对此,《申报》强调"惟不战决不能和,即和亦不可长久",认为"此时而倘决意开战则中国之幸也。战而胜固幸,即使战而不胜亦未始

---

① 华文书局编辑部:《影印"教会新报""万国公报"缘起》,《万国公报》(1),华文书局股份有限公司 1968 年影印本。

② 《满招损谦受益时乃天道论》,《万国公报》(23),卷 72,华文书局股份有限公司 1968 年影印本,第 14910 页。

③ 《乱朝纪六》,《万国公报》(23),卷 70,华文书局股份有限公司 1968 年影印本,第 14811 页。

④ 《论中国强邻逼处当图变计》,《申报》1895 年 5 月 20 日。

非幸，知战之不可以轻视，而后知和之不可以长恃"。① 针对清政府欲以"不战而退，不守而退"来求和的行径，它力主"和之诀即在乎战"论"隐不能胜必不能和，况不能战乎？不能进必不能和，况不能守乎？故和之诀在乎战。言战者固亦厉战，即一言和者亦先宜厉战"。②

中国自诩泱泱大国，历来将四方外族视为蛮夷，但是作为泱泱大国的中国竟然败于虾夷小国的日本，这是世人始料未及的，也是国人无法接受的。《万国公报》在《乱朝纪四》中也对清军的腐朽感到震惊，文中写道："平壤华军，将不知兵，兵不知将。平日不孚以恩信，战时复克扣军饷。所执之枪，药不配弹，子不配枪。""凡此种种，皆必败之道也。呜呼哀哉！吾不忍再书矣。"③ 尽管"吾不忍再书"有言在先，但《万国公报》依然在追踪报道着中日战争的转变，时至《朝乱纪六》中清军失败已成不可挽回之势，作者也不再发"不忍再书"的感慨之言，而是理性分析清军失败的各种原因：一"兵多而不精"；二"势分而不合"；三"权杂而不专"；四"倒执而不化"（刑赏不明）；五"事虚而不实"。④ 既然败局已定，《万国公报》对清军失败原因的分析，也不再简单停留在军备力量、军事战略层面，开始从政治制度与思想文化层面审视中国这个老大帝国的深层原因。

二 视野拓展：报刊阅读时代的国民心态

中日甲午战争增加了中国人的民族危机感，同时也刺激了中国人对国内外新闻消息的渴求。如果说书籍是理论化的死的知识，那么报纸却是现实化的活的信息。"报纸出，则不得观者观，不得听者听。"⑤ 尤其是在国事战争期间，国人对战事信息的需求欲望也比读书的欲望

---

① 《和战两权说》，《申报》，1894年7月26日。
② 《和诀》，《申报》1894年11月6日。
③ 《万国公报》（23），卷69，华文书局股份有限公司1968年影印本，第14760页。
④ 《万国公报》（23），卷71，华文书局股份有限公司1968年影印本，第14880页。
⑤ 谭嗣同：《〈湘报〉后叙（下）》，《湘报》第11号，1898年3月18日。

更加迫切。尽管开始只有部分文人关注这样海洋的战争，但随着战争局势的转变，中国已见失败之势，于是晚清文人开始从四书五经、科举时文中抽身抬头，如梦方醒地关注起这场即将走向败局的战争。1894年9月，身为清朝翰林学士的蔡元培通过阅读报纸了解到甲午海战的信息："阅九月二日沪报，称俄报有论，怂恿英法俄各大国割分中国之地，各据一隅。""三日报海军之定远、镇远两铁甲船……俱在旅顺口船坞修理，重阳前可毕"。① 自此以后蔡氏一直通过报纸关注中日战事。蔡元培在中日战争期间的报刊阅读行为在士林群体中并非个案。包天笑曾回忆当年事："我国与日本为了朝鲜事件打仗，上海报纸上连日登载此事。向来中国的年青读书人是不问时事的，现在也在那里震动了。我常常去购买上海报来阅读，虽然只是零零碎碎，因此也略识时事。"② 士林群体从时文典籍中抽身转向报刊，密切关注战事动向与社会舆论。由此，战事的发展动向、媒体的战事报道和文人的阅读反应几乎处于一种时空同步的状态。在中日战争期间，报刊媒介在记录战事动向、传递战事信息方面扮演着重要的角色，使得置身京城、内地之人都能够获取战事信息而不至于耳堵目塞，让更广泛的国人能够"见证"战争形式的变化。

国人借助报刊了解中日战争的战事动向变化，同时也借助报刊了解国内"言战"与"求和"的舆论争议。此类战事信息和舆论观点，源源不断地进入国人视域之内，人们的个人情绪也与战事信息、国家命运变得休戚相关。甲午战时报刊信息和舆论声势对于国民心态的改变有重要作用。陈独秀在《安徽俗话报》中记录了国民阅读的视野拓展，从中也可以窥见国民心态变化的端倪："别说是做生意的，做手艺的，就是顶呱呱读书的秀才，也是一年三百六十日坐在家里，没有报看，好像睡在鼓里一般，他乡外府出了倒下天来的事体，也是不能够知道的。譬如庚子年，各国的兵，都已经占了北京城，我们安徽省

---

① 蔡元培：《1894年10月11日日记》，《蔡元培全集》15卷，浙江教育出版社1998年版，第36—37页。

② 包天笑：《钏影楼回忆录》，中国大百科全书出版社2009年版，第135页。

徽州颍州的人，还在传说义和团大得胜战。那时候若是有了这种俗话报看，也可以得点实在消息，何至于说这样的梦话呢?"① 甲午战后国民心态最重要的变化莫过于对日本的态度。此前中英、中法、中俄战争中清朝政府的失利并没有给国民造成如是大的刺激，因为对西洋了解甚少。与之相较，国人对于中国东邻的日本再熟悉不过。但始料未及的是，在中日甲午海战中，号称泱泱大国的中国却打不过"虾夷小国"的日本。中国自古便有以天朝自居的"夷夏"观念，认为周围相继崛起的日本、印度、越南都是华夏文化的延续体，是中国的附属国。这种夷夏大防的传统导致上至朝堂下至国民都有着盲目自大的心理优越感，并由此出现"不察邻国，误轻小邦"进而导致战事惨败的结局。严复在天津《直报》著文批评国人这种狭隘认知，他苦口婆心地向国人说道:"诸君自视太高，视人太浅，虚骄之气不除，虽百思未能得其理也。"② 中日战事让国人如梦方醒，开始正视日本，正视世界，并且日渐养成阅读报刊的生活习惯。作为传播战事信息和新学知识的传播媒介，报刊发达确实成为近代社会变迁的动力引擎和评判指标。更有报人将阅读报刊与国运兴衰相结合提出期许，希望中国人像日本人一样热爱阅读报刊，那么中国也会像日本一样迅速崛起:"要是通国的人，都能够看报，这个国必定富强，就如日本国，前三十余年，贫弱的了不得，因为受外人的欺侮，君臣上下，发愤自强，一面派人游学，一面改变内政，从中贯通血脉的妙物，就是这个报章，直到如今，国势日强，报章亦一天比一天兴旺，连到拉东洋车的人，都要买一张报看看，其余就可想而知。"③

自中日海战之后，诸多中国文人的阅读重心从书籍转向报刊，视野不断拓展，心态逐渐变化。自学成才的梁漱溟便把阅读《新民丛报》《申报》《新闻报》《时报》《顺天时报》当作"每天必不可少的读物"，他在自述中讲述了阅读报刊对自我视野的影响。他说:"《新

---

① 陈独秀:《发刊词》,《安徽俗话报》第1期,1904年3月31日。
② 王栻主编:《严复集》第2册,中华书局1986年版,第223—224页。
③ 《告我国人》,《京话日报》第138号,1904年12月31日。

民丛报》除任公先生自作文章约占十分之二外,还有其他人如蒋观云先生(智由)等的许多文章和国际国内时事记载等,约居十分之八,亦甚重要。这些能助我系统地了解当日时局大势之过去背景。"[1] 自从报刊进入晚清文人的阅读世界,各种战事信息扑面而来。在报刊各色内容之中,文人群体对于战事信息特别关注。皮锡瑞、刘大鹏、孙宝瑄、黄尊三等诸多文人在日记中保留了阅读报刊获知战事信息的日记[2](可参见表8—2)。晚清文人群体从书籍媒介中挣扎出来,日渐习惯阅读报刊、了解时事,其个人忧思也随着报刊编织的"信息之网"而变动,虽然置身书斋也能与发生在千里之外的战争动向保持着同步,显著拓展了思想视野,也加深了对世界的理解和忧思。例如叶圣陶曾经记录自己通过读报了解中国四面楚歌之后的忧思感怀:"报纸翻来满纸不如意事。日俄于东北、英于西南,皆有跃跃欲动之势。留日学生则有公电至各省咨议局,使提倡国民军。盖以外来之兵日渐增加,而政府势有所不及顾软。顾不全者,故民苟欲存吾民族者,必自出死力以争之。而民之昏昏者又无以为害,视荷戈则以为下贱,奈何奈何!"面对此情此景,叶氏不由感慨此间报刊在影响国民视野忧思的价值:"如吾等者,居此似乎稍安之地,边虞之危难实不得知,全赖有报纸为之探听,为之警醒,使吾人得有以为之备,有以为之挽回。"[3]

表8—2　　　　晚清文人阅读报刊战事信息的日记记载

姓名	日期	日记内容
皮锡瑞	一八九七年十一月初三	报中屡言德人挑衅,以为各国于中国皆有驻足之地,彼独无有,一旦瓜分,不能染指,是眈眈已久,即予以金门岛,未必不得陇望蜀也

---

[1] 梁漱溟:《我生有涯愿无尽》,中国人民大学出版社2004年版,第23—24页。
[2] 可参见吴仰湘编《皮锡瑞全集》第10册,中华书局2015年版;孙宝瑄:《忘山庐日记》(上),上海古籍出版社1983年版;刘大鹏:《退想斋日记》,乔志强标注,山西人民出版社1990年版;黄尊三:《三十年日记》,第314页。
[3] 叶至善等编:《叶圣陶集》第19卷(日记1),江苏教育出版社2004年版,第14—15页。

续表

姓名	日期	日记内容
皮锡瑞	一八九八年三月十八	谭复生云李一琴译《字林西报》，瓜分之局已定，两湖、江、浙、江西、四川属英，云、贵、两广属法，山东、河南、安徽属德，东三省、直隶、山、陕属俄，福建属日本。惟甘肃无明文，或以予中国乎
	一九〇〇年七月初九	阅六月廿六、七、八《汉报》……云各国约停战两月，俟添兵到。德王云并无瓜分中国之意，惟愿早平乱党，各大国勿怀私意。如此则尚可转圜
	一九〇三年六月初九	阅报，俄、日战事将起
	一九〇三年九月十二	阅报，言俄兵将六十万，日兵已南退至辽阳，岂中怯与？旅顺尚未破，日兵已死五万，殆可危也。日人将强中国改革，韩人已翦发易服矣
孙宝瑄	一九〇三年十一月初二	览诸报。近日大地形势，俄与德、法联盟，日与英联盟，分二党，皆严备，水陆交警听调遣，太平洋惧有战事。胶州则德国人坚不退，俄不允助，我势炭发。暹罗国颇振，变诸政，崇新法，其势渐兴。王于今年游历欧帮，诸国敬之；其视我国，盖神益而不屑道也。《时务报》纪其游事详尽。古巴自立，美人助之，西班牙不得已许之。希、土和议将定，欧美诸洲庶几无事矣
刘大鹏	一九〇三年间五月二十三日	光绪二十六年，俄夷乘乱入东三省，据为己有。二十七年和议成，俄约退出，迄今仍虎据不退。……此时，外洋各国视中国为一块肉，均欲吞而食之。现在法夷香食云南广西，英夷蚕食广东福建，日本蚕食闽浙，得夷蚕食山东，俄夷蚕食新疆蒙古，其为中国之患者，俄夷为最，以其地与中国比邻耳
	一九〇三年九月二十一日	阅晋报，俄夷于黑龙江建立都城，意在都于此而吞并中国也。中国政府仍聩聩不知。……广东潮州、嘉应有匪猫獱，势甚热油，与桂匪相通，湖南亦戒严，浙江亦有匪乱，天下殆无一处安者矣。桂匪有夷协助军铀，故不能平，外夷立意，吞我境土，显用欺罔之法行鸿毒之心，将一切官员戏弄于股掌之上，殊令人抵腕

第三节 "士之喉舌"：思想意见的报刊表达

置身战乱频仍的晚清，国人经甲午一役日渐体悟到报刊"耳目"之功用，通过阅读报刊关注着国家战事发展的动向。晚清的士林群体基本上转向强烈关注报刊，当然他们对于报刊的期许并不仅限于"耳目"的功能，更期待其发挥"喉舌"的作用，期待通过对报刊来传播变法改革思想以挽救国家危亡。正如时人所言："甲午一役以来，中国人士不欲为亡国之民者，群起以呼啸叫号，发鼓击钲，声撼大地。"[①] 晚清文人开始觉察到战争期间舆论竞争问题，提出创办报刊、掌握舆论话语权的观点，由此开启了国人办报论政、变法启蒙的脚步。他们通过报刊记录国内外战争形势变化，向国内外传播变法图存的思想，为政府建言献策，同时为民众普及关于内政外交的现代知识。

一 舆论竞争：甲午战败外人的话语权力

综观中日甲午战争的整个过程，除却黄海上的战争硝烟，还有一场看不见的新闻舆论战争。相比清朝政府对舆论宣传的漠视和放任，日本则是全面操纵了现代化传媒工具。在新闻通信全球化初见端倪的时候，日本政府充分利用了木版与铜版印制手段、传统的素描、海报宣传画，以及刚刚在媒体中运的摄影术等手段，全方位控制了舆论。"甲午战争期间，日本共派出从军记者114名，还有15名画师、摄影师。此外，战争爆发后仅一个月，17名西方记者即获得了随日军采访的许可。相比之下，清朝政府拒绝外国记者随军采访，拒绝外国武官随军观战，这使得国际社会只能听到日本一面之词，国际舆论因此向

[①] 蔡锷：《军国民篇》，《蔡锷集》，湖南人民出版社1983年版，第19页。

有利于日本的方向倾斜了。"① 日本投入的记者数量与装备质量都远远高于清国，他们借用先进的新闻报道理念和明确的话语权力控制影响了关于甲午海战的国际舆论。在新闻舆论战场上，日本占尽优势，这与日本战场上的博弈相协同，加速了清朝海军的败局。1894年7月24日，《旧金山考察家报》刊文直言其支持日本的立场："文明世界的同情心将与日本同在。它是远东地区最为积极进取的国家，而中国则是一个腐朽落后的野蛮国度，把更多的美好祝愿送给日本是情理之中的，因为日本广受喜爱，而中国则备受憎恶。"②

甲午战争期间，日本利用现代报刊传媒手段打造国际舆论，向国际社会传播所谓的侵华合理性，始料未及的是，这种说辞竟然得到了欧美国家的支持，相对而言，中国在中日战争舆论中一直处于被动地位。其实关于舆论话语权的竞争，在甲午之前便有少许开明人士注意到这个问题，只是不被公众关注而已。被誉为现代记者之父的王韬很早就关注到中国在国际舆论场中的落后地位，他痛斥泰西各国在华报刊舆论言说中有失公平公正的问题："其所立论，往往抑中而扬外，甚至黑白混淆，是非倒置。泰西之人只知洋文，信其所言，以为确实，如遇有中外交涉事，则有先入之言以为之主，而中国自难与之争矣。"正是认识到中国在国际社会的舆论境遇，王韬提出"非自设西字日报不为功"的主张，建议自办西文日报专事对外报道："每岁西人在中国所行之事，其有关于中外交涉，而未或循乎约章、显悖乎和谊者，不妨备刊日报，俾其国人见之，庶知选事生衅者，咎不在华人而实在西人也，此所谓达内事于外也……"③ 王韬提出，国人应该自主创办洋文报刊向外国直接讲述中国故事、表达中国主张，进而掌握涉外舆论的话语权。比王韬稍晚的郑观应也是较早提出自主办报以获取舆论

---

① 万国报馆编著：《甲午战争：120年前的西方媒体观察（1894—1895）》，生活·读书·新知三联书店2015年版，第1页。
② 万国报馆编著：《甲午战争：120年前的西方媒体观察（1894—1895）》，生活·读书·新知三联书店2015年版，第1页。
③ 王韬：《论中国自设西文日报之利》，载徐培汀、裘正义《中国新闻传播学说史》，重庆出版社1994年版，第142页。

主动权的先进认识，他认为"敌国怀觊觎之志，外人操笔削之权"的问题，长此以往会造成"国将不国"局面："士君子读书立品，尤贵通达时务，卓为有用之才，自有日报，足不逾户庭而周知天下之事……而奈何掩聪塞明，钳口结舌，坐视敌国怀觊觎之志，外人操笔削之权，泰然自安，庞然自大，施施然甘受他人之陵侮也。"[①] 于是，他希望中国的仁人志士创办报刊，以求清国政府在战乱频仍的国际交往中占据舆论主动权。

置身帝国主义列强不断围堵瓜分中土的晚清时代，报刊传媒在战争中扮演的角色越来越重要。外国列强在发动战争时不但使用西方的枪炮打开中国国门、占领中国领土，而且利用先进的报刊传媒制造有利于己的国际舆论，美化自我侵略行为，为侵略行为进行合法性阐释和论证。此一问题在中日甲午战争之中的日本表现尤为突出。日本政府早在对朝鲜进行战略包围的时候，就已经将舆论宣传上升为国家战略，他们秘密聘请前《纽约论坛报》记者豪斯作为舆论战顾问。当《纽约世界报》记者克里曼揭露日本旅顺大屠杀事实后，日本政府勾结《华盛顿邮报》《旧金山纪事》《纽约时报》发表有利于日本的文章，从而质疑克里曼；清朝政府和媒体却在屠杀事件中集体保持沉默。日军在屠杀之后还公然打出"驱逐鞑虏、恢复中华"的口号，分裂满汉关系。与之相较，清朝政府显然也没有意识到现代战争之中舆论战的重要性，持保守态度。在甲午战争中，清朝政府不但不允许本国的记者进行采访，而且也一味地拒绝外国记者随军采访，对外国武官随军观战的请求更是严词拒绝。不难看出，清朝政府依然秉持着前大众传媒时代的战争思维模式，固执地排斥媒体的做法不但增加了清朝在战争立场中的不透明性，而且使国际社会只能听到日本媒体的一面之词，由是媒体舆论场的倾斜使得国际舆论不断向有利于日本的方向位移。例如作为甲午战争第一战的丰岛海战，日本海军在朝鲜牙山湾口

---

① 郑观应：《日报》，张之华主编《中国新闻事业史文选》，中国人民大学出版社1999年版，第10页。

丰岛西南海域袭击中国海军舰船，英籍运输船高升号被日本军舰击沉，1000多名清军士兵在大海中溺亡，由是迫使清朝与日本正式宣战。然而对于日本首先挑起的这次战役，东京《时事新报》1894年7月29日却这么报道："日清两国于是开战，清舰首先发炮，我舰应战"，"昨晨自釜山到达之电报，所传一大快报称：二十五日上午七时于丰岛附近，由于清国军舰向我发炮挑战，我军舰还击应战，击沉清军一千五百人乘坐之运送船一艘，捕获清军舰'操江'，'济远'向清国，'广乙'向朝鲜西岸逃遁"。① 在丰岛海战中，清政府报刊声音微弱，无法向外界传达战争真实。而几个月后攻占旅顺的日军进行了惨无人道的大屠杀，国际社会依然听不到清朝政府和清国媒体的声音，反而是有些国内报刊如《点石斋画报》《上海新闻画报》等将清朝战争失利事件当成胜利进行报道，遭到诸多国际媒体冷嘲热讽。

审视甲午之前的晚清中国，报刊舆论多掌于外人之手，对甲午战争的解释多出于日本人之口，犹如扼住了中国的生命咽喉与舆论咽喉。把视野由国际转向国内，在中日甲午海战的报道中，中国人自主创办报刊的声音依然微弱，与之相较，外国人在中土创办的报刊诸如《万国公报》《申报》等借助战争报道在报界市场风生水起。《万国公报》在报道甲午海战新闻时，配发了由林乐知诸人撰写的为数甚多的评论文章。正如有学者研究指出的："其报道、评论，是非参半，真伪互见。就其以英美在远东的利益为价值取向，不惜混淆是非，为日本侵略张目而言，它是应当受到谴责的。"② 其实，《万国公报》开始是站在战争客观中立的角度报道甲午海战的。例如《万国公报》曾转译《泰晤士报》云："中败而不自承其败，犹可说也，及至遣使议和，则已自知不敌，然仍含骄傲之意，此岂局外人所能测哉！中国将谓他国皆糊涂虫哉，及观其待各国也亦无不然。各国之所以让之者，盖一敬其为古大国，一念其语言文字之末节，不必缘之而多事耳。日本则不

---

① 方俪祥：《为我伯公方伯谦鸣冤》，《日本研究》1989年第1期。
② 郑师渠：《〈万国公报〉与中日甲午战争》，《近代史研究》2001年第4期。

然,且业既开衅,战亦甚易,非平空宣战可比。为中国计,自宜先知日本于我藐视之心,素不甘服,则办理和局自易奏功。乃不但不知,且仍视日本为边寇,故不能以兵威而去之,即姑以财力贿而出之而已……此和议之所以难成也。"① 1895年1月,林乐知发表《以宽恕释仇怨说》一文,在此文中提出国际舆论"不论理而论势"的残酷现实:"至论中日两国之是非曲直,则中国任朝鲜之败坏,而不加整顿,固亦有不是处,亦有曲处,然日本之甘为戎首,而以强词夺理,则其但有曲处,而无是处可知……所惜天下事,往往不论理而论势。今中国亦既败矣,遂有偏于日本者。"② 林乐知详细阐释了为何出现"理随势行"的问题,并讲述了中国所处国际社会的舆论转向:"今日之时局,理不能与势敌,势苟弱,理即与之俱弱。即如中东交战一役,历观西报,比比皆然。然本报不表而出之,中国岂知其命意之所在?故一年来所译各报,绝不愿稍从粉饰。及至和局粗定,俄法德三国,起而阻日本之割地,英国则效寒蝉之噤声,彼华人之无识者,必将感三国之助我,而疑英之阴袒日本。呜呼,岂其然哉!岂其然哉!"③ "今日之时局,理不能与势敌,势苟弱,理即与之俱弱。"林乐知的这段评价中日海战的话,对志在救亡图存的中国文人而言可谓醍醐灌顶之语。因为报刊媒体的话语权处于弱势地位,坐看日本报刊强词夺理而只能捶胸顿足、无可奈何。当时清廷自以为有理,坐等英国对日兴师问罪,结果眼睁睁地看着日本将原本亲华的英国舆论给彻底扭转了。在日本媒体的强势舆论战影响下,标榜特立独行的《万国公报》,立场与态度也在悄然转变。正是在这个意义上,中国的仁人志士开始体悟到报刊在舆论战中的重要性,开始致力于发展报刊,加强在海外的舆论宣传。

---

① 《朝乱纪十》,《万国公报》(24),卷75,第15155页。
② 《万国公报》(23),卷72,第14914页。
③ 《哀私议以广公见论》,《万国公报》(24),卷77,第15266页。

二 言论发抒：甲午战后文人的报刊书写

中日甲午战争，无论是军事对抗还是舆论较量，清政府都以完败告终。闭关自守的中国，经甲午国耻的打击，又经乙未条约的签订，举国震动。这是一个危急存亡的时代，也是民族觉醒的时代，自上而下的中国人眼睁睁看着昔日的虾夷小国日本与自诩泱泱大国的中国出现了地位权势的对转，自信心陡然崩溃，到处弥漫着忧时忧国的情绪。于是，战败之际，人心思变，晚清文人顿时萌生出报人报国的责任与担当。戈公振在《中国报学史》中如是说："以庞大之中国，败于蕞尔之日本，遗传惟我独尊之梦，至斯方憬然觉悟。在野之有识者，知政治之有待改革，而又无柄可操，则不得不借报纸以发抒其意见，亦势也。当时之执笔者，念国家之阽危，憯然有栋折榱崩之惧，其忧伤之情，自然流露于字里行间。故其感人也最深，而发生影响也亦最速。"①"迨中日战争之后，强学会之《中外纪闻》出，始开人民论政之端。伺候上海、香港、日本，乃成为民报产生之三大区域。其性质又有君宪、民主、国粹及应和时好之多种，故称为勃兴时期，而辛亥革命之成功，实基于此。"② 甲午战败使得中国士人猛醒，才发现日夜浸淫于圣贤典籍、科举时文之中，原来不过是"一肚子的不合时宜"："以我之猛济其宽，淮将、海军何至如此？日本即不寝谋，亦堪一战……此地是鄙人不老辣处。所以然者，一肚皮线订书为害耳。"③ 面对中日惨败的剧痛局面，"一肚皮线订书"显得那么不合时宜，大丈夫空有报国之志，而对于世界局势，对于洋务器械皆一窍不通。包天笑在回忆甲午战败时的情形说："那个时候，中国和日本打起仗来，而中国却打败了，这便是中日甲午之战了。割去了台湾之后，还要求各口通商，苏州也开了日本租界。这时候，潜藏在中国人心底里的民

---

① 戈公振：《中国报学史》，上海古籍出版社2003年版，第206页。
② 戈公振：《中国报学史》，上海古籍出版社2003年版，第30页。
③ 中国史学会主编：《中国近代史资料丛刊·中日战争》（5），上海人民出版社1957年版，第224—225页。

族思想，便发动起来。一班读书人，向来莫谈国事的，也要与闻时事，为什么人家比我强，而我们比人弱？为什么被挫于一个小小的日本国呢？读书人除了八股八韵之外，还有其他应该研究的学问呢！"①包天笑的叙说大体不差，甲午惨败可以说是他后来选择从事报刊书写工作的重要原因。

需要看到的是，中日海战前期，国人的报刊阅读追求的是传递"战事事实"的新闻消息，而战争后期社会民众更追崇发抒"意见观点"的新闻评论。1895 年 1 月创刊于天津《直报》在甲午战争期间因言论而名声鹊起。创刊号上《论中国宜急战不宜遽和》一文对日本战事策略的分析鞭辟入里，同时对清政府提出警示之词，指出日本贪得无厌，切不可让步言和，做出"以肉饲虎"的傻事。文中写道："战之权在我，和之权在人，我苟有可战之具足以胜人，则彼将力竭计穷请成于我，不言和而和乃可恃。"②《直报》在甲午海战之中刊发评价中日战局的言论出名，战争之后又因刊发严复的《论世变之亟》《原强》《辟韩》《救亡决论》诸多言论名篇而青史留名。其实，放眼甲午海战之后文人创办的各种报刊，其内容多以言论见长，以观点取胜。在战乱频仍、危急存亡的晚清社会，报刊肩负着"民之耳目""士之喉舌"的双重功能。晚清的文人们开始借助报章登上历史舞台，在舆论界指点江山、激扬文字，社会舆论的地位在晚清社会呈现出稳步抬升的趋势，与此时政治变革与整体走向攸相关联。也是在此过程中，报刊在士林群体中的形象悄然转变。投身报刊的晚清文人也不再将报刊看作有辱斯文的俗世营生，而把报刊看作自己传播思想、挥斥方遒的舞台，他们报刊书写与晚清社会的思想议题加以勾连以获解决之道，报刊于是被作为政治变革的重要力量加以看待。皮宗石称："故有清季世，每值外交事件发生，一遇议会之质问，舆论之反对，彼所谓权贵者，尚不敢显背舆情，逞其私意。"③梁启超在《时务报》创刊号第

---

① 包天笑：《钏影楼回忆录》，香港大华出版社 1971 年版，第 145 页。
② 《论中国宜急战不宜遽和》，《直报》1895 年 3 月 25 日。
③ 皮宗石：《弱国之外交》，《甲寅》第 1 卷第 6 号。

第八章 报刊与战争：晚清战事信息视野下文人报刊认同 / 177

一篇文章中就曾用《泰晤士报》来探讨"报馆有益于国事"："故怀才抱德之士，有昨为主笔而今作执政者，亦有朝罢枢府而夕进报馆者，其主张国是，每与政府通声气。如俄、土之争战，德、奥、意之联盟，五洲之人，莫不仰首企足以观《秦晤士》之议论，文甫脱稿，电已飞驰，其重之又如此。"① 梁启超引用《泰晤士报》中主笔在普法战争、俄土战争的作用，无疑是受到甲午战败的创痛激发，受到舆论话语权掌握在他人之手的痛苦体认。正如时人指出的："报纸论事宜发之于机先，不宜和之于事后。外交则警之以预防，政务则示之以改革，学说则导之以先河，此报馆之天职也。若夫其机已兆，其时已迫，始力攻当事之因循，追咎既往之失，著事已迟矣，噬脐无及矣。"②

文人群体都抱着救亡图存的论政热忱，急求对变法图强的路径进行传播交流，政论报刊应时代的呼唤而初露头角。于是自从1895年中国报刊创刊高峰出现，文人论政也成为当时的一大社会现象。正如张之洞所记载："乙未以后，志士文人创开报馆，广译洋报，参以博议，始于沪上，流衍于各省，内政外事学术皆有焉。虽论说纯驳不一，要以扩见闻，长志气，涤怀安之鸩毒，破扪籥之瞽论，于是一孔之士、山泽之农始知有神州，框箧之吏、烟雾之儒始知有时局，不可谓非有志四方之男子学问之一助也。"③ 由是，中国人的报纸对时政评论的开始影响全国。《中外纪闻》之后，梁启超参与创办《时务报》，因为广发变革言论很快成了时代骄子。数年之后，梁启超不无得意地回忆道："甲午挫后，《时务报》起，一时风靡海内，数月之间销行至万余份，为中国有报以来所未有，举国趋之，如饮狂泉。"④ 报刊让全国各地的人在同一时间获取信息，同时也能够将文人的思想观点灌注于无数人的脑海。一位曾经敌视康有为、梁启超的人在阅读梁启超《时务报》

---

① 梁启超：《论报馆有益于国事》，《时务报》第1册，1896年8月9日。
② 《申报》1911年3月6日。
③ 苑书义、孙华峰、李秉新主编：《张之洞全集》第11册，河北人民出版社1998年版，第9745页。
④ 梁启超：《清议报一百册祝辞并论报馆之责任及本馆之经历》，《清议报》第100册，1901年12月21日。

文章之后也转而认同其观点,认为《时务报》文章"如人人意所欲云;江淮河汉之间,爱其文字奇诡,争传诵之。"① 这也从反面证明了新思想传播之广、书刊发行量之大,这也反映了晚清社会对新知识、新思想的大量需求。与梁启超同时名声鹊起的还有严复,严复《论世变之亟》《原强》《辟韩》《救亡决论》等重要政论文章在中日海战之后在社会舆论界广为流传。随后出现了《知新报》《昌言报》《时报》《大公报》等维新派报刊,崛起了汪康年、陈冷、英敛之等维新派报人。在严复、梁启超与晚清诸文人群体的协同效应之下,维新变法运动开启,此后,以《中国日报》《民报》《苏报》等为代表的革命派报刊兴起,以孙中山、陈少白、汪精卫、章士钊、章炳麟为代表的革命派报人崛起。历史的车轮滚滚向前,中国也逐渐从维新变法时代到暴力革命时代,无论何种选择,晚清文人开始与报刊建立密切联系,不管是梁启超、严复等人在《时务报》《直报》等报刊上倡言维新变法,还是孙中山、汪精卫、章士钊等人在《民报》《苏报》上倡言革命,都践行了报刊乃"士之喉舌"的观念,他们借助报刊传播知识、思想,进行社会动员,进而践行报人报国的责任担当。

---

① 胡思敬:《戊戌履箱录》,第1册,第373页。

第九章

清议、上书与办报：晚清文人论政的路径演进

> 日出一张，名曰《中外纪闻》，只有论说一篇，别无记事。鄙人则日日执笔为一数百字之短文，其言之肤浅无用，由今思之，只有汗颜。当时安敢望有人购阅者，乃托售京报人随宫门抄分送诸官宅，酬以薪金，乃肯代送。办理月余，居然每日发出三千张内外。然谣诼已蜂起，送至各家门前，辄怒以目，驯至送报人惧祸及，乃重赏亦不肯代送矣。
>
> ——梁启超[1]

在前报刊时代，无论是朝堂邸报还是书籍典册，大都是为统治阶级服务，并且是一种自上而下的宣达信息的方式。1927年出版的《中国新闻发达史》一书，即以这样的方式加以总结："近代报纸的实质，代表舆论，古代报纸的实质，是代表统治阶级的意旨的，是专为官场说话的。"[2] 这些都揭示出报章作为新型出版物所具有的特别意义，同时也揭示出晚清社会对报刊媒介的接纳，都有着将其作为政治思想的宣传工具的想法。报刊的兴起改变由上而下的信息传播方式，也意味着动摇自上而下的统治方式，开始了由下而上的信息传播。

---

[1] 丁文江、赵丰田编：《梁任公先生年谱长编》，中华书局2010年版，第25页。
[2] 蒋国珍：《中国新闻发达史》，上海世界书局1927年版，第12—13页。

第一节　清议与上书：古代士林群体的论政传统

从先秦到明清，中国读书人参与政治的道路越走越窄。春秋战国时期，民间知识分子尚可以通过游说诸侯而封官拜爵。即便像孔子、孟子等不得重用的文人也多会受到统治者的礼遇。明清的科举制度让士林群体沉浸于四书五经之中无暇他顾，而文字狱让士人更是三缄其口，不敢妄议朝政。《论语》有言："天下有道，则政不在大夫。天下有道，则庶人不议。"这段话的隐含意思便是天下无道，庶人议之。明末曾经出现过评论官吏、讽议朝政的东林党，清末也曾出现以李鸿藻为代表的清议朝政的清流派和以康有为、梁启超为代表的办报论政的维新派。当历史车轮驶到"三千年未有之变局"的晚清，面对四面楚歌的国际形势、危在旦夕的国家命运、水深火热中的中国人民，中国士林群体的责任担当和心中块垒怎能忍而不发！

一　清议传统：中国古代的士林议政活动

春秋时期既有"天下有道，庶人不议"的理论阐述，也有"子产不毁乡校"的案例为证，让我们看到尽管中国古代文人参政之路越来越窄，但在民间知识分子却一直保留有议论时政的清议制度。顾炎武曾经说："古之哲王所以正百辟者，既已制官刑儆于有位矣，而又为之立闾师，设乡校，存清议于州里，以佐刑罚之穷。"① 当然，梳理清议的历史，一般会追溯到东汉后期的清议活动。东汉后期，随着朝政的腐败，士大夫阶层中出现了一种品评人物的社会风气，史称"清议"。这些文人以东汉太学为中心集聚在一起，他们希望通过"清议"的方式议论朝政，表达对现实统治的不满，阐述政治变革的主张，以此引起最高统治者的重视，由此来挽救外戚和宦官专权下不断走向衰落的东汉王朝。当时的清议者被视为清流，他们通过议论时事，品评

---

① 顾炎武著，黄汝成释：《日知录集释》，花山文艺出版社1990年版，第597页。

人物，对政治施加影响。在东汉末年黑暗复杂的政治现实下，士人清议具有一定激浊扬清的作用。

时至清朝末年，士林群体中也出现了一支清流派，而且是光绪朝前期的一支重要政治力量。1879年起，一批在翰林院、詹事府、都察院供职的文人士大夫，他们以儒家观念为基础，以国家利益为诉求，以弹劾权贵为己任，以奏疏为工具，议论时政、搏击权要，类似东汉末年的"清流党人"。这批文人士大夫奉军机大臣李鸿藻为领袖，群体中比较有影响的有张之洞、张佩纶、陈宝琛、宝廷、黄体方、邓承修、陈启泰、吴大澂等。他们依照自己的政治理想和人格标准来评议朝政，裁量人物，其言论被称为"清议"，形成了广泛社会影响。"清流"一方面追随李鸿藻，另一方面同封疆大吏李鸿章、左宗棠也保持着接触，建立了密切的人脉关系。在许多重大事件中，互通信息。这批讲官言官没有掌握国家大权，他们对老派官员的颟顸、庸碌、腐朽、保守不满，主要通过言论，也就是通过上奏为太后出主意，对昏庸保守贪腐官员进行弹劾。他们这些行动很大程度上也得到慈禧默许，因此一直获得实质性的成功：他们今天弹劾这个人，这个人明天就倒台。"清流"在光绪朝前期形成很大的政治势力，也使得他们有能力同京官和外官做各种斡旋、沟通。他们希望通过政治、军事谋划来展现个人才华，寻找未来发展的出路。当然，清末的清议活动无法与东汉的相提并论。同时也必须认识到保持清议传统的重要性，正如顾炎武所言："天下风俗最坏之地清议尚存，犹足以维持一二，至于清议亡，而干戈至矣。"①

官员能够对旁人进行"清议"，也是因为他们的道德品性为时人所钦服。道德品性保证了他们可以拥有主持"清议"的权力。"德"在"清议"中不仅成为主持"清议"者的内在标准，更重要的是，对于"清议"的对象来说，"德行"也是评判中的关键因素。"清议"能够通过有德者对于人物的品评，约束被品评之人的言行，并进而形成一种普遍的社会道德规范，使天下之人共同遵守。士人因为"清议"而得官，

---

① 顾炎武著，黄汝成释：《日知录集释》，花山文艺出版社1990年版，第597页。

则可以看成这种普遍的道德规范形成之后，有德者对于遵守规范的杰出者的一种奖赏。"清议"之所以在典籍中屡屡与"刑罚"对举，正是因为它和刑罚一样具有规范约束人的道德品行的功能。二者的区别只在于：前者是有形的，通过国家机器的强制手段来实现；后者则是无形的，在看似清谈的言论之间完成。由于"清议"成为公共道德观的集中体现，因此从根本上决定了在缺乏公共表达的古代社会，以个人姿态出现的"清议"成为了体现公众意志的"公论"。

二　上书传统：中国古代的民间上书活动

"上书"在古代一般是指官员向皇帝言事议政上报书面材料的行为，而官僚队伍以外的其他人员以"布衣"身份向皇帝进言的，被称民间上书。我们这里谈的主要是民间上书。秦汉时期，民间读书人参与政治的主要渠道变为"上书"。他们或向官府建言献策，或向朝廷进献歌功颂德的文字。事实上，从汉至唐，都有无数底层知识分子怀抱梦想，通过上书毛遂自荐，求得朝廷赏识。也有因上书得到封赏的案例，例如汉武帝时期东方朔以三千竹简上书汉武帝，入仕为郎官。再如杜甫在安史之乱中"麻衣见天子"进献安邦治国之策，后来入朝担任了左拾遗。而到了明朝，朱元璋针对全国生员（在校读书人）颁布"禁例"十二条，刻成卧碑，放在全国学校的大门口，其中一条特别强调："军民一切利病，并不许生员建言。果有一切军民利病之事，许当该有司、在野贤才、有志壮士、质朴农夫、商贾技艺皆可言之，诸人毋得阻挡。惟生员不许！"[1]"生员"大意是指民间的读书人，明清两代指通过最低一级考试得以在府、县学读书的人。朱元璋颁布的这条禁令意味着，对于国家政治问题，无论地方官还是农民、商人、手工业者都有发言权，唯独读书人不准发言。传统读书人是"以天下为己任"的，他们最有建言的欲望，也最有建言的能力。但朱元璋希望所有的臣民都绝对老实听话，对那些"不安分"的人深恶痛绝。在

---

[1]　申时行等：《明会典·学校》卷78，中华书局1989年版，第452页。

他看来，生员就该两耳不闻窗外事，一心只读圣贤书，放着书不念而对社会政治说三道四，就是不安分的表现。"不许生员建言"，基本等于切断了民间的言路。尽管明朝后期，读书人讲学议政已蔚然成风。但满清入关以后，承续了朱元璋"生员不许一言建白"的规定，到乾隆后期，延续了几千年的民间上书传统彻底断绝了。读书人噤若寒蝉，整个社会陷入"万马齐喑"的局面，来自社会底层的真实声音再难上达天听，统治者沉浸在太平盛世的幻象中不能自拔。

直到一百多年后的公车上书事件才打破"生员不许一言建白"的清廷惯例。当然公车上书之所以没有被制裁乃是借助甲午战败、乙未条约所引发的舆论群愤。1894年中日甲午战争，中国败于日本。1895年春，乙未科进士正在北京，他们考完会试之后在京城暂时停留以等待朝廷发榜。正在此时，中日甲午海战失败后签订《马关条约》的消息传至京城，当割让台湾及辽东，赔款白银二亿两的条约内文被暴露后，在北京应试的士子群体群情激愤，尤其是台籍举人更是痛哭流涕。常言说：机会留给有准备之人，果不其然。当此士子群情激奋之际，康有为将早酝酿好的文稿写成一万八千字的"上今上皇帝书"，全国各地云集于京的举人群起响应。几日后，这封"上今上皇帝书"由国各地云集于京的举人与数千市民一起到"都察院"门前请为代奏，反对签订《马关条约》，提出"拒和、迁都、练兵、变法"等政治主张。这些士子们的上书被清政府拒绝，但这次公车上书在社会上产生了巨大影响，并且引发士林群体上书言事的热潮。其实，康有为便是以民间上书的方式开启其政治历程的。康有为自述："值祖凌山崩千余丈，乃发愤上万言书，极言时危，请及时变法。黄仲弢编修绍箕、沈子培刑部曾植、屠梅君侍御仁守，实左右其事。自黎纯斋后，无以诸生上书者。当时大恶洋务，更未有请变法之人，吾以至微贱，首倡此论，朝士大夫攻之。"[①] 大家都熟悉《公车上书》，但该书不是康有为上皇

---

① 康有为：《康有为自编年谱》，楼宇烈编《康南海自编年谱（外二种）》，中华书局1992年版，第15页。

帝的第一书,而是第二书。第一书,康有为想要通过帝王之师翁同龢的关系,打开通向清朝权力中枢的言论传播渠道,却无功而返。翁同龢在日记中如是写道:"南海布衣康祖诒上书于我,意欲一见,拒之。"①《上清帝第一书》到《上清帝第七书》都是康有为直接写给光绪帝的,尽管这些上书光绪帝很少看到,但康有为对传播效应有着清醒的把握,将其以向社会公布的方式进行传播,而且也保存在政论集中留存后世。

表9—1　　　　　　　　康有为上清帝书时间

序号	上书名称	时间	备注
1	上清帝第一书	1888年12月10日	
2	上清帝第二书	1895年5月2日	
3	上清帝第三书	1895年5月29日	
4	上清帝第四书	1895年6月30日	
5	上清帝第五书	1898年1月	
6	上清帝第六书	1898年1月29日	
7	上清帝第七书	1898年1月底	

相对科举来说,依靠上书建言赢得统治者的提拔信赖,这是一条捷径,但成功系数也非常之小。于是,康有为在《第二书》《第三书》《第四书》中建言设"议郎"一职。他说:"特诏颁行海内,令士民公举博古今、通中外、明政体、方正直言之士,略分府县,约十万户而举一人,不论已仕未仕,皆得充选,因用汉制,名曰议郎。俾轮班入直,以备顾问。并准其随时请对,上驳诏书,下达民词。"②"议郎"之名乃是取自汉代官职,在康有为建言之中"议郎"职权很大,可以"上驳诏书,下达民词"。康有为设置"议郎"的建言并没有实现,但

---

① 陈义杰整理:《翁同龢日记》第4册,中华书局1992年版,第2232页。
② 康有为:《上清帝第二书》,汤志钧主编《康有为政论集》上,中华书局1981年版,第135页。

他借助上书谋得面见皇帝、获得官位的机会，大部分民间上书只能在失败中饱尝辛酸。有着"民国国父"之称的孙中山和有着"新闻记者之父"之称的王韬都曾有上书言事的经历，但都以失败告终，一个因之走向革命，另一个因之在郁郁不得志中逐渐衰老死去。先说孙中山的上书经历。尽管孙中山自述："予自乙酉中法战败之年，始决倾覆清廷、创建民国之志，由是以学堂为鼓吹之地，借医学为入世之媒，十年如一日。"① 但他确曾有上书李鸿章的经历。1894年1月底，孙中山开始草拟《上李鸿章书》，10多天后写成初稿。初稿经密友陈少白修改，后到上海，经当时格致书院院长王韬润饰。最后由郑观应等人介绍，孙中山和陆皓东两人由上海到天津，将欲上之《书》，并于1894年6月某日将《书》递到了李鸿章的幕僚盛宣怀的手中。这封上书之函李鸿章看了没有不得而知，可以确定的是没有接见孙中山，只由盛宣怀答复说："打完仗再见吧。"② 其实结合当时语境可以理解李鸿章的回答，当时清政府正协助朝鲜国王镇压东学党起义，已濒临中日甲午战争的前夕，李鸿章为战事忙得不可开交，自然无法去听一个民间"轻狂"后生来给他谈治国之道。

上述帮助孙中山润色上书稿的王韬也是一位上书达人。王韬是一个在传统与现代之间徘徊纠结的文人。在科举路上折戟之后，他投身传教士书局、报馆工作。他像康有为一样，执着于上书建言，朱维铮曾经这样描述王韬："每见大吏，即行献策。可说是身在洋场，目注魏阙。"③ 时值太平天国运动时期，他曾经多次上书清廷，献计如何镇压太平军，不见采纳。失败之后，又上书太平天国忠王李秀成，论述战略存亡之道。后被清廷通缉，秘密转往香港。王韬置身香港，犹翻阅古人上书言事之书，但以获罪之身逃匿香港，已失民间上书的机会，于是不由慨叹："偶读古人言事之书，其所隐忧私议，皆足以拯救时

---

① 孙中山：《有志竟成》，《孙中山全集》第6卷，中华书局1985年版，第229页。
② 陈少白：《兴中会革命史要》，《陈少白先生哀思录》1935年12月刊线装本。
③ 朱维铮：《导言》，钱锺书主编《弢园文新编》，生活·读书·新知三联书店1998年版，第4页。

弊，不禁怦怦心动，因是不惮重蹈答辙，辄作罪言，比诸枯蜩寒虫，自呻自吟，不欲人知，以求采纳。盖古之人，虽伏处菰芦，谪逐僻远，其忠君报国之念，未尝一刻忘也。苟可以为国者，知无不言，即言不见用，或言而获罪，终不能自已。余也谗毁罪废，穷窜蛮乡，忧时愤事，此心耿耿，固在漆室之女，不谅其志，听诸悠悠可也。"①

第二节　上书与办报：晚清新派士人的言政路径

　　1895—1898 年间，中国既出现了国内第一次办报高潮，也出现了清朝第一次上书高潮。上书与办报是两种言路，但对康有为而言，彼此之间又多有联系。康有为上书，需要《中外纪闻》等报刊的公开宣传、制造舆论影响，以使得上书更加有效。而《中外纪闻》等报刊需要康有为去与当权者建立友好关系，树立报界地位，建构自己的影响力。

一　上书实践：体制内的政治建言行为

　　论及"上书"行为，除民间上书，更多的是指朝廷或地方官员向皇帝奏谏陈词，是由下向上的信息传播。前文已述，传统社会是一种等级森严的社会，"书"并非人人可上，想要上书言事，需要具备一定级别的官职。譬如康有为虽热心于建言献策的上书实践，但因为人微言轻。其前期数封上清帝书尽管多方托人转呈光绪帝，但多数没有传达，最终或收于书斋抽屉之中，或只能借助报刊公之于外。需要知道，清代以来，官府对于读书人警惕心很高，不许士子上书言政。更何况古代等级制度森严，越级上书乃是不合礼法的僭越行为。正如梁启超在《戊戌政变记》中所记载的那般："本朝成例，非四品以上官

---

① 王韬：《弢园文录外编》，上海书店出版社 2002 年版，第 297 页。

不能召见。今康有为乃小臣，皇上若欲有所询问，命大臣传语可也。"① 1897 年 6 月 16 日，光绪帝想要召见康有为，先给他封一定官职，后又任命他为总理衙门章京，这就赋予了他专折上书奏事的权利。而康有为也充分借用了这一可以上书奏事的权利。如果说当时的历史过程无法完全还原，但可以从《康有为政论集》中寻找到一些蛛丝马迹。康有为的政论集有一半是上书文稿。有些文稿是以自己身份所书写的，除了上节所谈及康有为以民间士子身份上书光绪帝，获得上书奏事权利的他也曾拟写几十篇奏折。

表 9—2　　　　　　　　康有为上书时间及目录

序号	上书名称	时间	备注
1	请告天祖誓群臣以变法定国是折	1898 年 6 月	
2	请废八股试帖楷法试士改用策论折	1898 年 6 月 17 日	
3	请停弓刀石武试改设兵校折	1898 年 6 月 17—18 日	
4	敬谢天恩并统筹全局折	1898 年 6 月 19 日	
5	请尊孔圣为国教立教部教会以孔子纪年而废淫祀折	1898 年 6 月 19 日	
6	请广译日本书派游学折	1898 年 6 月	
7	请开学校折	1898 年 6—7 月	
8	请饬各省改书院淫祠为学堂折	1898 年 7 月 3 日后	
9	请裁绿营放旗兵改营勇为巡警仿德日而练兵折	1898 年 7 月 15 日前	
10	条陈商务折	1898 年 7 月 19 日	
11	恭谢天恩条陈办报事宜折	1898 年 8 月 9 日	
12	请定中国报律折	1898 年 8 月 9 日	
13	请禁妇女裹足折	1898 年 8 月 13 日	
14	奏请经济岁举归并正科并各省岁科试迅即改试策论折	1898 年 6 月 30 日	
15	请厉工艺奖创新折	1898 年 6 月 26 日	
16	请君民合治满汉不分折	1898 年 8 月	

---

① 梁启超：《戊戌政变记》，《饮冰室合集》文集之一，中华书局 1989 年版，第 10 页。

续表

序号	上书名称	时间	备注
17	谢赏编书银两乞预定开国会期并先选才议政许民上书事折	1898年8月20日	
18	请开农学堂地质局以兴农殖民而富国本折	1898年8月21日（前）	
19	请开制度局议行新政折	1898年8月30日（前）	
20	请废漕运改以漕款筑铁路折	1898年8月30日（前）	
21	请裁撤厘金片	1898年8月	
22	请计全局筹巨款以行新政筑铁路起海陆军折	1898年9月5日（后）	
23	请设新京折	1898年9月5日（后）	
24	请断发易服改元折	1898年9月5日（后）	

  他还上书清廷大臣，例如上书尚书徐荫轩，粤督李鸿章，两江总督刘坤一，湖广总督张之洞，摄政王载沣，护国军司令岑春煊，民国大总统黎元洪等（参见表9—3）。

表9—3　　　　　　　　康有为致清廷大臣书信表

序号	上书名称	时间	备注
1	与徐荫轩尚书书	1888年	
2	致濮兰德书	1900年7—8月	
3	上粤督李鸿章两书	1900年9月8日	
4	与张之洞书	1900年9月	
5	致两江总督刘坤一书	1900年11—12月	
6	上摄政王书	1908年11月以后	

  除了上书光绪帝、上书清廷官员。他在戊戌变法期间，还积极代朝廷官员拟写奏折，以正式上书的方式传播自己的政见。阅读《康有为政论集》，有40余篇代当朝官员拟写的奏折，此中有代宋伯鲁、杨深秀等（参见表9—4）。

第九章　清议、上书与办报:晚清文人论政的路径演进 / 189

表 9—4　　　　　　　康有为为清廷官员代拟奏折表

序号	上书名称	时间	备注
1	请统筹全局折	1898 年 3 月 9 日	代宋伯鲁拟
2	请定国是而明赏罚折	1898 年 6 月 1 日	代杨深秀拟
3	请厘定文体折	1898 年 6 月 1 日	代杨深秀拟
4	请派游学日本折	1898 年 6 月 1 日	代杨深秀拟
5	请派近支王公游历折	1898 年 6 月 1 日	代杨深秀拟
6	请开局译日本书折	1898 年 6 月 1 日	代杨深秀拟
7	请明定国是疏	1898 年 6 月 8 日	代徐致靖拟
8	请讲明国是正定方针折	1898 年 6 月 17 日	代宋伯鲁拟
9	请改八股为策论折	1898 年 6 月 17 日	代宋伯鲁拟
10	请催举经济特科片	1898 年 6 月 17 日	代宋伯鲁拟
11	请废八股以育人才折	1898 年 6 月 22 日	代徐致靖拟
12	请御门誓众折	1898 年 6 月 28 日	代杨深秀拟
13	请废八股勿为所摇片	1898 年 6 月 30 日	代宋伯鲁拟
14	请酌定各项考试策论文体以一风气而育人才折	1898 年 7 月 6 日	代徐致靖拟
15	奏改时务报为官报折	1898 年 7 月 17 日	代宋伯鲁拟
16	请定立宪开国会折	1898 年 8 月	代内阁学士阔普通武
17	保荐袁世凯折	1898 年 9 月 11 日	代徐致靖拟
18	请奖陈宝箴折	1898 年 9 月 14 日	代杨深秀拟
19	托英公使交李鸿章代递折	1900 年 11—12 月	

由上面列举的奏折或说上书稿,不难看出康有为尽管置身报刊时代,但依旧保持着上书的内部言路模式。陆乃翔等人回忆康有为时,写道:"计先生自三十一岁至四十岁,皆行上书、讲学、开会之事,日夕舍己为国,汲汲不遑。故十年来中国大变之新法新俗,几无一不倡自先生者。"[①] 其实翻阅汤志钧先生主编的《康有为政论集》,会发现康有为除了公车上书,还保存了大量的上书文稿,从《上清帝第一

[①] 夏晓红编:《追忆康有为》,生活·读书·新知三联书店 2009 年版,第 40 页。

书》到《上清帝第五书》，还包括代宋鲁伯等诸多臣僚拟写的上书奏折。但需要看到晚清之际，已经进入了报刊时代，但康有为还在坚持着自古有之的上书言事的文人传统。策论在晚清的科举考试中，地位逐渐提升，这也表现了思想学术的转型，废八股、改策论，科举改革需要将策论与新知相互接榫。在欧风美雨的洗礼下，很多知识人将西学作为选举人才的凭借。尽管百日维新失败，康有为依然坚持保皇勤王，通过外国人或国内同情变法、同情光绪帝的人来影响舆论。

二 办报实践：体制外的报刊建言活动

上已有述，王韬、康有为、严复、孙中山等人都曾有过上书建言的行动，但大都因为言路狭窄而效果不彰，而又无法按捺那颗议事言政的心，于是他们不约而同地走向了办报之路。这里以康有为为例来梳理晚清文人从上书到办报的心路历程。阅读《康有为全集》，会发现单上书、奏折、代他人拟奏折有数百篇。从1888年《上清帝第一书》请求"变成法、通下情、慎左右"到1898年9月21日政变当天最后代御史宋伯鲁拟折，康有为的上书活动是个持续不断的过程，他的上书与其弟子梁启超的办报宣传遥相呼应。康氏尽管执着于上书，但他也认识到报馆的重要性，在给光绪帝上第二书时就曾写道"报刊""新闻"之事："《周官》'诵方''训方'，皆考四方之慝，《诗》之《国风》《小雅》，欲知民俗之情。近开报馆，名曰新闻，政俗备存，文学兼存，小之可观物价，琐之可见土风。清议时存，等于乡校，见闻日辟，可通时务。外国农业、商学、天文、地质、教会、政律、格致、武备，各有专门，以为新报，尤足以开拓心思，发越聪明，与铁路开通，实相表里，宜纵民开设，并加奖劝，庶裨政教。"① 康有为建言光绪帝的同时，自己也在谋划着办报事宜。尽管康有为在戊戌政变之前把主要精力放在了上书方面，但他同时指派弟子们也在进行着

---

① 康有为：《上清帝第二书》，汤志钧编《康有为政论集》上册，中华书局1981年版，第132页。

办报事业。1895年8月17日，康有为、陈炽等在北京创办《万国公报》（后改名《中外纪闻》）。沿门乞阅。康有为在《康南海自编年谱》中说："以士大夫不通外国政事风俗，而京师无人敢创报以开知识，变法本原，非自京师始，非自王公大臣始不可。乃与送京报人商，每日刊送千份于朝士大夫，纸墨银二两，自捐此款。令卓如、孺博日属文，分学校军政各类，日腾于朝，多送朝士，不取报费，朝士乃日闻所不闻，识议一变焉。"这段自述告诉我们，《万国公报》是康有为有感于"士大夫不通外国政事风俗"的现状，免费送给别人看的。私人出钱办报，并请人送给达官贵人阅读，其实不过借办报之名，行上书之实。1895—1898年，康有为保持着上书与办报两条进言路径。康氏弟子梁启超借助《时务报》其实也是行上书之意。作为《时务报》主笔，梁启超写下了很多精彩纷呈的政论文章。这些文章在京都流行一时，乃至于光绪帝都来要求读一读梁启超的变法建议。梁启超匆匆将自己写在《时务报》上的政论文章编辑起来，去粗存精，去重补新，成为《变法通议》一书的原型，而这本书当时编制出来主要是进献光绪帝圣览的。据历史学者茅海建的研究，梁启超《变法通议》进呈本（现保存于故宫博物院）将发表于《时务报》上的最重要的政论文章都抄录进呈了，而且文字大体相同。① 从社会实践层面来说，梁启超通过《时务报》等报纸议政进言，并赢得皇上以及诸多官员的阅读与支持，开辟了一条新的言路，能够对抗朝中保守的意识形态，与洋务派官员齐心协力。但《时务报》等策论式的报章写作，毕竟与官员进谏是两种言路。官员作为体制内的言路，只关心皇帝的反应，朝臣的上奏、绅商的条陈多表现为一种个体的、不公开的和纵向的沟通。从传播学上看，这不会产生广泛的社会效果。而报刊上的策论式书写，除了照顾官员，还要赢得更广泛读者的相应。相对上书建言这种传播路径而言，报刊媒介是大量发行的，大量发行意味着并非简单的书信往来、人际传播，而是一种一对多的大众传播形式。报刊书写是一种

---

① 茅海建：《梁启超〈变法通议〉进呈本阅读报告》，《近代史研究》2016年第6期。

公共性的书写。即使以前一些私密性的信息，报刊也将其赋予了公共性。

　　报刊史家戈公振曾经援引西人毕修的言论就报刊的"公共性"进行了阐述："报纸与私函及公函，由传达消息之需要而生。不过公函系写与多数确定之人，私函专写与一人，但报纸乃写与多数不定之人，此唯一不同之点也。换言之，私函及公函为个人传达信息之方法，报纸为消息公开之方法。"① 就此而论，康有为等人办的《万国公报》虽为报纸，但主要送往朝中士大夫，更类公函的性质。康有为曾经托翁文灏等多人向光绪帝上书，都没有传达。因此，他对报纸的公函性质有着自觉意识，因此选择通过报纸式的公函向朝中士大夫上书建言。王韬等人就提出了报纸要议论时政的主张："今新报指陈时事，无所忌讳，不亦类于讪谤乎？非也。……直陈时事，举其利弊，不过欲当局采择之而已。"② 在报刊影响下，问题的讨论性质起了某种构成上的变化。只要维新派发现他们不仅是在对他们的执政者进言，而且通过报纸间接地也是对全国人民讲话时，整个言论活动的性质就会改变。通过报刊，他们能够将自我观点进行公开传播，全国士林群体和普通民众都能参与到变法革新的讨论中来。

　　细心比较上书与办报两种言论传播行为，上书行为尽管可以直达天听，可以直接影响国家政策制定。但上书行为很多时候难以溢出朝堂的小圈层，如果无法影响到社会上与此相关的人，那么这种上书行为就只能属于私人领域传播的性质，而难以取得公共传播的效果。当代学者对于晚清维新变法中的上书言事的路径也曾有过批评反思，认为风气未开之时，更宜以报刊公诸社会，以造成社会舆论，可达事半功倍之效："如果他的条陈不是进呈皇帝，而是公之于社会，比如说发表于当时还并不为多的报章，反而更有意义，他提出的问题可以让大家讨论，在讨论中不断地完善，也使当时的官员能真正从'变法'

---

① 戈公振：《中国报学史》，上海古籍出版社2003年版，第8—9页。
② 王韬：《论各省会城宜设新报馆》，《申报》1878年2月19日。

第九章　清议、上书与办报:晚清文人论政的路径演进　／　193

走向'变心'。"①康有为曾经致书仍在国内经营《中外日报》的汪康年说:"近闻足下设报海上,仍主持公论,正吕武之名,夺莽操之志,庶己不畏强御者哉。"②康有为失去了上书言事的权利而成为朝廷通缉的要犯,只能通过报纸才能宣传自己的思想。其实,晚清从事报业的文人,多有上书经历,上书失败之后,借助报刊发表上书文本的也不少。可见,在没有这种特权出现之前,凡事有政治理想的人,借办报以上书绝对是一种聪明之举。上面提到汲汲于上书言事的王韬阴差阳错成为朝廷通缉犯而逃亡香港,而这也促成了他在《循环日报》的政论事业。当然,王韬在香港办《循环日报》,主持笔政,纵论时事,倡言变法,而且一切还是因为有一颗为朝廷上书言事的心。他在一封致朝廷官员的信中如是说:"韬虽身在南天,而心乎北阙,每思熟刺外事,宣扬国威。日报立言,义切尊王,纪事载笔,情殷敌忾,强中以攘外,诹远以师长,区区素志,如是而已。"③由王韬款款深情的笔触,我们可以了解他所抱持的"借办报以上书",即借办报向朝廷表明心迹。翻阅其报刊政论,也与其向达官贵人的通信多有相似之处。例如《循环日报》中的《原士》篇与《弢园尺牍》中保存的《上丁中丞》相比,无论立意还是文字表述高度雷同。《上丁中丞(第二书)》中如是说:"曰不废时文,人才终不能古若。世第尔来建功诸大臣,皆由科举第中来,谓时文亦足以造就人才,不知此乃时文之不足困真才,非真才之能出于时文也。"④而《原士》篇如是表述:"故时文不废,人才不生,必去时文尚实学,乃足以见天下之真才。或又曰,时文中何尝无人才,本朝之功烈彪炳、才德彰闻者,何一不由科第中来?即今时曾、李、左三相国,亦以时文为进身之阶,是安见时文之足以害人才也?不知此即吾向之所谓非时文之能出真才,乃真才之不

---

① 茅海建:《戊戌变法史事考》,生活·读书·新知三联书店2006年版,第251页。
② 《康有为致汪康年》,《汪康年师友书札》(二),上海书店出版社2017年版,第1665页。
③ 王韬:《弢园尺牍》,中华书局1959年版,第206页。
④ 王韬:《弢园尺牍》,中华书局1959年版,第110页。

囿于时文耳。"① 其实，王韬、康有为、严复、孙中山都有上书失败经历，这些上书文本后来又都通过报刊发表过。孙中山曾经上书李鸿章，不成之后，将上书文本交予《万国公报》刊布。时至维新时期，严复撰述万言书想上书光绪帝，后上书不成将之命名曰《拟上皇帝书》在1898年上半年《国闻报》连载。

第三节　理性与情感：报刊启蒙的两种书写路径

从上书到办报，中国文人找到了一条新的论政言事的报国路径。当然这条路径也有着"开官智"与"开民智"、"理性言说"与"情感动员"等差异。早期维新报人创办的政论报刊多是以取得政府承认而进行言论事业，其多是以开官智为要，秉持理性言说的话语模式；而后期维新派的政论报刊和革命党派的政论报刊都不再谋求政府承认，而是在政府之外面向社会发言，以开启民智为志业，推崇言辞激烈的情感动员话语。

一　理性言说：开官智的报章书写方式

阅读《中外纪闻》《时务报》文字，尽管也倡言变法，但是言辞相对温和，论证相对严谨，表达相对理性。缘何如此？乃是因为《中外纪闻》《时务报》的报章书写所面对的读者群体是朝廷官员，饱含着"开官智"的办报思维。这种思维与当时的社会语境相关，也与康有为、梁启超的变法思想宣传路径相关。声势浩大的"公车上书"像狂飙一样横扫北京上空，但很快就归于沉寂。各省的举子们陆续回原籍去了，王公大臣们像没有发生任何事一样，京城又恢复了往日歌舞升平的景象。徐勤在《南海先生四上书杂记》中这样写道："和议既定，肉食衮衮，举若无事；其一二稍有人心者，亦以为积弱至此，天

---

① 王韬：《弢园文录外编》，上海书店出版社2002年版，第8页。

第九章　清议、上书与办报：晚清文人论政的路径演进　/　195

运使然，无可如何，太息而已。"① 梁启超对于"公车上书"后的中国情形也颇感失望，他在写给夏曾佑和汪康年的信中如是说："本欲于月之初间出都，惟日来此间颇有新政，上每言及国耻，辄顿足流涕，常熟（翁同龢）亦日言变法，故欲在此一观其举措。以中国学术之芜塞，君相之孱弱，岂能望其大有所为，但能借国力推行一二事，则于教、族两端少有补耳。"② 国际形势的急剧变化和社会情境的沉暗低落，都让康有为、梁启超坚定了办报以开官智的选择。梁启超参与编辑的第一份报纸是北京的《万国公报》（后改名《中外纪闻》），主张变法维新，宣传自上而下的君主立宪救国。《万国公报》所产生的巨大社会影响无疑给梁启超以极大的信心和启发，使其明白了报刊在政治活动中的巨大功用。于是，在《时务报》第一期，梁启超就发表了其著名的一篇报刊论文《论报馆有益于国事》。其文中心论点就是报刊对国家发展是十分有益的，若允许兴办报刊，则"风气渐开，百废渐举，国体渐立，人才渐出"③，不至于出现夜郎自大、落后挨打的局面。这既是为兴办报刊寻找合适的解释和理由，也是希望以报刊而影响政治活动。

上文有述，康有为、梁启超等在北京创办改良派的第一份机关报《中外纪闻》就是为了让更多的达官贵人了解、接受和支持维新变法的政治主张。梁启超后来在《莅临报界欢迎会演说辞》中回忆当年在京办《中外纪闻》的经历，如是说："日出一张，名曰《中外纪闻》，只有论说一篇，别无记事。鄙人则日日执笔为一数百字之短文，其言之肤浅无用，由今思之，只有汗颜。当时安敢望有人购阅者，乃托售京报人随宫门抄分送诸官宅，酬以薪金，乃肯代送。办理月余，居然每日发出三千张内外。然谣诼已蜂起，送至各家门前，辄怒以目，驯

---

① 夏晓虹：《追忆康有为》，生活·读书·新知三联书店2009年版，第293页。
② 《与穗卿足下书（五月二十九日）》，《梁任公先生年谱长编》，中华书局2010年版，第39页。
③ 梁启超：《论报馆有益于国事》，张之华编《中国新闻事业史文选》，中国人民大学出版社1999年版，第18页。

至送报人惧祸及，乃重赏亦不肯代送矣。"① 这里也写到了《中外公报》所拟想的受众群体是朝廷官员，而且不为盈利，只是希望自己的言论传达至官员耳中。之所以《中外公报》选择《京报》和宫门抄以附带送出，乃是因为《京报》和宫门抄的读者都是达官贵人或者文人士大夫。康梁师徒配合开拓出一种办报兼上书的特殊方法，宣传路径在于在教育朝中官员和通过他们渗透到舆论之中。而康有为所从事的是于政府高官的密切交往中从事智力工作，上书建言。

　　康有为在《南海先生自编年谱》中如是说："变法本源自京师始，非自王公大臣始不可，乃与送京报人商，每日刊送千份于朝士大夫，纸墨银二两，自捐此款，令卓如、孺博日属文，分学校军政各类，日腾于朝，分送朝士，不收报费。朝士乃日闻所不闻，识议一变焉。"② 康有为在这段自述中告诉我们，《中外纪闻》乃是他有感于"士大夫不通外国政事风俗"的现状，免费送给达官贵人阅读。可见，康有为知道想要变法，只有影响朝堂之上的官员，目标明确，其言论传播方式的选择也有的放矢。康有为喜欢走上层路线，他上书光绪帝，名为臣民建言，其实也是抱着启蒙光绪帝的想法。他在《上清帝书》如是说道："皇上身居法宫，一切壅塞，既未尝遍阅万国以比较政俗之得失，并未遍见中国而熟知小民之困穷，所见惟宫妾宦官，所遇皆窳败旧物，谐媚日接于耳目，局束自困顿其心灵，外国宫室、桥梁、道路、器艺、军械之瓌奇新丽，孰从而知之？故欲坐一室而知四海，较中外而求自强，其道无由。"③ 上书建言，士人群体需要关心皇帝和朝中官员的反应，从而更好地揣摩圣意，择时进言；而办报不但需要关注皇帝、朝中官员的反应，还要照顾到其他达官贵人和文人士大夫的反应。因此《中外纪闻》《时务报》的文章书写方式相对持重。尽管时人称梁启超创新了"时务文体"，但他的著作援引圣贤典籍以证变法之道，颇能获得当朝官员和文人士大夫的认可。张之洞曾经公开为《时务

---

① 丁文江、赵丰田编：《梁任公先生年谱长编》，中华书局2010年版，第25页。
② 丁文江、赵丰田编：《梁任公先生年谱长编》，中华书局2010年版，第25页。
③ 汤志钧编：《康有为政论集》上，中华书局1981年版，第220页。

报》做宣传，认为它"识见正大、议论切要"，"有裨时政，有裨学术，为经世者不可少之编"。① 在《时务报》的言论影响之下，光绪帝后来也曾要梁启超进献其由发表于《时务报》的言论组成的《变法通议》一书，以了解维新变法事宜。这是梁启超以办报开启官智事业的事实证据，同时也算作对其理性言政的变相表彰。需要看到，《时务报》的理论性言说超越了上书，促进了社会上层的政治沟通，推动了社会舆论的生成。如果说，朝臣的上奏、绅商的条陈多表现为一种个体的、不公开的和纵向的沟通，《时务报》中的开官智的政论文章是以公开传播的方式进行，并在群体间有密切的横向联系，从而可产生广泛的传播效果。尽管《时务报》并非朝堂官员和文人士大夫人人参与的公共论坛，但在维新变法的社会语境下，它实际上起到了朝廷上下信息沟通交通的意见平台。

二 情感动员：开民智的报章书写方式

戊戌政变以后，维新派上书之路闭塞不通，康有为已经无书可上，梁启超也失去国内的言论阵地。此时清廷开始重新定义报刊，认为报刊是"莠言乱政"的工具，对于曾引领言论风骚的《时务报》也痛下杀手："莠言乱政，最为生民之害。前经降旨将官报局、《时务报》一律停止。近闻天津、汉口各处，仍复报馆林立，肆口逞说，妄造谣言，惑世诬民，罔知顾忌，症应设法禁止。著各该督抚饬属认真查禁。其中，主笔之人，率皆斯文败类，不顾廉耻，即饬地方官严行访拿，从重惩治，以息邪说，而靖人心。"② 曾经执着于上书的康有为也熄灭了上书言事的念头。正如时人所言："言者在下，而听者在上，上操其权，下不能夺焉。言之而不见信，譬诸喻鹿家以理，冒力虎狼以仁，多言亦奚益耶？"③ 由是，康有为、梁启超不但失去上书言事的权利，而且失去了在国内办报以启"官智"的可能。尽管一个合法的报刊议

---

① 张之洞：《鄂督张饬行全省官销〈时务报〉札》，《时务报》第6册，1896年9月27日。
② 朱寿朋：《光绪朝东华录》第4册，中华书局1958年版，第4221页。
③ 孙宝瑄：《忘山庐日记》（上），上海古籍出版社1983年版，第271—272页。

政的时代已经终结，但晚清报人却从中重新确证了办报言政的舆论动员功能。流亡海外的康梁逐渐转变办报理念，开始不再只追求对达官贵人进行启蒙，而是转而面向、依靠民众。于是梁启超提出了"一人之报""一党之报""一国之报""世界之报"的报纸分类，并且指出："以一人或一公司之利益为目的者，一人之报也；以一党之利益为目的者，一党之报也；以国民之利益为目的者，一国之报也；以全世界人类之利益为目的者，世界之报也。"① 在梁启超的理解之中，《时务报》乃是维新派的一党之报，而现在维新派被慈禧太后等保守势力镇压之后，再办报纸必须突破"一党之报"，而面向全社会发言，以开民智。其实开民智的观点严复早在1895年就已经提出："第由是而观之，则及今而图自强，非标本并治焉，固不可也。不为其标，则无以救目前之溃败；不为其本，则虽治其标，而不久亦将自废。标者何？收大权、练军实，如俄国所为是已。至于其本，则亦于民智、民力、民德三者加之意而已。果使民智日开、民力日奋、民德日和，则上虽不治其标而标将自立……然则三者又以民智为最急也。"② 关于"开民智"问题，康梁当然也注意到了，并且在《变法通议》中将"开民智"作为"第一议"予以推出，梁启超在《时务报》发刊词中也曾标举读报开智的价值："国家之保护报馆，如鸟鬻子；士民之嗜阅报章，如蚁附膻。阅报愈多者，其人愈智；报馆愈多者，其国愈强。"③ 但当时师徒二人办报与上书协同共进，"开官智"的事业也如火如荼，所以还无暇顾及推进"开民智"的事业。而戊戌变法的失败导致梁启超流亡日本，于是重新开启了"开民智"的办报实践。当然，此时致力于开民智的办报事业的大有人在，既有孙中山、陈少白、汪精卫、胡汉民等革命派报人，也有陈冷、英敛之等维新派报人，同时民间各类白话报、阅报社、讲报社都在兴起，也都致力于社会底层

---

① 复旦大学新闻系新闻史教研室：《中国新闻史文集》，上海人民出版社1987年版，第53页。
② 王栻主编：《严复集》第一册，中华书局1986年版，第14页。
③ 梁启超《论报馆有益于国事》，《时务报》第1期，1896年8月9日。

的民众启蒙。例如清末白话文运动急先锋裘廷梁在其名文《论白话为维新之本》中言:"谋国大计,要当尽天下之民而智之。"① 作为报刊读者的孙宝瑄也颇为赞同"辟民之智,莫如报馆"的观念,他说:"我国今日不患无异常人,患无平常人。所以然者,以国无普通学也。东西文明政界内,几人人通普通学,虽下至妇竖,莫不识字,能阅报纸,故人人知爱国,明公理。以我国平常人较之,想去几霄壤焉。"② 由此可见,开民智、鼓民力成为戊戌政变以后各界报人的社会共识。当然这种"态度统一性"背后也有着革命与改良的落脚点的差异。

撇开革命与改良的报刊差异,我们先来观照开民智与开官智的报刊书写差异。以梁启超为例,阅读梁启超《清议报》《新民丛报》的文字,已经有持重的"时务文体"演进为"笔锋常带感情"的"新文体"。黄遵宪在给梁启超的信中对此给予高度赞扬:"《清议报》胜《时务报》远矣,今之《新民丛报》又胜《清议报》百倍矣。惊心动魄,一字千金,人人笔下所无,却为人人意中所有,虽铁石人亦应感动,从古至今文字之力之大,无过于此者矣。"③《清议报》《新民丛报》也因梁氏"笔锋常带感情"的政论文章,一时风行海外。梁启超曾经自述道:"自是启超复专以宣传为业,为《新民丛报》《新小说》等诸杂志,畅其旨义,国人竞喜读之,清廷虽严禁不能遏。每一册出,内地翻刻本辄十数。二十年来学子之思想,颇蒙其影响。启超夙不喜桐城派古文,幼年为文,学晚汉、魏、晋,颇尚矜炼,至是自解放,务为平易畅达,时杂以俚语韵语及外国语法,纵笔所至不检束,学者竞效之,号新文体。老辈则痛恨,诋为野狐。然其文条理明晰,笔锋常带感情,对于读者,别有一番魔力焉。"④ 胡适就曾经说过这样的话:"梁先生的文章,明白晓畅之中,带着浓挚的热情,使读的人不

---

① 裘廷梁:《论白话为维新之本》,《中国官音白话报》1898年第19期。
② 孙宝瑄:《忘山庐日记》上,上海古籍出版社1983年版,第447页。
③ 丁文江、赵丰田编:《梁启超年谱长编》,上海人民出版社2009年版,第181页。
④ 梁启超:《清代学术概论》,张品兴主编《梁启超全集》,北京出版社1999年版,第3100页。

能不跟着他走,不能不跟着他想。"①

梁启超的新闻观念已不再是"开官智"的政治改良话语,而是带有"开民智"的现代启蒙话语。梁启超选择情感化的书写有着自己的认识。他说:"天下最神圣的莫过于情感:用理解来引导人,顶多能叫人知道那件事应该做,那件事怎样做法,却是被引导的人到底去做不去做,没有什么关系;有时所知的越发多,所做的到越发少。用情感来激发人,好像磁力吸铁一般,有多大分量的磁,便引多大分量的铁,丝毫容不得躲闪,所以情感这样东西,可以说是一种催眠术,是人类一切动作的原动力。"② 在梁启超的笔锋引领之下,流亡海外的革命派也认识到报刊以情感鼓动人的价值所在。1900 年创刊于香港的《中国日报》发刊词如是说:"报主人见众人之皆醉而欲醒之,俾四万万众,无老幼、无男女,心怀中时刻不忘乎中国,群策群力,维持而振兴之,使茫然坠绪,得以复存,挺立五洲,不为万国所齿冷。无如草茅伏处,莫假斧柯,怅望龟山,奈何徒唤。因思风行朝野,感格人心,莫如报纸。故欲借此一报,大声疾呼,发聋振聩,俾中国之人尽知中国可兴,而闻鸡起舞,奋发有为也……至本报宗旨,大抵以开中国人之风气、识力,祛中国人之萎靡颓庸,增中国人奋兴之热心,破中国人拘泥之旧习,而欲使中国维新之机勃然以兴,莫之能御也。"③ 无论是改良派的梁启超还是革命派的陈少白,都开始致力于清末下层社会启蒙运动,开始以情感化的修辞来激发社会民众的启蒙。需要看到,晚清文人所面对的社会民众,不是单纯的经济理性人,而是有着不稳定的情感与复杂内心世界的人,情感动员的有效性,很大部分来自同情、义愤、尊严感等情感因素的驱动,改良派与革命派的报刊书写并驾齐驱,推动了晚清社会的启蒙,也加速了满清政府的灭亡。

---

① 胡适:《四十自述》,夏晓虹编《追忆梁启超》,中国广播电视出版社 1997 年版,第 210 页。
② 梁启超:《中国韵文里头所表现的情感》,《梁启超全集》,北京大学出版社 1999 年版。
③ 冯自由:《陈少白时代之中国日报》,《革命逸史》(初集),中华书局 1981 年版,第 66 页。

第 十 章

旧识与新知:晚清文人典范转移中的报刊认同

> 知今而不知古则为俗士,知古而不知今则为腐儒。欲博古者莫如读书,欲通今者莫如阅报,两者相须而成,缺一不可。
> ——李端棻[①]

晚清之季,正处"千年未有之大变局",除了表面的政治、经济、外交等变化外,中国文人还在经历着空前绝后的知识体系转型。在漫长的历史演绎发展中,中国文人秉承的是以儒家经学为主导的一元知识体系,而这套知识体系在晚清遭遇前所未有的冲击,西学从点滴引进到洪涛巨浪,造成了中学与西学之间空前的冲撞。阅读晚清文人的著述文章,不难发现晚清文人的知识资源容纳中西古今,涉猎包罗万象,犹如一个巨大的"知识仓库",并且时时处于变动之中。整体来看,随着代际时间的推移,晚清文人西学知识日长,而中学知识渐消。本章以晚清文人的报刊著述文章中的引经据典作为观测点,希望窥探文人"旧识"与"新知"的媒介选择,同时知识资源的典范转移对于晚清文人报刊认同的影响。

---

① 朱有瓛主编:《中国近代学制史料》第一辑(下册),华东师范大学出版社1986年版,第487页。

第一节 "引经据典"与中国传统士人的言说方式

引经据典是中国文人在文章书写中的修辞传统。根据《辞海》中的阐释,引为援解、引用,据为依据,而经为经书,典为典籍。整体而言便是引用经书典籍作为立论的依据。顾颉刚认为中国传统士大夫皆援引古典经籍,"旧时士夫之学,动称经史词章。此其所谓统系乃经籍之统系,非科学之统系也"。① 先撇开经籍系统与科学系统的差异,先梳理中国古代文人书写的引经据典传统是如何生成演绎的,然后观照晚清文人报刊书写中的典籍引述情况。

一 宗经传统:古代文人的书写常规

陈寅恪有诗云:"八股文章试帖诗,宗朱颂圣有陈规。"②"陈规"一词道出晚清文人在文章写作方面的规则乃延续已久。当然陈寅恪是从科举取士的角度进行叙说的,这道出了历史的部分真实,但还有待继续追溯源头。"八股取士"是以制度的方式确立"宗朱颂圣"的书写模式,而更为久远的"宗经征圣"的文化传统则需要从先秦讲起。孔子在著述活动中一直秉承"述而不作"的书写原则,这种原则以传述圣人之道为主,在后学的著述中也时有体现,对后世产生了深远的影响。荀子没有提"述而不作",但明确提出"宗经""征圣"思想。他说:"学恶乎始?恶乎终?曰:其数则始乎诵《经》,终乎读《礼》。""《礼》之敬文也,《乐》之中和也,《诗》《书》之博也,《春秋》之微也,在天地之间者毕矣。"③"圣人也,道之管也。天下之道管是矣,先王之道一是矣,故《诗》《书》《礼》《乐》之归是

---

① 顾颉刚:《〈古史辨〉第一册自序》,《古史辨自序》上,河北教育出版社2000年版,第48页。
② 陈寅恪:《陈寅恪集诗集》,生活·读书·新知三联书店2001年版,第78页。
③ (战国)荀子:《荀子》,万卷出版公司2009年版,第7页。

矣。"① 刘勰的《文心雕龙》全篇论述写作必须向经典著作学习，且专门辟有《宗经》《征圣》的章节。《宗经》篇有言："励德树声，莫不师圣；而建言修辞，鲜克宗经。"《征圣》篇说"窥圣必宗于经"。刘勰所说的圣人，指儒家所尊崇的周公、孔子；经，指儒家的经典著作，尤其是经过孔子编定的《易》《书》《诗》《礼》《春秋》五经。刘勰认为儒家的经典著作是"恒久之至道，不刊之鸿教"，所以文章写作必须"宗经"，"正本归末"，否则就"流弊不还"了。刘勰认为："故文能宗经，体有六义：一则情深而不诡，二则风清而不杂，三则事信而不诞，四则义直而不回，五则体约而不芜，六则文丽而不淫。"这就是，为文能宗经，就可以使文章内容和形式达到完美的结合。宗经征圣的写作思想一致延续下来，时至晚清，皮日休认为中国士林阅读书写都需要熟习儒家经典，因为："经学不明，则孔子不尊。孔子不得位，无功业表见。晚定六经以教万世，尊之者以为万世师表，自天子以至于士庶，莫不读孔子之书，奉孔子之教。天子得之以治天下，士庶得之以治一身，有舍此而无以自立者。此孔子所以贤于尧舜，为生民所未有。其功皆在删定六经。"②

当然，士林群体宗经征圣的惯习，除了因为服膺孔子所开创的儒家道统思想，还有自隋唐开始一直延续晚清的科举制度有关。法令、算术、书法、文才、政论，这些都曾是科举考试的题目，北宋王安石废诗赋取经义，将取士内容限制到儒家经典的狭窄范围内。明清时期则考八股文。八股文章就"四书五经"取题，内容必须用古人的语气，绝对不允许自由发挥，而句子的长短、字的繁简、声调高低等也都要相对成文，字数也有限制。科举是士子从草野走向庙堂的通道，而所需要的条件便是熟悉四书五经等儒家经典，并能够写出代圣人立言的八股文章。张鹤龄曾在为《陈大宗师制艺》写的序言中如是说："国家以制艺取士久矣，盖制艺代圣贤立言，惟洞悉夫理、神明夫法

---

① （战国）荀子：《荀子》，万卷出版公司2009年版，第98页。
② （清）皮锡瑞：《经学通论》，中华书局2003年版。

者乃能随所纳之，无不曲肖。"① 观念影响制度，制度也在引导着士林群体的书写观念。科举取士结合宗经征圣的传统，遂让中国文人在文章书写中时刻不忘引经据典、代圣人立言，由此在情感也养成了依经立意的性情系统。美国学者阿瑟·怀特曾经指出中国传统文化心理的一个重要特征："由于中国是在相对的孤立状态之中，中国在技术、制度、语言和观念上都发展出一种高度的自我满足感。在悠久的岁月里，受过教育的中国知识分子之精英不知世上尚有在任何方面足以与他们自己的文明相颉颃的其他文明。"② 1876 年 2 月 20 日，《纽约时报》发表了题为《"四书五经"维系着清国灵魂》的述评。这篇述评指出："四书、五经，不管用欧洲人的标准来评判它们的真正价值如何，从其影响了千百万人的思维这方面来讲，它们都是独一无二和无与伦比的。这些闪烁着东方智慧之灵光的典籍比我们基督教教义的范围更加宽泛，而且在统治人的思想方面更加享有绝对的权威，在东方世界确实远比其他任何宗教信仰更有效地指导着人类。"③

作为戊戌变法的"新政"之一，京师大学堂创办于 1898 年 7 月 3 日，是中国近代第一所国立大学。京师大学堂可以说是当时国家最高学府，最初也是国家最高教育行政机关，行使管理职能，统辖全国教育，因此对于文人的学习导向影响有着纲领性的作用。孙家鼐拟的"京师大学堂章程"中规定了向西方学习的"中学为体，西学为用"宗旨："中国五千年来圣神相继，政教修明，决不能如日本之舍己芸人，尽弃其学，而学西法。今京师创立大学堂，自应以中学为主，西学为辅；中学为体，西学为用；中学为经，西学为纬；中学有未备者，以西学辅之；中学有失传者，以西学还之。以中学包西学，不能以西学凌驾中学。""此立学宗旨也，以后分科设教及推广各省，均需抱定此意。千变万化，语不离宗，至办法有必应变通尽利者，亦不得拘泥

---

① 张旭、车树升、龚任界：《陈宝琛年谱》，福建人民出版社 2017 年版，第 95 页。
② 转引自周积明《晚清国民性问题检讨》，《天津社会科学》2004 年第 2 期。
③ 郑曦原编：《帝国的回忆——〈纽约时报〉晚清观察记（1854—1911）》上册，当代中国出版社 2011 年版，第 119—121 页。

成规，致失因时制宜之妙。"① 时代在前进，时处"三千年未有之变化"的晚清时代，圣贤所著文字虽非尽皆失效，但是文人如果长期沉浸于圣贤典籍而无视现实社会时势的变迁，也无异于作茧自缚、食古不化。黄遵宪曾经指出阅读圣贤典籍所存在的问题："居今之日，读古人书，徒以父兄师长递相授受，童而习焉，不知其艰。苟迹其异同之故，其与异国之人进象胥舌人而后通其言辞者，相去能几何哉？"②

二 典籍引述：晚清文人的传统延续

"道沿圣以垂文，圣因文而明道。"这句指导中国人文书写的至理名言，在晚清士林群体中依然有着广泛的影响。置身晚清的时空，尽管时代在变，媒介在变，但文人宗经征圣的传统没有变，他们认为无论是文集之文还是报章之文，都要本乎道，师乎圣，宗乎经，而后才能印证天文。王国维通过自己的观察得出："自三代至于近世，道出于一而已。泰西通商以后，西学西政之书输入中国，于是修身齐家治国平天下之道乃出于二。光绪中叶新说渐胜，逮辛亥之变，而中国之政治学术几为新说所统一矣。"③ 在晚清思想舞台上活跃的报刊文人而言，只要能细心阅读他们的已经著述中的"引述"，便可发现他们涉猎的书籍、报刊相当广泛，俨然构成了一个知识的仓库，从中我们不但能够探查他们的阅读世界，也能够梳理出社会思想界的变化。这里以王韬的《弢园文录外编》、郑观应的《盛世危言》、梁启超的《变法通议》《新民说》为文本来检索。之所以选这三位人物，乃是因为他们都是维新派士人，代表了三代从中学到西学的知识流变，同时他们这些著作中的篇章大都在报刊发表过（参见表10—1）。

---

① 北京大学、中国第一历史档案馆编：《京师大学堂档案选编》，北京大学出版社2001年版，第13页。

② 黄遵宪：《日本国志·学术志一·文字》，陈铮编《黄遵宪集》，中华书局2005年版，第1419—1420页。

③ 方麟选编：《王国维文存》，江苏人民出版社2014年版，第741页。

表 10—1　　王韬、郑观应、梁启超著作征引典籍列表

著作名称	援引典籍
《弢园文录外编》	《论语》《中庸》《周易》
《盛世危言》	《周易》《老子》《中庸》《大学》《孙子》《淮南子》《春秋》《尔雅》《孟子》《论语》《史记》《诗经》《女诫》《管子》《尚书》
《变法通议》	《诗经》《荀子》《孟子》
《新民说》	《大学》《论语》《中庸》《孟子》《列子》

由表 10—1 可见，这些最早接触报刊、接触西学的晚清文人尽管已经开眼看世界，尽管开始对西学感兴趣，并且想要向国人引介西学，但他们著文言事都依然保持着引经据典的书写传统，而这些以儒家经典为主的圣贤典籍也依然是晚清知识人重要的思想资源。国人自办报纸的先行者是一些较早接触西方的通商口岸的知识分子，这些通商口岸知识分子更多的是科举失败后的体制边缘士人，虽然有机会与西方传教士、西方知识信息相接触，但是他们知识结构主体也仍然以中国传统儒学思想为主，这也决定了他们在模仿创办西式现代报纸的同时，对报刊与言论、报刊与舆论之间的观念与思想主要受到原有知识结构的影响，来源于古代中国的儒家典籍思想。

第二节　典范的使用：报刊书写中的思想资源

检视晚清报人的学习履历和思想资源，会发现早期的中国报人"既受过封建教育，邃于儒家经典和诗古文辞，又熟悉洋务"[1]。以郑观应为例，他出身于封建簪缨之家，生长于上海十里洋场，内心有着东学西学何者为心主的矛盾，因此提出"涉足孔孟之庭，究心欧美之学"[2]。可以说，他们往往有着两个头脑，一方面深受中国传统儒家文化的熏陶与影响，另一方面，因为中国早期报刊多为传教士所办，所

---

[1] 方汉奇：《中国近代报刊史》上册，山西人民出版社 1981 年版，第 47 页。
[2] 夏东元编著：《郑观应年谱长编》（上卷），上海交通大学出版社 2009 年版，第 511 页。

以在外报工作的经历使他们有更多机会接触传教士和西学，更多地了解西方情势。在耳濡目染、潜移默化之中，晚清报人渐渐服膺西学，其引经据典也与前人出现了明显变化，或者以中典支援论证西学的合法性，或者将八股时文与圣贤典籍进行捆绑式批判。

一 中典与西学：支援性论证

在近代中国的历史进程里，"西学"导入的文化冲击是很重要的背景因素。"西学东渐"的历史命题，在晚清报人的政论书写中逐渐显现，因为中国有着悠久的儒家知识传统，因此在引入西学时常常以中国的圣贤典籍来证明西学的重要性。以阐释变化为例，无论是王韬、郑观应还是康有为、梁启超，都是援引古代典籍中的观点来论证变法的必要性。王韬在《变法》篇中引用《易经》以为变法进行辅助论证。他说："《易》曰：'穷则变，变则通。'知天下事未有久而不变者也。"正所谓"天视自我民视，天听自我民听民之所欲，天必从之"（尚书·泰誓），以及"民为贵，社稷次之，君为轻"（孟子）。梁启超在《变法通议·自序》中引用《诗经》《易经》《尚书》等圣贤经典来论证变法的重要性。"《诗》曰：'周虽旧邦，其命维新。'言治旧国必用新法也。其事甚顺，其义至明，有可为之机，有可取之法，有不得不行之势，有不容少缓之故。为不变之说者，犹曰'守古守古'，坐视其因循废弛，而漠然无所动于中。呜呼！可不谓大惑不解者乎？《易》曰：'穷则变，变则通，通则久。'伊尹曰：'用其新，去其陈。'病乃不存。夜不炳烛则昧，冬不御裘则寒，渡河而乘陆车者危，易证而尝旧方者死。今专标斯义，大声疾呼，上循土训诵训之遗，下依矇讽鼓谏之义，言之无罪，闻者足兴，为六十篇，分类十二，知我罪我，其无辞焉。"[①] 在《论不变法之害》中，梁启超重点引用《孟子》言论予以论证。他说："孟子曰：'国必自伐，然后人伐之。'又曰：'未闻以千里畏人者也。'又曰：'能治其国家，谁敢侮之。'中国户口之

---

① 梁启超：《变法通议·自序》，《时务报》第1期，1896年8月9日。

众,冠于大地;幅员式廓,亦俄、英之亚也;矿产充溢,积数千年未经开采;土地沃衍,百植并宜,国处温带,其民材智;君权统一,欲有兴作,不患阻挠;此皆欧洲各国之所无也。夫以旧法之不可恃也如彼,新政之易为功也又如此,何舍何从,不待智者可以决矣。""难者曰:'子言辩矣!然伊川被发,君子所叹。用彝变夏,究何取焉?'"释之孔子曰:"天子失官,学在四彝。《春秋》之例,彝狄进至中国,则中国之。古之圣人未尝以学于人为惭德也。"如果说这些报刊文字是以碎片化的引经据典来为变法主张论证,那么康有为《孔子改制考》《新学伪经考》两部书则是系统地宣扬托古改制思想的经书论证著作。康有为继承和发展了思想先贤的学说,对所有古文经进行彻底的否定和批判,在学术上攻破了古文经学"述而不作"的旧说,更重要的是,在政治上打击了"恪守祖训"的原则,为变法改良运动作了舆论准备。

再如晚清文人向国人阐述报刊报馆的重要性时,也常常援引中国经典以论证西来报刊在中国源远流长,有着重要的社会价值。梁启超在阐述报馆为何物时以"太师采风"相比况。他说:"报馆于古有征乎?古者太师陈诗以观民风,饥者歌其食,劳者歌其事,使乘輶轩以采访之,乡移于邑,邑移于国,国移于天子,犹民报也。"[1] 而梁启超的老师康有为在向光绪帝上书中也是援引中国古代典籍来讲述报馆的功用:"《周官》'诵方''训方',皆考四方之慝,《诗》之《国风》《小雅》,欲知民俗之情。近开报馆,名曰新闻,政俗备存,文学兼存,小之可观物价,琐之可见土风。清议时存,等于乡校,见闻日辟,可通时务。外国农业、商学、天文、地质、教会、政律、格致、武备,各有专门,以为新报,尤足以开拓心思,发越聪明,与铁路开通,实相表里,宜纵民开设,并加奖劝,庶裨政教。"[2] 这里谈到开报馆,也是从中国典籍出发,将太师采风的典故与开报馆的正当性联系起来进

---

[1] 梁启超:《论报馆有益于国事》,《时务报》第1期,1896年8月9日。
[2] 康有为:《上清帝第二书》,汤志钧编《康有为政论集》上,中华书局1981年版,第132页。

行论证。谭嗣同论证报章文体的合法性也是如出一辙。报章文体作为新事物受到守旧文人的诋毁与攻击，"遇乡党拘墟之士，辄谓报章体裁，古所无有，时时以文例绳之"。面对报章文体发展受限的窘境，1897年6月谭嗣同在《时务报》上发表《报章文体说》一文，指斥顽固派、守旧派"咫见肤受，罔识体要。以谓报章繁芜闲苴，见乖往例"，同时他借助周公、孔子、司马迁的言论著述来追溯报章文体的源流，最后说："信乎经国之大业，不朽之盛事，人文之渊薮，词林之苑囿，典章之穹海，著作之广庭，名实之舟楫，象数之修途。总群书，奏《七略》，谢其淹洽；甄七流，绿百家，暂其懿铄。自生民以来，书契所记，文献所微，参之于史既如彼，伍之于选又如此。其文则选，其事则史，亦史亦选，史全选全。文、武之道，未坠于地；知知觉觉，亦何常师？斯事体大，未有如报章之备哉灿烂者也。"①

二 时文与经典：捆绑式批判

晚清之季，随着帝国主义列强对华侵略的加剧，中国陷入被列强瓜分的水深火热之境，沉浸于儒家典籍中的文人群体也日渐感觉到传统的知识资源已经无法解释、无法应对当时的社会形势变化，于是开启了对八股时文与圣贤经典的捆绑式批判。追溯起来，批判八股时文自王韬便已开始。王韬在《原士》篇中曾经阐述过"废时文"的观点，他引用孔子的话加以论证："宣圣有言曰：'辞达而已矣。'即文字尚不必求其甚工，况于无用之时文？时文所以代圣贤立言，顾圣贤之前言往训，昭然俱在，固在乎身体力行，又何烦乎口为摹拟，作优孟之衣冠？"② 郑观应也早对科举制度深恶痛绝，他说"以浮华无实之八股，与小楷试贴之专工，汩没性灵，虚费时日，率天下而入于无用之地"。③ 他还批评当时的报刊文章是"代圣贤立言，借经书愚众……

---

① 谭嗣同：《报章文体说》，《时务报》1897年5月21日。
② 王韬：《原士》，《弢园文录外编》，上海书店出版社2002年版，第8页。
③ 郑观应：《郑观应集》（上），上海人民出版社1988年版，第265—269页。

陈陈相抄袭，昏昏如说梦"。① 可见，士林群体虽然受制度所限，汲汲于八股时文的创作，但因为熟悉所以更加深味八股文的僵化，批判起来也鞭辟入里，入木三分。科举制度"使诸生荒弃群经，惟读《四书》；谢绝学问，惟事八股"，火力所及，批判的矛头也从单纯的批评八股时文转向对八股时文与圣贤经典进行捆绑式批判。

受到中日甲午战败的惨痛刺激，严复深感儒学知识体系之无力、八股时文之误国，于是连发《原强》《救亡决论》《辟韩》等著名政论文章以论证八股时文之当废、圣贤经典之锢人的观点。他在《救亡决论》中指出"变法莫亟于废八股"，八股之害在于"锢智慧""坏心术""滋游手"，"八股取士使天下消磨岁月于无用之地，坠志节于冥昧之中，长人虚骄，昏人神志，上不足于辅国家，下不足于资事蓄；破坏人才，国随贫弱"。由此"使天下无人才"，他进而认为"四千年文物，九万里中原，所以至于斯极者，……六经五子亦皆责有难辞。六经五子以君子而束缚天下，后世其用意虽有公私之分，而崇尚我法，劫持天下，使天下必从己而无或敢为异同者则均也"。由是而论，严氏批判中国传统的汉学、宋学、科举辞章、金石书法等都无实、无用、高谈阔论和脱离实际，"非今日救弱救贫之切用也"，只有用"西学"代替"中学"，认真向西方国家学习，才是"救亡图存"的唯一途径。② 如果此篇主要批判的焦点还集中在八股文方面，圣贤典籍只是捎带批判，那么《论世变之亟》则是完全从批判圣贤典籍立意，将典籍文化与八股时文进行捆绑式的严厉批判："取人人尊信之书，使其反复沉潜，而其道常在若远若近、有用无用之际。悬格为抬矣，而上智有不必得之忧，下愚有或可得之庆。于是举天下之圣智豪杰，至凡有思虑之伦，吾顿八纮之网以收之，即或漏吞舟之鱼，而已曝腮断鳍，颓然老矣，尚何能为推波助澜之事也哉！嗟乎！此真圣人牢笼天下，平争泯乱之至术，而民智因之以日窳，民力因之以日衰，其究也，至

---

① 郑观应：《郑观应集》（上），上海人民出版社1988年版，第265—269页。
② 严复：《救亡决论》，《严复集》第1册，中华书局1986年版，第44页。

不能与外国争一旦之命,则圣人计虑之所不及者也。"① 如果这段文言比较难懂,无法把握文章内在的批判逻辑,这里不妨将其翻译为白话文:"拿人人都尊崇信奉的典籍,让人反复深入研读他们,而典籍的道理又常常介乎于似远似近,似有用又似没用之间。制定标准来招揽这些读书人,使得最聪明的人也有不一定能成功之忧,最愚昧的人也有偶尔成功之庆。然后对全天下中智慧杰出的人和稍有想法的人,张开八股文的大网捕捉他们。即便间或遗漏几只能吞没船的大鱼(指有能力的人才),他们已经遭受挫折,颓然老去了,还怎么去做推波助澜等事呢?可悲啊!这还真是圣人禁锢天下人,平定纷争消除祸乱的最高明的方式啊,然而人民的智谋就因此日渐低劣,人民的力量也因此而日渐衰弱。到头来,继而发展到了不能与外国人争夺一天生命的地步,这是圣人所没能考虑到的啊。"②

阅读严复此段言论观点,对于沉湎于圣贤典籍之中的士子而言犹如电光火石一般,不赞同的人或认为严复有大逆不道、数典忘祖之嫌,而赞同的人或有石破天惊、醍醐灌顶之感。严氏的批判可谓明确而精准:"时局如此之糟,六经五子亦皆责有难辞……因其劫持,遂生作伪,以其作伪,而是非淆廉耻丧,天下之敝乃至于不可复振。"③ 当然严复的批判还不止于此,他继续求索挖掘中西社会的差异,认为最重要的是学术"黜伪而崇真"、刑政"屈私以为公",在这个问题上中西存在同途殊归的问题,于是提出了一个重要的观点:"彼行之而常通,吾行之而常病者,则自由不自由异耳。"严氏认为西方崇尚自由而中国畏惧自由,这才是中西贫富强弱之最根本原因。他说:"夫自由一言,真中国历古圣贤之所深畏,而从未尝立以为教者也。彼人之言曰:惟天生民,各具赋畀,得自由者乃为全受。故人人各得自由,国国各得自由,第务令毋相侵损而已。"这里严复不再像之前的报人一样采取"引中典以证西学"的论证路径,而是采取"引西典以批中学"的

---

① 严复:《论世变之亟》,《严复集》第1册,中华书局1986年版。
② 王蒙、王绍光:《中国精神读本》,浙江文艺出版社2019年版,第24—27页。
③ 严复:《论世变之亟》,《严复集》第1册,中华书局1986年版。

论证方式。谭嗣同则把载于儒家典籍中的知识思想痛加批判："二千年来之政，秦政也，皆大盗也；二千年来之学，荀学也，皆乡愿也。惟大盗利用乡愿，惟乡愿工媚大盗。二者交相资，而罔不托之于孔。"而"大盗"与"乡愿"相互利用，遂"造成生民之厄"。①

第三节　报刊的认同：知识资源转移中的媒介选择

晚清书写范式的转型发生于以圣贤典籍为中心的传统知识的崩溃，以及现代知识发生的时刻。在知识转型之际，现代报章逐渐代替了圣贤典籍进入知识人日常生活的中心，发挥着知识传播和社会启蒙的主导功能，也为中国的现代化发展提供了一套整体性的知识叙事和媒介想象。需要指出的是，晚清之季的书写转型、知识转型与媒介转型三者齐头并进，你中有我，我中有你，有着剪不断、理还乱的复杂关系。从儒家经典到西方学理，从古代典籍到现代报章，知识、书写与媒介的转型在晚清文人中间有一个从自发到自觉、从被迫到主动的过程。在这个过程中，他们也经历着文化心理的阵痛、不适和矛盾，同时其选择也不断明朗化，形成了"典籍即旧识""报章即新知"的认知选择路径。

一　报章即新知：自觉性的师夷长技

中国士林群体学习西学乃自林则徐译外报开始，他受命到广州禁烟，却困于对西洋知之甚少，于是倡导翻译外国报刊新闻，进而"师夷长技以制夷"。正如林则徐所言："中国官府全不知外国之政事，又不询问考求，故至今中国仍不知西洋，犹如我等至今未知利未亚洲内地之事。东方各国，如日本、安南、缅甸、暹罗则不然，日本国每年有一抄报，考求天下各国诸事，皆甚留神。安南亦有记载，凡海上游

---

① 谭嗣同：《仁学》，吴海兰评注，华夏出版社2002年版，第96页。

过之峡路皆载之。暹罗国中亦有人奋力讲求,由何路可到天下各处地方,于政事大得利益。缅甸有头目曰弥加那者,造天地球、地里图,遇外国人即加询访,故今缅甸国王亦甚知外国情事。中国人果要求切实见闻亦甚易,凡老洋商之历练者及通事、引水人,皆可探问,无如骄傲自足,轻慢各种蛮夷,不加考究。惟林总督行事,全与相反,署中养有善译之人,又指点洋商、通事、引水二三十位,官府四处探听,按日呈递。亦有他国夷人,甘心讨好,将英吉利书籍卖于中国。林系聪明好人,不辞辛苦,观其知会英吉利国王第二封信,即其学识长进之效验。"[1] 林则徐亲自主持并组织翻译班子,翻译外国书刊,把外国人讲述中国的言论翻译成《华事夷言》,作为当时中国官吏的"参考消息";为了解外国的军事、政治、经济情报,将英商主办的《广州周报》译成《澳门新闻报》;为了解西方的地理、历史、政治,较为系统地介绍世界各国的情况,又组织翻译了英国人慕瑞的《世界地理大全》,编为《四洲志》,记述了世界五大洲30多个国家的地理和历史,是近代中国第一部相对完整、比较系统的世界地理志书。但这些学习还属于自发的"师夷长技"的学习。时至中日甲午海战失败、乙未马关条约签订,国人泱泱大国的自信心顿然崩塌,于此才开始认真地审视中国近邻旁边的虾夷小国日本,开始自觉地学习西学,逐渐从简单的枪炮技艺转向政治制度方面的学习。梁启超在《五十年中国进化概论》中指出:"古语说得好:'学然后知不足。'近五十年来,中国人渐渐的知道自己的不足了。这点觉悟,一方面是学问进步的原因,一面也算是学问进步的结果。第一期,先从器物上感觉不足……第二期,从制度上感觉不足……第三期,便是文化根本上感觉不足。"[2] 从器物技术的觉悟到政治制度的觉悟,最终发展到整体文化变革的觉悟,这是一个由表及里、由浅到深、由片面到全面的文化觉悟过程。这里姑且不谈第三期的"文化不足"问题,专就晚清时期从"器物不足"

---

[1] 林则徐:《中国近代思想家文库·林则徐卷》,中国人民大学出版社2013年版。
[2] 梁启超:《五十年中国进化概论》,《饮冰室合集·文集之三十九》,中华书局1989年版,第45页。

到"制度不足"的转型来深入分析。

晚清士人自古用儒家经典治理国家、解释现实,但是甲午海战的战败挫伤了国人的自信力,让晚清文人开始重新审视儒家典籍知识的价值,进而明晓了现代国家的知识要求是与儒家知识资源不同的。两千年来儒家经典一直是中国政治制度的合法性根据,然而在不可抗拒的西方冲击下,政治改革与革命风起云涌,儒家经典作为合法性依据的地位受到动摇。《万国公报》的主编李提摩太曾经说:"中东战后,京外大小各官,因地大十倍之中国,不能敌一蕞尔之日本也,莫不欲究其所以致此之故,求新之意,因此而起。"①"求新之意"虽起,但如何求新?这是一个问题。回到晚清历史现场,我们会发现士林群体开始注重书局、报馆的开办。本书前文一直在谈从书籍到报刊的转型,有意无意地忽略书籍媒介本身的更新迭代问题。其实,当西方的新式印刷技术被引入中国之时,新式出版机构也蓬勃发展。单以上海为例,"书局之设立,较粪厕尤多,林立于棋盘街、四马路之两旁"。②康有为也是新书翻译出版的倡导者,他说:"泰西之强,不在军兵炮械之末,而在其士人之学、新法之书。凡一名一器,莫不有学:理则心伦、生物,气则化、光、电、重,蒙则农、工、商、矿,皆以专门之士为之,此其所以开辟地球,横绝宇内也。而吾数百万之吏士,问以大地、道里、国土、人民、物产,茫茫如堕烟雾,瞠目挢舌不能语,况生物、心伦、哲、化、光、电、重、农、工、商、矿之有专学新书哉!其未开径路固也。故欲开矿而无矿学、无矿书,欲种植而无植物学、无植物书,欲牧畜而无牧学、无牧书,欲制造而无工学、无工书,欲振商业而无商学、无商书,仍用旧法而已。"③其实这种观点在晚清进步文人中间几乎成为一种社会共识。他们认为,西方国家之强大,在于有

---

① 李提摩太:《广学会第十一届年报记略》(附年会陈词),《万国公报》第120册,1899年1月。

② 《新书评骘》,《国民日日报》1903年8月15日。

③ 康有为:《日本书目志自序》,《康有为全集》第3册,上海古籍出版社1992年版,第583—584页。

科学技术以及科学著作，而中国之落后，则在于缺乏科学技术以及科学著作。因此，中国想要自强需要广泛地译书、译报，以推动西学知识的传播。

1902年，梁启超曾指出："学生日多，书局日多，报馆日多"是黑暗中国的"一线光明"所在。① 这里兼提了"书局""报馆"传播西学的作用。切实而言，晚清西学的传播，新书局功莫大焉。但同时也需要指出的是，西学书籍的翻译、印制、发行都不如"一报出版，万纸风行"的报刊来的便捷。前已有述，报刊与书籍两种媒介的传播方式也有着周期出版与不定期出版、大众传播与传播等差异。就传播方式而言，报刊不是被动等待读者去寻觅它们，而是主动地接近读者大众，按期送到读者手上，而且总带来一些引人兴味的新的信息、知识和思想。《申报》初创时便声明："新闻纸之设，原欲以辟新奇，广闻见，冀流布四方者也。"② 报刊的周期性出版导致只能刊载新的信息和知识，推动了新闻性媒介的产生。在开民智、鼓民力方面，报刊相较书籍来说有着更大的效力。《万国公报》的主编李提摩太在述及中国报馆之价值时说："泰西各国竞立报馆者何也？缘百年之内，各国所出新法，有益于教养者多，故先登报章，俾人周知，择善而从之耳。"③ 正如时人所言："日求进步，故报章愈多，体例愈善，议论愈精，记载愈富，能使人专读报纸数种，而可以尽知古今天下之政治、学问、风俗、事迹，吸纳全世界之新空气于其脑中。"④ 自1895年甲午海战失败以后到1911年清朝灭亡以前的这一段时间里，中国对自我认知的转变是思想史上最重要的根本变化。

二 典籍即旧识：制度式地全面割弃

光绪二十二年五月初二（1896年6月12日）刑左侍郎李端棻奏

---

① 梁启超：《敬告我同业诸君》，《新民丛报》第17号，光绪二十八年九月初一日。
② 《申报馆条例》，《申报》1872年农历四月三十。
③ 李提摩太：《中国各报馆始末》，《万国公报》第32册，1891年9月。
④ 复旦大学新闻系新闻史教研室：《中国新闻史文集》，上海人民出版社1987年版，第45页。

请推广学校折中明确写道:"知今而不知古则为俗士,知古而不知今则为腐儒。欲博古者莫如读书,欲通今者莫如阅报,两者相须而成,缺一不可。"① 李端棻作为政府中人,对"读书"与"读报"、"通今"与"博古"进行了辩证式的阐释,也类于张之洞提出的"中学为体,西学为用"之说。其实无论是李端棻还是张之洞,都是在变相地鼓励士林群体阅读报刊、修习西学,只是碍于官员身份,不能明说而已。与此相较,来自民间的报人王韬、何启、胡礼垣等更加明确地道出"典籍即旧识""报章即新知"的观点,并且劝诫晚清文人多多读报以增长学识,以为"用世之资"。王韬说:"中国之士,博古而不知今,西国之士,通今而不知古,然士之欲用于世者,要以通今为先。"② 何启、胡礼垣也曾指出:"见闻多由日报而出,夫古典虽多,不合当今之务;旧闻莫辖,难为用世之资。"③

中国自古以来便有"尚古"传统,即使后世所追慕的孔子也有自己的追慕的前代"偶像"。阅读孔子著述,我们不难发现他崇尚人文化成的三代之礼,崇拜制礼作乐的文武周公,面对礼崩乐坏的春秋乱局,希望借助一己之力行"克己复礼"之理想。后人接续尚古传统,并且提出"鉴古而知今""察往事而以知来者"等理论,这些理论也支撑着历代士人都以阅读圣贤经典,以领悟圣贤微言大义是务。依据中国古代学制,"垂髫童子,目未知菽粟之分,其入学也,必先课之以《学》《庸》《语》《孟》,开宗明义,明德新民,讲之既不能通,诵之乃徒强记。如是数年之后,行将执简操觚,学为经义。先生教之以擒挽之死法,弟子资之于剽窃以成章。一文之成,自问不知何语。迨夫观风使至,群然挟免册,裹饼饵,逐队唱名,俯首就案,不违功令,皆足求售,谬种流传,羌无一是。"④

---

① 朱有瓛主编:《中国近代学制史料》第一辑(下册),华东师范大学出版社1986年版,第487页。
② 王韬:《王韬文录外编》,中州古籍出版社1998年版,第143页。
③ 何启、胡礼垣:《新政真诠》,辽宁人民出版社1994年版,第145页。
④ 严复:《救亡决论》,《严复集》(一),中华书局1986年版,第40页。

严复认为中国文人尚古贱今，以阅读圣贤典籍为一生要务，极大地消磨了文人的时间、精力和心智。在《救亡决论》中，他曾专就中国"尚古贱今"之逻辑与心理进行细致剖析，进而认为事事稽古乃"悖谬之事"。他说："夫稽古之事，固自不可为非。然察往事而以知来者，如孟子求故之说可也。必谓事事必古之从，又常以不及古为恨，则谬矣！间尝与友论中国尚古贱今之可异，友曰：'古人如我辈父兄、君家如有父兄，事事自必诹而后行，尚古之意，正亦如是。'仆曰：'足下所以事事必诹而后行者，岂非以其见闻较广，更事较多故耶？'"严氏通过对话的方式道出国人尚古乃是因为古人"见闻较广""更事较多"的缘故，甚有道理。时至今日，长辈还会经常使用"我走过的桥比你走过的路还多""我吃过的盐比你吃过的饭还多"来教训晚辈，表示他们的人生经验比晚辈多得多。此语与严氏文章表达不同，可"尚古心理"方面阐释逻辑相通。但是严复又推理说此论"颠倒错乱"。他说："据君之理，行君之事，正所谓颠倒错乱者耳。夫五千年世界，周秦人所阅历者：千余年，而我与若皆倍之。以我辈阅历之深，乃事事稽诸古人之浅，非所谓适得其反者耶！世变日亟，一事之来，不特为祖宗所不及知，且为圣智所不及料，而君不自运其心思耳目，以为当境之应付，圆枘方凿，鲜不败者矣！"就此而论，严复认为"颠倒错乱""圆枘方凿"的理论让中国士子都沉湎于圣贤典籍，而不知外界日新月异的变化。他提出假设说："今设有人于此自其有生以来，未尝出户，但能读《三坟》《五典》《八索》《九邱》，而于门以外之人情物理，一无所知。凡舟车之运转流行，道里之险易涩滑，岩墙之必压，坎陷之至凶，摘埴索涂，都忘趋避，甚且不知虎狼之可以食人，鸩毒之可以致死。一旦为事势所逼，置此子于肩摩毂击之场，山巅水涯之际，所不残毁僵仆者，其与几何？"于是他发出了惊世骇俗、振聋发聩的声音："四千年文物，九万里中原，所以至于斯极者，其教化学术非也。不徒嬴政、李斯千秋祸首，若充类至义言之，则六经五子亦皆责有难辞。嬴、李以小人而陵轹苍生，六经五子以君子而束缚天下，后世其用意虽有公私之分，而崇尚我法，劫持天下，使天下必从己而无或敢为异同者则均也。因其劫持，遂生作伪；以其作伪，而是非淆、廉耻丧，天下之敝乃至不可复振也。"

严复的著述传播甚广，胡适、陈独秀、鲁迅、周作人等都是他的忠实读者。严氏对于八股时文和圣贤典籍的批判，后学在无形中一定受了影响。影响所及，陈独秀民国初年创办《新青年》发出了向典籍文化进攻的号角，他提出"悉自周、汉两代而来，——周礼崇尚虚文，汉则罢黜百家而尊儒重道。——名教之所昭垂，人心之所祈向，无一不与社会现实生活背道而驰"。① 如果说这种影响时间太过久远的话，还可以举出周作人的案例来加以阐释印证。1902 年 12 月 15 日，阅读过严复《天演论》等翻译著述的周作人在日记中记录了自己对圣贤典籍的厌恶之心理，为我们呈现了年轻士子因为做八股而生厌进而对于圣贤典籍生出鄙夷的心路历程。周氏记载道："下午作论，文机钝塞，半日不成一字，饭后始乱写得百余字，草率了事。顾予甚喜。此予改良之发端，亦进步乏实证也。今是昨非，我已深自忏悔。然欲心有所得，必当尽弃昔日章句之学方可。予之拼与八股尊神绝交者，其意盖如此。"由此，他更加痛恨这些四书五经之言、科举制艺之事。次日，周氏作一七言律诗，名曰《焚书》。诗云："焚书未尽秦皇死，复壁犹存哲士悲。举世惟知珍腐鼠，穷经毕竟负须麋。文章自古无真理，典籍于今多丐词。学界茫茫谁革命，仰天长啸酒酣时。"在该诗之后，周作人更是留下了痛恨四书五经的言论："今世之人，珍经史如珍拱璧，此余所最不解者也；其他不具论，即以四书五经言之，其足以销磨捏伏者，不可胜数，又且为专制之法，为独夫作俑，真堪痛恨。至于浮词虚语，以并名学家所谓丐词者，尚其最小者耳。余尝恨秦皇不再，并非过论，同志之士，想亦为然。当不见斥为丧心病狂，然即斥为丧心病狂，亦余所不辞者也。"② 由此可见，致力于科举道路中国士子虽然风气日开，也逐渐感受到八股时文的问题，开始批判起

---

① 陈独秀：《敬告青年》，《青年杂志》第 1 卷第 1 期，1915 年 9 月 15 日。
② 张菊香、张铁荣编著：《周作人年谱 1885—1967》，天津人民出版社 2000 年版，第 48 页。

中国传统典籍来。而此时离中国废除延续千年的科举制度还有3年时间。

检视晚清知识人思想资源的典范转移，开始于1840前后林则徐、魏源组织翻译西报的活动，兴起于1895年《马关条约》签订后士林群体办书局报馆以译介西学的热潮，完成于1905年清廷宣布废除延续千年的科举制度。科举制度延续了1000多年，它的陡然被废除史无前例地冲击了儒家学说灌输在国民头脑中的"学而优则仕"的思想，正式开启了中国现代西学知识教育。当然，晚清科举制也有一个从改革到废除的过程。废科举前的十余年间，取士的标准已是鼓励新旧学兼通。如果之前是西学东渐，那么科举改制以策论为题之后，西学一日千里的方式涌入中国。可以说，制度的变迁是理解历史变迁的关键。光绪二十四年闰三月初十（1898年4月30日），《劝学篇》大体完成之际，张之洞发电陈宝箴，提议共同上奏："拟奏请变科举，第一场考时务策，专问西政西学，二场考中国史学、国朝政治，三场考《四书》文两篇、《五经》文一篇。每场皆有去取，如府、县考。假如乡试头场取一千人，二场取三四百人，三场中式如额，既可得通才，又不废《四书》《五经》文。"[①] 这个奏折看似将西学、中国史学、四书五经都纳入考试范围，但它按着"先博后约"的方式进行，把西学放在第一场，并且前场考试优异才能进入下一场考试，如此一来，西学获得了无与伦比的至高地位。同年7月，光绪帝批阅这个奏折，除了把中国史学提到第一场，基本照奏颁布法令："朕详加披阅，所奏各节，剀切周详，颇中肯綮。着照所拟，乡会试仍定为三场：第一场试中国史事、国朝政治论五道；第二场试时务策五道，专问五洲各国之政、专门之艺；第三场试四书义两篇、五经义一篇。首场按中额十倍录取，二场三倍录取。取者始准试次场，每场发榜一次。"并且光绪帝强调"嗣后一切考试，均以讲求实学实政为主，不得凭楷法之优劣

[①] 苑书义、孙华峰、李秉新主编：《张之洞全集》第9册，河北人民出版社1998年版，第311页。

为高下，以励硕学而黜浮华"。① 由此作为改八股为策论的考试作为制度得到颁布施行，这将影响到中国诸多士子的阅读视野。"国家以制艺取士，历二百余年，一旦忽改为策论，士子半生学力尽付东流，不免同深扼腕。且不问其学习与否，骤以新法强令率尔操觚，其事之难，固不待言。"后来广西的一千多士子联合起来，摄衣束带请求地方官向皇帝进奏"目下考试，请仍用时文，俟二三年后，再行遵旨办理"。最后无果而终，并引来社会嘲笑，以"时文鬼""冒失鬼"呼之。《点石斋画报》在叙述呈现这则新闻时，最后也不忘嘲笑一把："中国士习之陋，大率如此，可笑也夫。"②

制度是社会的博弈规则，是人为设计的、形塑社会关系的规则。科举的废除与学堂教育的发展，促进了近代传媒的发展。晚清文人开始大范围地通过这类新书刊来获取新知识。比起以往千年不变的《四书》《五经》，比起那些科举参考的高头讲章，这类新书报更具吸引力；在旧的知识体系之中，从读者到作者需要几十年的功力，且成功者很少，而在新的知识体系之中，由于需求的旺盛，许多读者很快就成为作者。上海、天津、汉口等地租界，由此成了翻译、出版、书报等文化产业的中心，进而成为舆论和社会团体活动的中心，成为新式文明与文化的中心。面对科举制度的废除，中国士林群体尽管有怨言，但为了谋取科举功名，不得不走上学习西学的道路。从中国腹地山西出来的读书人，就可能因买不到"新学"书籍，或买到但熟悉程度不够而竞争不过久读新学书籍的口岸士子。置身内地山西的刘大鹏便是一例。开始他汲汲于在四书五经中寻求义理，在八股时文中书写怀抱，并不知当此之时，中国已趋向以洋务为先、以西学求胜人。刘氏于1895 年到京应试后，大概才了解到京都、上海等地士子所读何书。当时科举改制已在坊间疯传，士心惶惶之下，他也不得不托人购买新书新报，以增加自我的西学知识。时至 1901 年 10 月，刘大鹏日记如是

---

① 尹飞舟编：《湖南维新运动史料》，岳麓书社 2013 年版，第 184—185 页。
② 陈平原、夏晓虹编：《图像晚清：点石斋画报》，东方出版社 2014 年版，第 91 页。

记载:"国家取士以通洋务、西学者为超特之科,而孔孟之学不闻郑重焉。"由于"凡有通洋务、晓西学之人,即破格擢用",结果是"天下之士莫不舍孔孟而向洋学"。恽毓鼎1903年任"癸卯会试"的考官,阅卷之后顿感中学之失落、典籍之黄昏。恽毓鼎在日记中写道:"近来新学盛行,四书五经几至束之高阁。此次各卷,往往前二场精力弥满,至末场则草草了事,多不过三百余字,且多为随手掇拾,绝无紧靠义理发挥者,大有如不欲战,不屑用心之势。阅卷者以头、二场既荐,于末场亦不能不稍予宽容。久而久之,圣贤义理不难弃若弁髦矣。学术人心,可忧方大。张、袁二制军立意欲废科举,其弊害至于是,更有不可胜言者。袁世凯(慰庭)不足道,张香老举动乃亦如此,岂不可痛哉!书至此愤懑万分。"① 当然,此时的恽毓鼎尚无法料及两年后张之洞又主持完全废除了科举制度,从此割断了士林群体与圣贤典籍的制度联系。从鸦片战争前林则徐组织译报到甲午战后的译书办报高潮,再到张之洞主持废除科举制度,西学知识日渐充盈在晚清文人的日常生活之中,而以"四书五经"为代表的圣贤典籍的崇高至上地位无可挽回地一天天坠落。此中晚清文人逐渐形成了"报章即新知""典籍即旧识"的认知框架,在潜移默化之中完成了从书籍到报刊的认同转型。

---

① 恽毓鼎:《恽毓鼎澄斋日记》第1册,浙江古籍出版社2004年版,第221页。

结论与讨论

在一个传统的村庄,像其他地方一样,知识就是力量,但是在有媒介之前的文化中,力量的形式往往存在于能记住过去的智慧、神圣的文字、法律、习俗和各家族史的老人的记忆之中。在印刷品进入一个传统的村庄,甚至修了一条通往那里的公路之后,变化往往是惊人的。首先,可以得到的信息的数量大大增加。传播来自更远的地方。地平线几乎一夜之间向远处退去。世界越过最近的山头或看得见的地平线延伸到了更远的地方。村民们关心别人是怎样生活的。力量从那些能记住很久以前的事的人那里,传到了那些掌握遥远地方有关信息的人那里。人们的注意力转向可以用于实现变革而不是维持一成不变的信息。新的观念和想象在传播渠道中流通……

——施拉姆[①]

晚清中国就像施拉姆笔下的这个传统的村庄。报刊媒介的出现打破了这个村庄的寂静。晚清保守士人常引用"天不变,道亦不变"来维持中国圣贤典籍所引领的知识传统。但晚清遭遇"三千年未有之大变"。[②] "天"已改变,"道"随之也应调整。机械印刷催生了"周期

[①] [美]施拉姆等:《传播学概论》,陈亮等译,新华出版社1984年版,第16—17页。
[②] 李鸿章:《复议制造轮船未可裁撤折》,顾廷龙、戴逸编《李鸿章全集》第五册,安徽教育出版社2008年版,第107页。

出版""大众发行"的报刊媒介形式,而报刊催生了"苟日新,日日新,又日新"的新闻式写作。知识生产、传播和更新的速度加快,传统的典籍文化也由此失去了知识的支持,一旦时势转移引起边缘与中心逆转,士人的价值信仰世界失去了知识依据。晚清之季,报刊媒介从根本上瓦解了典籍文化和传统社会,创造了一种新型的报章书写文化,并将之植入中国文人日常生活的中心地带。

一 走向报刊:书写观念的现代转型

古代中国媒介场域是书籍占主导地位的媒介场域,但报刊的出现,打破了这个场域的寂静、稳定的状态。不管接受与否,报刊媒介日益侵入晚清文人们的日常生活,即使那些抨击报刊书写的保守文人也不得不阅读报刊,学习新知以适应不断变化的社会。"频年坐拥书城"的孙宝瑄如是描述报刊文化的强势来袭:"报纸为今日一种大学问,无论何人皆当寓目。"① 从书籍占主导的传统媒介场域,到报刊占主导的新型媒介场域,中国文人维持千年的书写文化规范遭到冲击、瓦解。报刊媒介的机械化印刷、周期化出版、大众化发行,为文人书写引进了一种新的价值评判尺度,并日渐植入文人的书写行为与观念之中。

第一,报刊媒介改变着文人书写传播的价值标准。前报刊时代的媒介形式都是为了书写的流传久远而存在的,但报刊的周期化、常规化出版,放弃了价值恒久性。这种书写方式使得文本的生产、传播和更新的速度明显加快,追求迅速的空间化传播。这也引致文人书写传播观念发生转变,从偏重纵向传播的"立言不朽",到越来越侧重书

---

① 孙宝瑄:《忘山庐日记》下册,上海古籍出版社1983年版,第917页。不用说晚清普通士人,就以张之洞来为例,他前期资助《时务报》出版,但后期开始抨击《时务报》,并且批判报章写作。但据学者检索统计《中国近代期刊汇目》,就调查出有29种期刊登载了张之洞的著述170余件。其中,数量最多的是奏折,然后是公牍,此外,还有文学作品、专著等。有些著述,被多种期刊转载。如《设立存古学堂折》,先后被《政艺通报》《直隶教育杂志》《四川学报》等多种期刊登载。有些期刊也多次刊登张之洞的著述,如《东方杂志》从第1年至第7年,刊登过张之洞著述39件。《湖北商务报》先后刊登过张之洞著述23件。秦进才:《张之洞著述的编纂与流传》,《张之洞全集》第12册,第10809—10810页。

写的横向传播，侧重"振臂一呼，应者云集"的舆论效应。

第二，报刊媒介改变了文人书写的价值诉求对象。前报刊媒介时代，文人书写或者"代圣人立言"，或者"代皇帝思考"，但很少为大众而书写。但伴随着大众发行的报刊媒介的兴起，文人从面向自我、执政者而书写，逐渐转型为面向大众书写。既然面向大众书写，不管是被生活所迫投入报刊的文人，还是自觉投身报刊、施展个人思想抱负的文人，都需要面临如何调整传统书写的价值原则，如何契合报刊媒介的大众传播形式与规则，譬如语言的通俗化等问题。

第三，报刊媒介改变了传统书写的制度性规范。在传统书写制度规范中，绵延千年的科举取士制度占据统治地位，文人依靠书写来博取政治功名，依靠科举取士来维持个人生计。但报刊媒介的兴起使书写行为成为一种可出售的知识产品，由此促生了稿酬、版权制度，也为文人提供了专事书写的职业化岗位。借助报刊书写，文人可以积累"象征资本"，谋得政治进路与社会声望。由此，报刊媒介打破传统的制度权威，文人从而摆脱依靠书写、科举取士的传统路径，利用报刊的商业化出版探索建立新的书写制度规范。

二 心恋传统：传统书写观念的余绪

晚清之季，报刊媒介的蓬勃发展以新的书写方式促成了报人书写观念的转型，且日益影响到整个士林群体的书写观念。当然，所谓的"转型"并不意味着一刀两断的差别，更常见的是新旧混杂的过渡状态。面对新的书写方式、新的书写观念，人们必然会以既有的观念或意识来审视。因此，在报刊书写兴起的晚清，仍有很多文人坚守传统的书写观念。即使是投身报刊的新型文人，他们一方面适应了报刊书写，其书写观念日渐转型，但另一方面传统的书写观念还在影响着他们。他们早年接受传统儒家教育，后来投身报刊。他们身上有了现代与传统双重书写观念的影响，在接受适应报刊书写的同时，内心未尝不对新的书写观念充满了纠结，对传统书写观念尚有留恋。

第一，报刊媒介促成了新的书写时间观念，书写、传播和更新的速度明显加快。在以书籍占主导的传统媒介场域，文人书写可以精雕细琢，并以此修身养性，可以说书写行为本身成为文人尊贵身份的体现。但对投身报刊的新型文人而言，书写逐渐演化成了一种常规化的工作，变成了一种赶时间的文本生产任务。王韬开始投身报业，创办《循环日报》，不久便辞去，回归做一个自由撰述者，便是因为对传统书写的留恋。即使是轻松转型的报人如梁启超，其内心中对报章书写未尝没有轻视之意："吾辈之为文，岂其欲藏之名山，俟诸百世之后也，应于时势，发其胸中所言；然时势逝而不留者也，转瞬之间，悉为刍狗。……故今之为文，只能以被之报章，供一岁数月之适铎而已，过其时，则以覆瓿焉可也。"①

第二，报刊媒介将中国带入了一个受大众主导的书写文化形态。报刊媒介面向大众发行，书写需要依赖于更多的读者，因此总是充斥着家长里短的唠叨和闲言碎语，文化世俗化、低质化问题十分突出。报刊书写，其目的是满足大众趣味。但文人作为文化精英，其个人趣味与大众趣味是不同的。这些书写不为士林精英所欣赏。所以才有姚公鹤所言的情况："报社之主笔访员，均为不名誉之职业，不仅官场仇视之，即社会亦以搬弄是非轻薄之。"②

第三，报刊媒介带来书写职业化岗位。虽然这使得晚清报人挣脱了政治依附。但在得到自主性的背后，也增加了被控制规训的隐性力量。他们被投到市场之中，书写活动渐渐受到一种商业市场规律的支配。然而，文人的书写行为并不能全然被经济利益决定，他们有着超越经济理性的因素，也正因为如此，才能理解王韬、管嗣复等雇佣报人那种受人役使的屈辱感。

书籍研究专家钱存训曾经指出："人类的保守性，总是偏向于传统的习惯，不仅因为他们熟习了这些传统的方法，且因这些方法常有

---

① 梁启超：《饮冰室合集自序》，丁文江、赵丰田编《梁任公先生年谱长编初稿》，上海人民出版社1983年版，第293—294页。

② 姚公鹤：《上海报纸小史》，《东方杂志》1917年7月15日。

许多优点胜于新的发明。"① 从书籍到报刊的媒介转型，造成了书写传统的断裂，带来了新型的信息传播模式，但这并不意味着报刊媒介带来的一切比过去来得正确、进步。本书中经常使用"传统"这一概念，"传统媒介""传统书写模式""传统书写观念"，但所谓的传统与现代，只是一种后设的概念。在转型前后的两种书写方式与书写观念之间，没有什么高低优劣之分。这也造就了文人在书写观念转型过程中，始终伴随着一种深深的困境意识：在顺应报刊书写需求、接受新型书写观念的同时，对传统的书写方式与书写观念又不无留恋之情。

三 媒介即"尺度"？重审媒介与书写的关系问题

本书试图结合媒介分析与思想史研究的理论方法，以投身报刊的新型文人（即报人）为中心，考察报刊媒介对晚清文人的书写方式与书写观念产生的影响，意图在于对晚清中国书写转型进行诠释性的理解。当然，年代已经久远，我们很难用当代传播学研究所惯用的定量研究方法去发放调查问卷，统计测量报刊媒介影响下晚清文人行为、心理反应，只能退而求其次，通过爬梳史料来还原、呈现当时文人书写方式的变化、书写观念的转型。因此，这种注重阐释性理解的人文研究方法，想要得出清晰明确的结论又是十分困难的，以上两小节统顾全文，简单总结了报刊影响下晚清文人书写方式的转变，和文人在适应报刊书写方式过程中观念转型的困境意识。这里，我们要重点思考报刊媒介在晚清书写观念转型中的作用。

报刊媒介的兴起，对中国文人而言是一件有重要意义的事件，因为它为书写引进了一种"新的尺度"，逐渐改变了晚清文人的书写方式，影响了整个士林书写观念的转型。在论文开始时笔者曾引用麦克卢汉的话来为本选题张目："任何媒介（即人的任何延伸）对个人和社会的任何影响，都是由于新的尺度产生的；我们的任何一种延伸

---

① 钱存训：《书于竹帛——中国古代的文字记录》，上海书店出版社2004年版，第139页。

（或曰任何一种新的技术），都要在我们的事务中引进一种新的尺度。"[1]何谓"尺度"，一般指事物的尺度或说尺码，后来引申为看待评判某种事物的标准。基于此，不难发现，从甲骨、金石、竹帛、纸张等书写材料的改进，到书籍、报刊、网络等媒介形式的演进，每一种新型媒介技术与媒介形式的出现都大大影响了人类书写表达方式，从而也为书写观念的转型铺就了条件。当然，这并不能说在晚清报人书写观念转型上，报刊媒介起到的作用是决定性的，而且媒介形态演进与书写观念变化之间的因果关联也需要更多资料来佐证。如果说书写观念是自变量的话，那么除了媒介这一因变量，还有其他因变量影响着书写观念的转型。晚清报人对一种新型书写方式与书写观念的认同，与政治、经济、社会及其他文本之间都存在着复杂交错的关系。如此，我们才能更客观地看待报刊媒介在书写观念转型中的作用，有学者如此阐述人类与媒介之间的互动关系："如果说，'人的尺度'是人类活动的目的因，那么，媒介进化就是'人的尺度'变迁的动力因、形式因和材料因。"[2]"动力因""形式因""材料因"，这三种称谓，都将媒介作为人类观念演化的触媒，而不是起决定作用的因素。

最后，作者想引用英尼斯的话对本书研究进行反思："一种基本的媒介形式对其所在文明的意义，是难以评估的，因为评估的手段本身受到媒介的影响。"[3]诚哉斯言！自晚清之后，报刊媒介蓬勃发展百余年，如今我们早已适应现在的书写方式，对报刊媒介习以为常已经无甚感受。报刊媒介影响下知识生产传播方式的全面变动，不仅改变了文人书写方式与书写观念，整个国人的思维与行为也发生了重大转变。今天，我们面对晚清的报刊媒介与文人书写转型时，自觉或不自觉地用现行的书写观念和思维方式去观察判断，如果没有充分自觉，

---

[1] ［加］麦克卢汉：《理解媒介——论人的延伸》，何道宽译，商务印书馆2000年版，第33页。

[2] 王妍、李颖：《媒介形态："人的尺度"的表征和人类生存的"尺度"》，《文艺评论》2009年第4期。

[3] ［加］英尼斯：《帝国与传播》，何道宽译，中国人民大学出版社2003年版，第1页。

难免用现在的价值尺度去衡量当时的书写观念，难以体察理解前人书写方式与书写观念的本意真相。正如当下方兴未艾的电子书写对我们既有的书写方式与书写观念的冲击，多年之后，书写方式与书写观念彻底转型，要想了解现在的书写方式与书写观念，反而变得相当困难。要做到不带成见从无到有地去探究发生、发展和变化，首先必须对本来的情形有充分的了解和同情。也正是在这样一个基础上，我们无须依据某种理论去评判不同媒介形式下书写方式的高低优劣，而是通过占有足够的史料去阐释、理解媒介形式与书写方式、书写观念之间的微妙关系。

附　　录

一　书籍与著述：中国近代文人著述出版的观念转型

著书立说以传之后世，对于中国文人而言，是一件意义深远的事情，这源自中国文人"立言不朽"观念的影响。中国古代重要历史著作《左传》将"立言不朽"与立德不朽、立功不朽，并称为人生"三不朽"；① 而三国时期曹丕在其所著的《典论·论文》将文人著述提到了一个新高度："盖文章，经国之大业，不朽之盛事，年寿有时而尽，荣乐止乎其身，二者必至之常期，未若文章之无穷。是以古之作者，寄身于翰墨，见意于篇籍，不假良史之辞，不托飞驰之势，而声名自传于后。"② 这句话经常为后世文人所援引，也确实反映了中国文人对于文章著述的心理。文人重视著述，从文章著述到结集出版，这不仅是文人自我著述的总结，也是文人立言传世的理想寄托。然而纵观历史，因为媒介出版技术的差异，著述的出版也有着不同的书籍形态，中国文人对此也有着不同程度的参与。关于图书出版的历史，学界一般分为手抄复制、手工印刷、机器印刷、数字印刷四个阶段，有学者探讨了从手抄复制到手工印刷的转型对文人图书出版的影响，有人探讨了从机械出版到数字出版的转型对

---

① 杨伯峻：《春秋左传注》，中华书局1981年版。
② 曹丕：《典论·论文》，李壮鹰主编《中国古代文论》，高等教育出版社2002年版，第48页。

文人图书出版的影响,也有人探讨从手工印刷到机械印刷的报刊出版转型对文人的影响,①但很少有人涉及从手工印刷到机械印书对文人图书出版观念的影响。有鉴于此,本研究拟以中国近代出版技术革新为主线,探讨从人工印刷到机械印刷的技术革新前后中国文人著述出版观念的变化,以期为深化对书籍出版转型的认识,并梳理呈现中国近代出版转型中知识分子的心理状态与精神历史。

(一)"文不苟作"与"辑录成书":古代中国的"著述"出版考察

中国文人推崇"立言不朽"的著述观念,但是更多是从文章书写角度来讲。源于书写工具的简陋,古代文人并不能像现代文人一样动辄洋洋洒洒地写就长篇大作。刘勰在《文心雕龙》中有云:"夫人之立言,因字而生句,积句而成章,积章而成篇。"②此中,刘勰简要说明了古代文人著述之中字、句、章、篇的累进过程。但需要注意的是,从篇章书写到结集出版却并非想象中那样简单。尽管我们现在可以举出《论语》《孟子》《荀子》《韩非子》等书籍成品予以质疑,但这些古人撰述多是后人结集出版的。古代文人当世将自我著述出版的相对稀少。总体而言,古代文人撰述私人抄写传播者多而公共出版者少,这应该与中国古代书籍出版技术低下与资源短缺相关。

1."文不苟作"与古代文人的著述观念

源于古代书籍出版技术低下与资源短缺,漫长的古代图书出版历史中,中国文人内心之中一直秉承着"文不苟作"的书写观念。苟者,随便之意也。"文不苟作"即不能随便为文、率尔成书。我们知道,书写是文人安身立命的重要工具,由书写而结集的书籍是历史最悠久的媒介,然而文人秉承的"文不苟作"的观念却阻碍着文人撰述的结集出版。此中有着怎样的原委曲折呢?我们需要从传统书籍的历史讲起。探知中国书籍历史的起源,一般会追溯到班固的《汉书·艺

---

① 参见周宝荣《走向大众:宋代的出版转型》,中国书籍出版社 2012 年版;周蔚华等:《数字传播与出版转型》,北京大学出版社 2011 年版;李仁渊:《晚清的新式传播媒体与知识分子:以报刊出版为中心的讨论》,台湾稻乡出版社 2005 年版。

② (梁)刘勰:《文心雕龙》,岳麓书社 2004 年版,第 348 页。

文志》所记载的内容："《易》曰：'河出图，洛出书，圣人则之。'故书之所起远矣。"① 当然不管是河图洛书还是中国古代"书于竹帛""镂于金石""琢于盘盂"的传统书籍成书方式，都不能算作严格意义上的出版形式。在早期简陋的出版技术条件下，书籍的复制传播只能是高章典册，因此书籍在古代又称"典籍"。据《说文解字》解释："典，从册从大，乃大册、大书也。"一般出版的著述为编辑整理前人的文献，编辑、注疏他人著作。《礼记·乐记》云："作者之谓圣，述者之谓明。"② 在古代文人视野中，只有圣人才有创作的权利，普通的人没有创作权利，只有复述传播的权利。圣贤如孔子，其名下的所谓著述如《诗》《书》《礼》《易》《乐》《春秋》也只是编撰而不是创作，即使真正具有创作署名权的《论语》也不过其弟子编撰结集而成的。由此可见，孔子所谓的"述而不作"也是在身体践行着传承先贤、文不苟作的撰述观念。而孔子死后，后儒不断为"六经"作解说，这种解说性著作从战国以后就与经书相辅而行。解说经书的著作，有的叫传，有的叫记，有的叫说。如《左传》等"春秋三传"，就是解说《春秋》，《易传》就是解说《易经》，《礼记》就是解说《礼经》，《乐记》就是解说《乐经》。这些文人的所谓著述也大都是对典籍类的阐释，少有出版从无到有的文人个人著述。

从学理角度予以阐释，古代的"作"与"述"是两种不同的书写行为，"述"是知识传播行为，而"作"是知识生产行为。由"述而不作"的古训可以知道，古代文人的所谓著述更多的是一种知识传播行为，而不是知识生产行为。当然不是说古代中国文人没有创作，但"作"对文人来说是一件非常庄重严肃的事情，不可妄作，不可苟作。源于对"立言不朽""文不苟作"的追求，传统文人对于书写看重的是精打细磨、斟词酌句，正如唐代文章大家韩愈所指出的："将蕲至于古之立言者，则无望其速成，无诱于势利，养其根而俟其实，加其

---

① （东汉）班固：《汉书·艺文志》，转引自曹之《中国古籍编撰史》第2版，武汉大学出版社2015年版，第4页。

② 张文治编：《国学治要·集部·子部》，北京理工大学出版社2014年版，第752页。

膏而希其光。根之茂者其实遂，膏之沃者其光晔。"① 古代人涉览群书，博闻强记，以追求博通自勉，但即使创作文艺作品，也一再强调"文不苟作"的理念。例如南宋包恢所言："盖古人于诗不苟作，不多作。而或一诗之出，必极天下之至精，状理则理趣浑然，状事则事情昭然，状物则物态宛然，有穷智极力之所不能到者，犹造化自然之声也。盖天机动情，天籁自鸣，鼓以雷霆，预顺以动，发自中节，声自成文，此诗之至也。"② 清朝桐城派文人陈仁（字体斋）也主张"文不苟作，作则凿然有当于实用，而政事皆有可观焉"。在其《用拙斋诗文集》卷首有刘方蔼《序》评曰："体斋于古文不苟作，作必凝思虑，酿清虚，恳恳款款，以拒为迎，如骤马者，驱策之，盘旋之，盛其怒而一发，则奔逸倍捷。如行水者，决其势而梗之，激益悍，泻益驰，气以积盛，文以气雄，岂不然哉？"③ 解弢在《小说话》中论及曹雪芹著《红楼梦》"批阅十载，增删五次"时，曾阐释书"不苟出"曰："昔人穷困不得志，乃闭户著书，以泄一生之牢骚。加以出版不易，其书大率于作者死后若干年，方能行世，故作者无汲汲求名谋利之心，得优游删润，以求尽美尽善。"④ 由文章"不苟作"到书籍"不苟出"，"不苟作"已经是渗透进文人心中的重要书写观念，一直影响着历代文人的著述出版行为。

2. "辑录成书"与古代文人的"著述"出版

历史上书籍的载体材料经过了甲骨、陶器、玉器、石、竹简、缣帛及纸张等各种不同形态，书籍的印刷复制技术也是在缓慢演进之中。在文字产生之后，中国长期处于手写时代，书籍的复制传播主要靠人工抄写。待到雕版印刷发明，手工印刷才真正代替手工抄写，成为书籍生产传播的主要形式。自汉代以来，拓片技术出现，例如树立于洛

---

① （唐）韩愈：《答李翊书》，《昌黎先生集》卷十六。
② （南宋）包恢：《答曾子华论诗》，《敝帚稿略》卷二。
③ 成志、王思豪主编：《桐城派文集叙录》，安徽大学出版社2016年版，第248页。
④ 解弢：《小说话》，朱一玄编《中国古典小说名著资料丛刊·〈红楼梦〉资料汇编》，南开大学出版社2012年版，第877页。

阳开元门外的熹平石经,供全国知识文人抄书,成为雕版印刷术的雏形。待到唐代雕版印刷技术推广,宋代活字印刷技术发明,印刷书逐渐在中国诞生,并且出现书坊等专门图书出版的部门,书坊便是最早指的朝廷官府藏书、校书的地方,一般置于弘文馆、崇贤馆、司经局、史馆、翰林学士院、集贤院等机构之中。随着印刷技术的发展和图书市场的开辟,很多有经济头脑的商人开始从事商业刻书活动,出现编辑、刊刻、销售印本图书的作坊。但所刻之书多或是小说、戏曲、唱本、笑话等通俗读物,或是宗教、算卦、种植等实用性书籍,文人自己投资出版著述者并不多见。正如冯友兰指出的:"中国古代哲学家们比较少做正式的哲学著述。从古代流传下来的哲学史材料,大多是为别的目的而写的东西,或者是别人记录的言论,可以说是东鳞西爪。"[1]尽管冯氏乃是专就哲学家的哲学著述而言,但其他学科文人的撰述出版与此大体相类。在机械印刷术引进中国之前,书籍终归是一种小众传播的读物,与大众发行的现代印刷书籍不可同日而语。书籍印制工业相对落后,只有具有较大文化价值与传播价值的撰述才能够付梓出版。机械印刷技术推广应用以前,只有少数文人重视自己的文稿印书传播,大部分文人是任自己文稿在社会流传,在流传中或可由好事者结集,但大部分会散亡不存。尽管中国历代文人众多,但至今仍留有传本仅有百余人,许多文人著述书籍的编纂出版过程不详,其中相当部分还赖后人的整理才得以保存。

纵观中国的书籍出版历史,缘于出版技术的影响,古代重要的著述出版一般是采取将散篇内容经过记录整理辑录成书的方式。因为出版各个环节并不紧密,完整意义上的出版活动可能要经过数年乃至数十年才能够完成。例如妇孺皆知的《论语》,其成书方式便是如此:《论语》是生活于春秋末期的孔子及其弟子的语录结集,由孔子弟子及再传弟子编写而成,至战国前期才被辑录成书。其实中国古代书籍的流通大都有着这样的经历。早期书籍的写作是以篇为单位,先是单

---

[1] 冯友兰:《哲学人生》精装典藏本,天津人民出版社2016年版,第206页。

篇，后来才集多篇为一书。所以单篇流传在前，全书流传在后。即便在合编成书之后，其中有些单篇仍然单行，分合不定。现存的古代典籍的成书时间都很长，既非出自一时，也非出于一手，在最后汇集成书之前，早已以单篇形式流传。而辑录成书为个人或流派思想的整体传播提供了重要媒介。中国历史上辑录成书的著述包括以下四类：为先人先师编辑著作，具有血缘宗族关系或事业授受关系；为同理乡邦编辑专著；专门编辑为业的人进行编辑；最后一种是自行编辑，这在中国古代非常之少。① 其实，这种"辑录成书"的书籍生产方式在手工印刷时代也一直占据主导地位，直到晚清民国时期依然是一种主流方式，保持书不苟作的传统。譬如《国粹学报》1910年第4号上刊登有章太炎《国故论衡》的书籍广告，记录了其成书方式："此书为余杭章先生近与同人讨论旧文而作……先生精心辨秩，一切证定，口授既毕，爰著纸素。同人传钞，惧其所及未广，因纂录成帙，以公诸世。有志古学者，循此求问学之途，窥文章之府，庶免冥行之误，亦知修辞立诚之道，为益宏多，岂待问哉？"②

（二）"率尔成书"与"出版射利"：现代中国的"著述"出版考察

中国古代文人当世出版自我著述并不多见，这一方面受到古人"文不苟作"的思想影响，另一方面因为手工印刷出版技术的落后和印刷材料的稀缺昂贵。晚清经学家陈衍著有一首诗《卖书示雪舟》，道尽了手工印刷时代个人刻书的窘境："刻书不能多送人，刻成百卷几苦辛。呼仆买纸召工匠，印刷装订商龂龂。一函卅册价半万，辄以送遗吾将贫。无端持赠人亦贱，委弃不阅堆灰尘。"③ 而伴随着机械印刷传媒技术的出现，文人学者撰述出版问题出现了改观。机械印刷术如何在中国出现，它又如何改变了中国文人学者著述出版的观念，下文将予以阐述。

---

① 何明星：《著述与宗族：清人文集编刻方式的社会学考察》，中华书局2007年版，第20页。
② 《国粹学报》庚戌年第4号，1910年5月。
③ 陈衍：《石遗室诗集》，福建人民出版社2000年版，第213页。

1. "率尔成书"与现代印刷下学者的著述出版

机械印刷技术的引进导致出版业兴盛，书刊出版从上层精英逐渐下移，迎来了大众出版时代。与此同时，传统社会中文人"文不苟作"的著述出版时代逐渐走向结束，可以说文集编纂出现了由自发到自觉的变化。中国文人对著述"文不苟作"的谨严慎重观念开始转变，这从梁启超与严复的争论中可见一斑。1902年2月，梁启超在其所办的《新民丛报》第一期上，撰文推荐刚刚出版的严复译著《原富》，热情称赞这本译著"其精美更何待言"，但同时也坦率批评了这本译著的复古文风："吾辈所犹有憾者，其文章太务渊雅……著译之业，将以播文明思想于国民也，非为藏山不朽之名誉也。文人结习，吾不能为贤者讳矣。"① 后来严复致函梁启超，指出文章贵在严谨持重，而梁氏则行文草率，并"劝其无易由言，致成他日之悔"。② 梁启超则坚持其"觉世之文，不必求工"的主张，他说："学者以觉天下为己任，则文未能舍弃也。传世之文，或务渊懿古茂，或务沉博绝丽，或务瑰奇奥诡，无之不可；觉世之文，则辞达而已矣，当以条理细备、词笔锐达为上，不必求工也。"③ 梁启超深谙现代出版传媒逻辑，机械印刷时代促成了著述出版的繁荣，梁氏认为著述出版并非一定要完美谨严的学术作品，其重要的是要引起学界的关注和讨论。梁启超指出："学问之道，愈研究则愈感不足；必欲为踌躇满志之著作乃以问世，必终其身不能成一书而已。有所见则贡诸社会，自能引起讨论；不论以名山之业太自矜慎，致同好者觖望也。"④ 这样的话不但指学术著作，也包含其报刊论说文。梁启超致函严复，对自己从"矜持"行文到"自恣"信口之谈的书写心理有着真切的描述："当《时务报》初出之第一、二次，心犹矜持，而笔不欲妄下，数月之后，誉者渐多，

---

① 梁启超：《绍介新书〈原富〉》，《新民丛报》第1号，1902年2月。
② 丁文杰、赵丰田编：《梁启超年谱长编》，上海人民出版社1983年版，第77页。
③ 梁启超：《湖南时务学堂学约》，《饮冰室合集》第一册，中华书局1989年版，第27页。
④ 梁启超：《致胡适（1921年4月3日）》，《胡适文存二集》卷一，首都经济贸易大学出版社2013年版，第106页。

而渐忘其本也,又日困于宾客,每为一文则必匆迫草率,稿尚未就,已付钞胥,非直无悉心审定之时,并且无再三经目之事,非不自知其不可,而潦草塞责亦几不免。又常自恕,以为此不过报章信口之谈,并非著述,虽复有失,靡非本原。"①

在这段言论中,梁启超提出了"报章"和"著述"的书写差异:即报章可以率尔而作,而著述不能率尔成书。当然,在自我著述出版中,梁启超并没有严格遵守这一理念,他不但自己采取"率尔成书"的著述出版观念,且也以此观念劝诫后学胡适。胡适在接到梁启超劝勉自己早日出版著作的信函之后感慨颇深,他回复梁氏说:"先生劝我早日整理出版,这话极是。我常说,我们著书作事,但求'空前',不妄'绝后'。但近年颇中清代学者的毒,每得一题,不敢轻易下笔。将来当理改之,要以不十分对不住读者的期望为标准。"②与胡适交好的新文化运动干将陈独秀思想却和梁启超有所呼应,他说"如今出版界的意思,只要于读者有点益处,有印行的价值便印行,不一定要是传世的作品;著书人的意思,只要有点心得或者有点意见贡献于现社会,便可印行"③。而站在保守主义立场的《学衡》派成员吴芳吉看到"五四"时期"率尔著述"的风气,很不以为然。他说:"今多数文学家者,涉世未深,见理犹浅。是非未尝参观,文字未尝琢砺,以炫于天才之说,急于创造,忙于刊行,实乃幼稚无异儿童。"④值得注意的是,现代的成书方式还有的是辑录散发在报刊上的文字"率尔成书",正如金毓黻指出的:"后人彼此标榜,以著述为名高,故有朝脱腕而夕镂版者,实则彼辈所作,不过散篇短制,并无精义妙论,足以信今传后。以此而言著述,岂非可笑之尤者乎!"⑤

---

① 梁启超:《与严又陵先生书》,《饮冰室合集》第一册,中华书局1989年版,第108页。
② 胡适:《致梁启超(1921年5月3日)》,《胡适文存二集》卷一,首都经济贸易大学出版社2013年版,第106页。
③ 陈独秀:《独秀文存自序》,《陈独秀著作选》(二),上海人民出版社1993年版,第379页。
④ 吴芳吉:《三论吾人眼中之新旧文学观》,《学衡》第31期,1924年7月。
⑤ 金毓黻:《静晤室日记》,辽沈书社1993年版,第81页。

2. "出版射利"与现代著述传播的版权观念

前文有述,机械印刷技术盛兴以来,中国文人著述出版日益盛行,这也遭到了有些人的批评。因为印刷技术的转型也引导着文人观念的变化。古人著述希望能够传世不朽,对后来人进行长久的启发适用,但现代的出版主要是为了"卖钱"而已。臧启芳1923年便曾指出:"我国古哲著书,专究藏之名山,以待来者。窥见其书致内容,不是对于学术有特别发挥,就是对于世道有针砭功用。今日则不然。社会喜讲恋爱,就千篇一律皆在作恋爱小说,并不注意人心世道的转移……所以然者,古人著书为传世,今人著书为卖钱。"[①] 机械印刷技术推广应用之前,中国文人想要在报刊上刊登文稿,是需要付费的,而且彼时请出版商将文人自我的作品刻成文集,并非用于大众阅读的公共传播,而是用于文人交际圈的内部交流。古代的义利思想使得中国文人认为把文章来卖钱,是文人中的最下流的作法。但凡能有谋生能力和矜持自尊的人,都不会走上卖文谋生的道路。但机械印刷技术的出版,让卖文为辱逐渐转变为卖文为荣,文人们开始注重通过著述出版来获得收益,这是一场重大的文化革命和社会革命。

另一个值得注意的问题是,在机械印刷初兴之际,国人的版权意识不强,政府机构对文人的知识产权的保护也根本不到位。正如当时文人所指出的:"今观中国之士,终身著述,而书或无资刊印,即数世不出。苟出矣,而坊间翻板同时发卖。殚力于己,而授利于人,或竟以原稿售之坊间,尽归他人。以数十年之辛苦,易数十金笔墨之资,岂不可惜!何中国之人不知算计若此耶?"[②] 因为晚清出版工业的发展,对于一些大众喜欢、市场畅销的图书报刊,书局报馆等出版机构为了谋取利润会很快翻印出售。但这侵犯了作者的劳动成果,由此也催生了版权意识的诞生。有人以维护劳动成果拥护版权制度:"不知著述之士,大抵穷愁发奋者多。积年累月,耗竭心力,得稿盈寸,持

[①] 臧启芳:《出版与文化:我国出版界之现状》,《晨报副镌》1923年8月9日,第1版。
[②] 周林等主编:《中国版权史研究文献》,中国方正出版社1999年版,第24页。

之问世。而射利之辈，乃遽袭为己有，以分其锱铢之微，徒任其劳，不食其报，盖未有不废然而返者矣。"① 版权意识的诞生是机械印刷技术催生的现代知识文明，也具体而微地表现了文人从重传播、轻利益转向重利益、轻传播的书写传播观念。但是以前的文章可以随意复制传抄，现代版权意识的升腾也限制了知识文本的广泛传播。有人就以传统"重传播，轻获利"的心态拒绝版权制度："风气初开，著作未盛，若成一书，必禁人翻印，则行之不远，受益者少，不如无版权之愈也。"②

（三）观念转型与技术反思：重审作为变革动因的"印刷机"

晚清以降，机械印刷技术推动了中国的书籍出版事业，同时也日益影响到中国文人的著述出版观念。从传统印刷技术到现代印刷技术，中国文人的著述观念也从"文不苟作"走向了"率尔成书"。综观而论，机械印刷技术的推广应用推动了出版的转型和社会的变革，同时也导致了文人"率尔成书"等问题。如何理解并评判从传统印刷到机械印刷的技术变革中文人著述的转型问题，下文予以讨论。

1. 印刷机之功：文人出版观念的现代转型

自古登堡印刷技术传入中国以来，书籍的材质、内容和生产方式都开始悄然变化。在机械印刷技术的支持下，中国文人的著述出版的难易程度发生转变，这也导致典籍时代的结束与大众出版时代的到来。社会学学者潘光旦曾指出："以前著述的人比较为数甚少，著作之后，有力量付诸剞劂的人为数更少；能够在生前见到自己的作品流传的人更是寥寥无几。现在呢，例如我昨天晚上写着这一段'发表欲'的文字，我今天早上便可以看见排印出来……因为物质的设备很便利，所以著述少的便著述多了，不著述的也著述起来了，甚至完全不宜于著

---

① ［英］斯克罗顿·普南、［美］罗白孙：《版权考》，周怡君译，上海商务印书馆1903年版。

② 周林等主编：《中国版权史研究文献》，中国方正出版社1999年版，第50页。

述的,也起了幸进之心。"① 机械印刷技术不但促成文人著述的普遍兴起,而且这也直接影响到中国文人从传播知识到生产知识的角色转变。与传统的抄写或雕版印刷相比较,机械印刷术的主要优势在于巨量生产和物美价廉。印刷术复制图书量多质高,于是书籍知识成为公众可以阅读涉足的领域,可与志同道合的读者"拥有"和"分享"。

机械印刷术在中国社会的普及应用,绝不仅仅意味着一场书籍出版领域的革命,它更标志着整个中国社会的革命。印书技术的革新为书籍的流通传播提供了极大便利,也扫除了文化推广普及的技术性障碍。同时,机械印刷时代书籍的大量出版为公众提供了各个方面的新的知识,这些知识渗透到国人生活的方方面面,也预示着一场社会变革的来临。1902年,《大陆报》登载了一则广告,叙说印刷与文明的关系问题:"自欧洲印刷机器之学兴,世界文明生一大变革。由是观之,机器印刷之关系其重大可知矣。中国近时渐有用机器印刷者,然简陋者多,精美者少,未足以为组织文明治具也。夫印刷之巧拙,即代表其国文明程度之阶级。泰西诸国注意于印刷之改良,倍加郑重,故所成之图画书籍精工无匹,而出版愈多,文明之程度愈增,国势亦因之以强。征诸日本,可以殷鉴,以较我国千百年来绝不以此经意者,其优劣悬殊,殆不可以道里计矣。"② 机械印刷工业的发达可以以知识传播供给人民,满足社会发展的需要。一切人类社会的大事,皆以书刊印刷方式记述下来;一切的人类知识,皆以书刊印刷方式传播开来。因此,机械印刷技术的引进是推动中国现代转型的重要因素,社会文明与图书期刊的出版量有着重要的关系。

2. 观念变革之思:中国传统著述精神的失落

机械印刷技术的推广应用,极大地推动了书籍从精英出版到大众出版的转型,也推进了现代知识文明的发展。但同时需要指出,从"文不苟作"到"率尔成书"的观念转型也导致了中国传统严谨学术

---

① 潘光旦:《"著作狂"及"发表欲"》,潘乃穆等编《潘光旦文集》第二卷,北京大学出版社1994年版,第53—54页。

② 宋元放、李坚白:《中国出版史》,中国书籍出版社1991年版,第184页。

精神的失落。历史让我们看到，技术可以开创一个著述出版的新时代，却无法造就一个著述出版的理想社会。中国古代文人注重精心阅读、谨慎著述，秉承"文不苟作""书不苟出"的著述出版理念，而机械印刷的推广应用却催动着学者著述出版的速度化和粗糙化。文化保守主义者梅光迪从传统学问家谨慎出版的传统出发，批评民国时期的著述出版的速度化和粗糙化问题。他认为学问家应该"为真理而真理，重在自信，而不在世俗之知；重在自得，而不在生前之报酬。故其毕生辛勤，守而有待，不轻出所学以问世，必审虑至当，而后发一言；必研索至精，而后成一书"。① 吕思勉谈论读书写作之时，也对机械印刷所带来的粗糙化写作颇有微词："读书尚未终卷，即已下笔千言；诋排先儒，创立异说。此乃时人习气，殊背大器晚成之道，深愿学者勿效之也。"② 朱自清曾将今人的著述和古代著述进行比较，来批评当代人的著述求速的粗糙写作方式："从前人著述，非常谨慎。有许多大学者终生不敢著书，只写点札记就算了。印书不易，版权也不能卖钱，自然是一部分的原因；但他们学问的良心关系最大……现在我们印书方便了，版权也能卖钱了，出书不能像旧时代那样谨严，怕倒是势所必至；但像近些年来这样滥，总不是正当的发展。早先坊间也有'大全''指南'一类书，印行全为赚钱；但通常不将这些书看作正经玩意儿，所以流弊还少，现在的'概论''大纲''小史'，等等，却被青年当作学问的宝库，以为有了这些就可以上下古今，毫无窒碍。这个流弊就大了，他们将永不知道学问为何物。"③ 由上可见，许多人已经感觉到机械印刷推动了书籍出版的繁荣，但同时也导致文人著述观念的转型，传统的学术精神也因此有所失落。

---

① 梅光迪：《评新文化运动者》，《学衡》第 1 期，1922 年 2 月。
② 吕思勉：《经子解题》，北京联合出版公司 2014 年版，第 97 页。
③ 朱自清：《论青年读书风气》，朱乔森编《朱自清全集》第四卷，江苏教育出版社 1993 年版，第 333—334 页。

二 报章与启蒙：中国近代报刊"论说"的文体选择

作为一种古已有之的文体，"论说"在报刊时代有了新的境遇。在传统"论说"文体基础上，报刊知识分子在清末民初创造了种种新的话语体式，诸如"策论体""新民体""演说体""逻辑体""新青年体"等。下文将文体形式与启蒙路径结合起来，着重分析中国近代知识分子如何通过选择报刊"论说"的文体形式来达到向导国民、启蒙社会的目的，进而探讨各种论说文体与不同启蒙路径之间的复杂联系。

（一）报刊时代与"论说"文体的现代际遇

如所周知，"新闻""论说"是组成报刊内容的两大文体。"新闻"是对新近发生发现事实的客观报道，写作需要时间、地点、人物、原因、过程、结果等要素。相对于程式化的"新闻"书写，"论说"更加个性化，能够造成众声喧哗的局面。作为一种写作形式，"论说"是以传播意见性信息为主要目的和手段，是社会各界对新近发生、发现的新闻事件所发表的言论的总称。这里之所以用"论说"而不是"评论"来指称中国报刊的议论文章，乃是因为中国早期报刊言论，大多并不具备与新闻时事相伴生的特性，与新闻是分离的。新闻所特有的时效性在清末民初的报刊论说中并不存在，早期报刊的论说文大多只能说是载于报刊的论说文章，而很难说是新闻评论。就"论说"而言，它是中国古代最为重要、作品数量最多、影响最大的主要文体类别之一，是以阐释、议论、辩驳为主的说理文章。它产生于先秦，兴盛于八代，逐渐形成了独特的章法艺术和文体传统，成为中国士人阶层意见呈现和思想阐述的重要形式。时至中国近代报刊出现，"论说"迅速成为报刊的宠儿，也发生了种种文体新变。1901年《清议报》载言："自报章兴，吾国之文体，为之一变。"[①] 这则极具历

[①] 《中国各报存佚表》，《清议报》第100期，1901年12月20日。

史眼光的短言，道出了现代报刊对"论说"文体变革的重要影响。可以说，晚清以降迅速崛起的报章写作，不仅仅是一种社会学术文化活动，而且作为一种知识传播方式，更是深刻影响了中国知识人"论说"文章的变革。

中国近代报刊诞生发展与思想启蒙同步，并且二者的发生发展有着千丝万缕的联系。因此，梳理中国近代报刊"论说"文体发生演变的历史轨迹，无法绕开"论说"文体与启蒙话语之间的协同互动效应。报刊时代的到来给中国知识人带来了不同的生存体验和命运遭际，对思想启蒙以及历史语境的关注和理解，就成了观照知识人报章书写转型不可回避的问题。晚清以降，中国面临内忧外患，危机四伏，仁人志士们积极借用新的媒介资源——报刊作为公共言论平台，将思想启蒙作为一个重要任务。对于一个国家社会发展而言，思想启蒙与报刊发展都是举足轻重的。明乎此，我们的问题是二者如何协同互动，即思想观念的传播怎样影响报刊话语体式，使之适应传播的内在需求，报刊怎样通过自身话语体式的变革来推进社会的思想启蒙。这与当时报刊知识分子对话语体式的改造与选择有着无法割舍的联系。不待说，思想的书面表达，需要以特定的话语体式，而话语体式作为一种有意味的形式，必然也会对思想表达产生种种影响。不同的话语体式有着思想表达的不同诉求。中国近代知识分子的报刊话语体式总是根据思想启蒙的现实需要而选择的。在现代报刊所造就的大众传媒时代，知识人应当对谁言说？选择什么样的方式进行言说？以及什么样的言说才有可能流传千古，什么样的言说真正触发行动？这些都是中国近代报刊知识分子话语体式选择的重要参数。

从晚清到"五四"，中国的近代报刊锻炼培养出大批具有影响力的报刊"论说"名家，其中比较著名的有王韬、郑观应、梁启超、麦孟华、徐勤、汪精卫、于右任、章士钊、陈独秀、胡适、鲁迅，等等。这些"论说"名家都深受传统文章写作的熏陶，通过长期的现代报刊写作实践，在传统"论说"文体基础上创造衍生出种种报刊论说文体。民国初年，曾有诸多学者对晚清到"五四"之间的文体变革进行分类分析。例如1920年尚是北京大学的学生罗家伦便在《新潮》杂志撰文，梳理近代中国文学思想的变迁。这是一篇最早对中国知识人写作从传统到现代的变革进行总结的文章，它将近代时势变迁与文体的变革联系起来，根据文体话语变异将转型期的文章体式分为"华夷文学""策士文学""逻辑文学""国语文学"。[①] 两年之后，作为老师辈的胡适在阅读借鉴罗家伦同学的研究成果的基础上，撰写而成《五十年来中国之文学》。他将中国古文学逐渐变化的历史分作几个小段落："（一）严复、林纾的翻译的文章。（二）谭嗣同、梁启超一派的议论的文章。（三）章炳麟的述学的文章。（四）章士钊一派的政论的文章。"[②] 另外，陈子展、钱基博在撰写文学史时也对晚清到"五四"的中国文体有过类似的梳理。需要说明的是，当时的"文学"概念还是杂文学概念，其中所言文体演变也多就"论说"篇章而言。并且，晚清以降的文章大多刊载于报刊，文学潮流的演进也多与报刊有关，事实上，如果撇开其他文章写作，专就报刊所在论说文体方面打造的言说形式进行分析，会发现"论说"文各有"脸谱"而且还时有"变脸"。

（二）报章书写与近代报刊"论说"的话语体式

结合对上述文体的概念梳理与报刊论说体本身的特点，本书将晚清到"五四"的报刊论说文体分为策论体、新民体、演说体、逻辑体、新青年体。这些文体"脸谱"的总和构成从晚清到"五四"报刊"论说"文体谱系的画卷。这里将从各类"论说"放置在现实的报刊话语实践中，梳理出中国近代报刊"论说"的文体谱系。

1. 策论体

作为中国古代逐渐形成的文体形态，策论是最早国家政务咨询的文体，后来逐渐演化为科举考试的科目。报刊出现初期，策论式的写

---

① 罗家伦：《近代中国文学思想的变迁》，《新潮》2卷5号，1920年9月。
② 胡适：《五十年来中国之文学》，《胡适全集》第2卷，安徽教育出版社2003年版，第260页。

作是论说文的主要表现形式。策论体论说文多是讨论国家大政方针,讲求沉实雅正,往往援引《诗》《书》《礼》《易》等儒家经典。例如王韬的《变法》一文:"《易》曰:'穷则变,变则通'。知天下事未有久而不变者也。上古之天下一变为中古,中古之天下一变而为三代。自祖龙崛起,兼并宇内,废封建而为郡县,焚书坑儒,三代之礼乐典章制度,荡焉泯焉,无一存焉,三代之天下至此而又一变。"① 这些论说虽然常以新观念为纲,夹杂诸多新名词,但就文章体式而言,其实未脱旧范。比较典型集中的策论体文章如王韬在《循环日报》发表的论说文章《变法》《重民》《洋务》《遣使》《传教》,梁启超在《时务报》发表的《论不变法之害》《论变法不知本原之害》《论中国积弱由于防弊》《论君政民政相嬗之理》《论变法必自满汉之界始》《论变法乎安置守旧大臣之法》等,都属于策论体。

2. 新民体

"新民体"是指梁启超在《清议报》《新民丛报》等报刊上的论说文的风格,是梁启超对戊戌期间的"时务文"的一种综合性的改造与发展。维新失败后,梁启超逃亡日本,在他主持的《清议报》《新民丛报》上发表了大量的政论文。这些政论文书写深受"日本文体"的影响,是对"时务文体"的改造,由此形成了特色更加鲜明、为世人称赞的"新民体"。新民体的基本特点,按梁启超自己的话说是:"至是自解放,务为平易畅达,时杂以俚语、韵语及外国语法,纵笔所至不检束。学者竞效之,号'新文体'。老辈则痛恨,诋为野狐。然其文条理明晰,笔锋常带感情,对于读者,别有一种魔力焉。"②"别有一种魔力"的自评十分确切,新民体的魔力在于其话语体式的活泼奔放与个人感情的自由抒发。如:"过渡时代者,希望之涌泉也,人间世所最难遇而可贵者也。有进步则有过渡,无过渡亦无进步。其在过渡以前,止于此岸,动机未发,其永静性何时始改,所难料也;

---

① 王韬:《弢园文录外编》,辽宁人民出版社1994年版,第22页。
② 梁启超:《清代学术概论》,中华书局2010年版,第85—86页。

其在过渡以后，达于彼岸，踌躇满志，其有余勇可贾与否，亦难料也。惟当过渡时代，则如鲲鹏图南，九万里而一息；江汉赴海，百千折以朝宗；大风泱泱，前途堂堂；生气郁苍，雄心矞皇。其现在之势力圈，矢贯七札，气吞万牛，谁能御之？其将来之目的地，黄金世界，荼锦生涯，谁能限之？故过渡时代者，实千古英雄豪杰之大舞台也，多少民族由死而生、由剥而复、由奴而主、由瘠而肥所必由之路也。美哉过渡时代乎！"① 阅读此一思想名篇，为过渡时代歌呼的语句纷至沓来，情感更是排山倒海，不容人思索。整节文字其实就讲了一句话，其他都是为了文章造势，但效果相对较好。

3. 演说体

这里称作演说体，是因为当时很多白话报每期首篇相当于社论的论说，大都以"演说"命名，而且这些语言大都是模拟口语写作的。吴梓箴曾经这样描述演说栏目的起源："《京话日报》未出版以前，外省虽有报纸，第一栏的言论，标题或用'论说'，或用'社说'，就没有用'演说'二字的名辞。自彭翼仲在北京创白话报……才把文话论说，用北京俗话演讲出来，所以才有'演说'的名目。"② 这是一种模拟口语写作，不加修饰、不加剪裁，追求原汁原味的口语表达方式。往往出现"列位""你道是"等口语化词语。如《中国白话报》发刊辞："天气冷啊，你看西北风呜呜的响，挟着一大片黑云，在那天空上飞来飞去把太阳都遮住了，上了年纪的，这时候皮袍子都上身了，躺在家里，把两扇门紧紧关注，喝喝酒，搓搓麻将，吃吃大烟，到也十分自在。唉，倘使你们列位，都看见这几天的《中外日报》《新闻报》中间所载的什么'东省警文''俄事专电'，知道奉天已经失守，旅顺口一带兵船几十只往来不断，日本、俄罗斯一旦开了仗，我们中国怎么危险。想到此地，只怕你远年花雕也喝不上口，清一色双台和也忘记碰下来，就是那清陈宿膏广州烟，也吃的没有味道哩！"③ 白话

---

① 梁启超：《过渡时代》，《清议报》第 83 期，1901 年 6 月 26 日。
② 吴梓箴：《请看彭翼仲之演说》，《京话日报》1918 年 3 月 11 日。
③ 白话道人：《发刊辞》，《中国白话报》1903 年 12 月 19 日。

本身就倾向口语，白话报刊中的演说体论说文更加强调那种说话的感觉，创造一种有意而为之的话语亲切感，营造一种贴近底层大众、易于接受的语言风格。

4. 逻辑体

逻辑文以结构谨严、说理完足和文理密察而著称，往往运用归纳和演绎等推理方法，围绕论点层层深入，使论述具有严密的逻辑性和思辨力，表现出较为浓郁的科学色彩，多是比较精密的法政议论。例如，章士钊的《一院制议之发端》："舆论之死，未有甚于吾国者也。在欧美之政治，凡一文体发生，其正负两面之议论，必喧腾于全国者，数年或数十年而始决，非如此不得谓之舆论，非至十年以至数十年，不得谓之舆论之成熟，而吾国乃何有者。近所发生之政治现象，大抵出于皮相各国宪法者致盲从。当局者乞灵于幕下新进之徒，草草发表，号为建白。数十议院议员埋头聚论于一室以内，举国之人，未尝闻其声息，忽有所发布，字曰法律。业新闻者，至不能举南京之政态下以批评，即下批评，未易中肯，即或中肯，而在此半死不活之社会，无论草论若干言，决不生相当之影响。"① 从论述语句中能看到用词严谨"数年或数十年""大抵""草草"等语可以看出。从"不能批评""即下批评""未易中肯""即或中肯"可以看出一种层层递进的关系。

5. 新青年体

晚清白话文模拟口语写作，而"五四"白话文运动除了模拟口语写作，更加注重西方文法语体的引进，从而对白话文体进行改造与精练。胡适的学生傅斯年曾指出单纯靠模拟口语写作无法锻炼出精致的白话文，他说："我们能凭借说话练习文章的流利，但不能凭借说话练习文章的组织；我们能凭借说话练习文章的丰满，却不能凭借说话练习文章的剪裁；我们能凭借说话练习文章的质直，却不能凭借说话练习文章的含蓄；说话很能帮助我们造句，却不能帮助我们成章。"所以，他强调引介西洋文法，将其成为作白话文的"高等凭借物"，

---

① 章士钊:《一院制议之发端》,《民立报》1912年4月1日。

说:"直用西洋文的款式文法,词法,句法,章法,词枝,(Figure of Speech)……造成一种超于现在的国语,欧化的国语,因而成就一种欧化的文学。"① 观察新青年体的论说文,这些文体虽然主张白话书写,但在词语上输入日本或欧美的外来词补充中国词汇的不足,在句法上采用西洋句法,借鉴西方语言的表达方式。以至于后来被人称为新文言。

以上将自晚清到"五四"报刊论说文集中进行了梳理。当然,这样的梳理只是荦荦大端,并非绝对的,可以讨论商榷。因为各种文体之间有着种种的联系,你中有我,我中有你,其中也有相互转化的迹象。巴赫金曾说:"每一种新风格里,都含有对前此的文学风格做出某种反应的因素;这个因素也就是内在的辩论,可以说是对他人风格的隐蔽的反叛。"② 巴氏之论乃是针对文学而言,其实将其来说明中国近代报刊论说文体的演变也并无不合。任何一种文体风格都是单独的存在,而是对其他文体风格的回应与对话。例如《时务报》虽然属于策论体,但梁启超从《时务报》的论说文体中再加改造发展创造出了"新民体"。而演说体虽然模拟口语写作,后期也有着向文言转化的迹象。同时新民体与新青年体有着种种的类似之处,新民体也有欧化色彩,新青年体也注重排比造势的语言风格。因此,以上对文体特点的梳理只是从概况上进行梳理。

(三) 启蒙路径与报刊论说的文体演进

关于报刊的功用,梁启超有言:一为"监督政府",一为"向导国民"。从晚清到"五四运动",中国一直处于思想启蒙的时期,"向导国民"成为报刊论说的重中之重。其实,报刊论说文体的选择是报章写作者与启蒙对象在互为选择中被确立的。一种写作文体的选择意味着一种言说路径,这种选择在不同的历史时期与社会时代主题也有着种种的联系,启蒙路径通过对话语体裁、内容、文体的不同选择而

---

① 傅斯年:《怎样做白话文》,《新潮》1卷2期,1919年2月。
② 巴赫金:《陀思妥耶夫斯基诗学问题》,中央编译出版社2010年版,第270页。

直接表现出来，既潜隐在纷繁的文本之中，又深刻地体现在每一个细节之处。根据论说文体生成、表达、传播的形式，这里将文体形式与启蒙路径结合起来，分析报刊作者如何通过选择论说文体的形式来达到向导国民、启蒙社会的目的。下面将对各种论说文体其言说对象、启蒙路径与言说方式相勾连比较予以分析。

上已有论，策论体论说文往往援引《诗》《书》《礼》《易》等儒家经典。策论体论说往往是向当政者的建言献策的言说。因此，这里的言说，不能过于随意。策论古已有之，作为一种特殊的文体形态，其原始形态是一种政务咨询。策论有具体的写作程式，引用四书五经等儒家经典，讲究起承转合等古代文章做法。之所以援引儒家经典、行文沉实雅正，乃是因为受到古代文章传统的影响，同时也是为了使文章符合典制，劝人视听。《循环日报》上王韬、郑观应等人的论说文章，梁启超《时务报》时期的很多论说文都属于向皇帝建言献策的写作。时至维新变法失败后，梁启超才逐渐改弦更张。新民体乃是由时务体发展而来，相较于时务体，新民体已经摆脱清议献策的色彩，梁启超的报刊持说玄论也不再是为了撰述或献言于皇上或官方大臣等统治阶级，而是有着鲜明的以言论动员社会支持的变革谋划，注重精英阶层的启蒙，并由此营造社会的舆论空间。

为适应启蒙宣传的时代需要，梁启超的新民体式写作往往情感丰沛、气势充裕，由此更注重情感上的启蒙。他一方面引入大量西方的词语、语法和表达方式，以废除文言的语体系统；另一方面又取法日本德富苏峰等人善于表现欧西文思的日本报章文体。他往往在文章的开篇便广泛引用各种自然科学、社会历史、人文地理的新鲜知识，排比堆砌，旁征侧引，多方类比，以开阔的视野、广博的知识和雄健的文笔、磅礴的气势震慑读者，而后再推出结论。就其"笔锋常带情感"的写作，梁启超自己表白心迹："天下最神圣的莫过于情感：用理解来引导人，顶多能叫人知道那件事应该做，那件事怎样做法，但是被引导的人到底去做不去做，没有什么关系；有时所知的越发多，所做到的越发少。用情感来激发人,好像磁力吸铁一般,有多大分量的磁,便引多大分量的铁,丝毫容不得躲闪,所以情感这样东西,可以说是一种催眠术,是人类一切动作的原动力。"[1] 因缘际会,新民体论说文成为影响社会的新宠。但同时需要看到报章论说,并非只有情感感召力就行,也需要"气盛言宜",因为情感的力量和逻辑的力量同样重要。蒋智由曾经写过一篇名曰《冷的文章与热的文章》的文章。此中论道,热的文章"其刺激也强,其兴奋也易,读之使人哀,使人怒,使人勇敢",而冷的文章"其虑也周,其条理也密,读之使人疑,使人断,使人智慧"。[2] 由此可以推见,新民体情感有余,能够发人内热,却不能激发理性。相对而言,逻辑体提炼古典语言,同时兼具发扬西方逻辑,论说体式严谨周严,更多探讨的是法律、政治等问题。

新民体、逻辑体大量使用文言,大量引用西方名词、句法,使得其传播范围只能停留在精英阶层,民众的知识水平限制了这些报刊论说的传播范围。晚清白话报论说作者深明此理,所以倡导模拟口语言说的演说体论说。演说体乃是针对下层民众的启蒙,为了宣传白话报的新道理与新知识,各地陆续出现了在讲报社等场所宣读演说白话报的现象。为此,很多白话报刊论说写作都是模拟口语写作,为了易于人们将报刊上的论说文演讲给下层民众听。也正因为如此,如《爱国白话报》《天津白话报》等很多报刊第一栏目便直接命名为"演说"。这些论说文适合人们直接将论说文演讲给下层民众:"我们作报的人,不自量力,弄一支秃笔,东涂西挖,挖苦刻薄,无非是为了唤醒人的大梦。众位看了这《敝帚千金》,若是觉得有点意思,求你大发热心,把这个意思,尽力的向那不识字的人,说说讲讲,那国民自然也就强了。不辜负我们的一片苦心,还是小事呢。"[3]《安徽俗话报》"恶俗

---

[1] 梁启超:《中国韵文里头所表现的情感》,《梁启超全集》第7册,北京大学出版社1999年版,第3922页。
[2] 蒋智由:《冷的文章与热的文章》,《新民丛报》第4年第4号,1906年。
[3] 《白话报与国民大有关系》,《敝帚千金》第15期,1905年。

篇"系列论说文,立意在于纠弹中国旧有风俗。从演说体的行文可以发现,演说文章使用的语言符号和模拟的演说语境是引导民众的动作手势,媒体文本的面向下层的身姿和表情更是作为其文本所固有的文体而淋漓尽致地表现出来。

　　演说体论说文倡导下层启蒙,然而,在"五四"白话先驱看来,这种认识只是把文字作为载道的工具,而不对文字本身进行精练,是无法取得上层社会认同的。因此才出现清末白话文与"五四"白话文为谁写作的问题。胡适在文章中说:"1904年以后,科举废止了。但是还没有人出来明明白白的主张白话文学。二十年以来,有提倡白话报的,有提倡白话书的,有提倡官话字母的,有提倡简字字母的:这些人可以说是'有意的主张白话',但不可以说'有意的主张白话文学'。他们最大的缺点是把社会分作两部分:一边是'他们',一边是'我们'。一边是应该用白话的'他们',一边是应该做古文古诗的'我们'。我们不妨仍旧吃肉,但他们下等社会不配吃肉,只好抛块骨头给他们吃去罢。"① 然而,胡适不遗余力地批判清末白话文"他们""我们"的分层,意图打破文言与白话之间森严的等级秩序,使白话成为下层社会与上层社会共同的话语等一系列思想行为,并不是要求知识分子彻底走向民众,向民众学习白话,使白话堕入"引车卖浆之徒所操之语",而是要把现代知识与传统民间"俗"文化相结合以生成新一轮的"雅"。"五四"一代批判清末白话文运动"为他们"写作的下层启蒙,而倡导"为我们"写作,重新回归精英启蒙。也正因问题如此,"五四"报刊先驱用文言或半文言语体撰文倡言白话,这是明显有意为之,因为胡适、陈独秀清末都办过白话报,写过演说体的报刊论说,绝不可能不会写纯白话文。这里不论是用文言倡言白话还是引用西方语法来精炼白话,都是基于其精英启蒙的诉求,而这也是"新青年"体

---

　　① 胡适:《五十年来中国之文学》,《胡适全集》第2卷,安徽教育出版社2003年版,第328—329页。

的题中之义。

（四）结论与讨论

亚里士多德在他的《修辞学》中指出："写下来的语言的效果，更多地取决于文体，而不是思想内容。"[①] 语言文体，并非纯粹的形式，而是有意味的形式，糅合作者的精神理念的话语措辞，它折射出作家、批评家独特的精神结构、体验方式、思维方式和其他社会历史、文化精神。在中国近代报刊写作中，知识分子在不同的话语体式中所表达的思考，会有值得关注的差异；在同一潮流中，不同知识分子往往有不同话语修辞的偏好，由此折射出思想路径与传播观念的分殊。从策论体、新民体、逻辑体、演说体、新青年体等论说文体与言说对象、启蒙路径的分析，可以看到策论体论说是向皇帝的建言献策，是对执政者的启蒙；而新民体转向致力精英启蒙，以言论动员社会支持的变革谋划，打造社会舆论空间；逻辑体则糅合了中西政论的优长，在语言、结构安排上别具一格，改变了自新民体以来的浮华文风，体现强烈的理性色彩；相对于策论体的执政者启蒙、新民体与逻辑体的精英启蒙，演说体强调"为他们"写作，注重对下层民众的启蒙；而新青年体是对演说体的反驳，倡导"为我们"写作，偏重精英层面的启蒙。文体的自我选择使知识分子在写作中获得主体性，知识分子又正是通过写作使话语实践和社会实践在启蒙路径的选择中实现转化和连结。如果说对从晚清到"五四"论说文体的梳理，可以使知识分子的报刊话语实践轨迹有所显现的话，那么这同时也意味着不同"论说"文体的选择所包含的与言说对象、启蒙路径相关联的深层历史关系将穿透观念隐蔽重新获得理解。

[①] ［古希腊］亚里士多德：《修辞学》，伍蠡甫编《西方文论选》上册，上海译文出版社1979年版，第89页。

三　微博与立言：作家莫言的微博认知与书写认同

（一）问题：从莫言的微博之论引起的争议谈起

在新媒体影响下，人类的书写方式发生了革命性转型，传统的书写观念也遭遇了重重的冲击。在媒体现代化趋势背后，传统知识人却面临着书写转型带来的价值冲突与心理调适问题。既有的学界研究过多关注分析新媒体影响下书写方式特点，而忽视了对知识人个体在书写转型中的心理波动的考察。这里将从莫言的微博之论引发的争议切入，考察书写方式转型背后传统作家个体的文化心理调适问题。

1."微博，没什么意义"：莫言在书展上的微博之论

新媒体时代，论坛、博客、微博、微信等形式不断推陈出新，人类的书写方式也逐渐多样化。如何看待新媒体时代的书写，如何评价新媒体书写的意义，已经是当代人不能回避的问题。为此，2012年8月15日上海书展特别邀请了四位茅盾文学奖获奖者莫言（诺贝尔文学奖获得者）、王安忆、刘震云、毕飞宇，与读者谈论自己新媒体语境下的"文学创作与阅读生活"。在谈及新媒体时代的微博写作时，莫言表示他曾"尝试用电脑写作，但后来放弃了"，并且他认为，"大多数微博都是废话。即便你闭上眼睡觉了，还有短信、微博，在不断地覆盖。上亿人在写微博，将来有谁的微博能留下来？我自己的微博一年多写了几百条，现在都忘了。微博这个形式，也很能满足人的虚荣心，其实没有什么意义"。[1] 莫言在上海书展发表的这段话第二天发表在《北京青年报》上，很快引来了社会上的批评之音。第二天的8月16日15点50分，章诒和——这位因撰写《往事并不如烟》一书而出名的作家，在自己的认证微博中对莫言的微博之论提出了质疑，她在微博中如是说道：

---

[1] 《四位茅盾文学奖获奖者聚首上海书展》，《北京青年报》2012年8月16日。

莫言在刚开幕的上海书展上说："上亿人在写微博,将来有谁的微博能留下来?我自己写的几百条,现在都忘了。微博这个形式,很能满足人的虚荣心,其实没什么意义。"我大吃一惊,怎么可以这样讲话?若问意义,老百姓最知道微博的意义。

前面是复述了莫言的微博之论,后面表达了作家章诒和的个人意见："我大吃一惊,怎么可以这样讲话?"最后说："若问意义,老百姓最知道微博的意义。"章氏虽没有直接回答微博书写的意义问题,但是答案也内蕴其中、呼之欲出,在她看来微博带来了公众书写,赋予了公众的话语权,这就是微博的意义所在。莫言的微博之论在书展时说出,尚是小众传播,报刊发表使得传播范围扩大,再经章诒和微博发布,遂引起新媒体舆论场中群情激奋。网友开始声讨莫言对微博书写的评判。在章诒和这条微博下面出现许多评莫言的网友声音,其中一个名字叫@提速雷车1说:

再转莫言的谬论,尔曹身与名俱灭,不废江河万古流。你莫言……对微博的认识只能说明你的肤浅。①

2."微博意义,随时间而彰显":争论之后莫言的再解释

莫言的"微博无意义"之论一经报纸刊登,再经微博转发,遂在短时间成为新媒体上的一个热点事件,使得莫言后来也感觉到自己匆忙出口的话语有些欠妥。在传统媒体时代,这种争议还不会引起什么大的影响,但在面对新媒体时代的舆论格局时,不免会遭遇种种危机。在网喷的当晚,莫言不得不登录新浪微博,对在上海书展上的言论进行解释,想挽回既有的"失言",希望能够化解众怒。他在微博中说:

---

① http://weibo.com/p/1003061907616172/home?from = page_ 100306_ profile&wvr = 6&mod = data&is_ all = 1&is_ search = 1&key_ word = 莫言在刚开幕的上海书展#_ 0。

我昨天下午妄议微博的原话是:"除了那些能够'一石激起千重浪'的微博,大部分微博是自娱自乐,很难保留下来……"当然,微博的自娱自乐功能也不应该否定。微博的社会学意义以及诸多意义,随着时间发展会日益彰显。我昨天发言的语境是"经典文学",发言的时间只有几分钟,无法面面俱到,惭愧。①

从之前的"微博这个形式,也很能满足人的虚荣心,其实没有什么意义",到之后的"微博的社会学意义以及诸多意义,随着时间发展会日益彰显"。莫言在这次不经意的"微博意义"的事件中感受了新媒体写作中的公众话语力量。这样一个问题,看似是微博中的一个小问题,却反映了从传统媒体时代到新媒体时代,书写方式的转变和书写价值标准的重构。

其实,莫言"微博无意义"之论引起的争议,不但牵涉从笔墨书写到电脑书写的书写方式问题,而且还有关传统的书籍、期刊传播到现在的网络传播方式中的书写价值评判标准问题。莫言的前后话语的转变,反映了传统作家在新媒体书写转型中一种想要坚持自我又要面对公众的进退失据心理,而其"微博无意义"引起的社会争议则反映了电脑书写取代笔墨书写之中书写观念和书写评价标准的变动问题。

(二)"立言不朽"与当代作家的传统书写观念

作为一种实践行为,书写绝非单纯的形式或传达信息的手段,它折射出中国文人独特的精神结构、思维方式,渗透着他们的知识生产、传播观念。在历史悠久的书写传承中,中国文人形成了一种独特的书写方式与书写标准,它通常以某种观念的形式沉淀在他们的意识深处,即如下文所讨论的"立言不朽"观念。

1. "留下来":新媒体时代的"立言不朽"观念

不管是莫言自述的"大部分微博是自娱自乐,很难保留下来",

---

① http://weibo.com/p/1035051672272373/home? from = page _ 103505 _ profile&wvr = 6&mod = data#place.

还是章诒和复述的"上亿人在写微博,将来有谁的微博能留下来?"其实没有太大的差别,而且有着共同的指向,就是"留下来"。所谓"留下来"即是指希望作品能够留存下来,而不是随风而逝,成为过眼烟云。如果用中国古代文人常用的一个书写概念来说,即"立言不朽"。所谓"立言不朽",这一观念是中国古代文人秉守的一个重要书写原则。它是"立德""立功""立言"三不朽中的一个组成部分。《左传·襄公二十四年》记载:

穆叔曰:鲁有先大夫曰臧文仲,既没,其言立。其是之谓乎?豹闻之:"太上有立德,其次有立功,其次有立言。"虽久不废,此之谓不朽。①

这是对"立言不朽"的最早表述,而且立言不朽成为古代文人重要的一个寄托点。因为"立德"太难,并非一朝一夕之功,只可以仰望。"立功"也需要机遇,唯有"立言"是每个文人都可以践行之事。在中国古典文学时期,优秀的作家都希望自己的文学作品可以千古流传,并且自身也可以借助文学作品身垂不朽。这种对"立言不朽"观念的追求在长期的文化传承中变得越来越重要,像明珠一样诱惑并影响着一代代中国文人。

由此不难推见,从古至今,中国历代文人在其日常的写作中,都希望自己的作品能够非常优秀典雅,并且流传久远,即"不朽"。文人就其本质而言,以创造和传播抽象的价值符号为特征的,他们除了追求现实的行动外,还追求价值的超越。中国人多数没有宗教信仰,从某种意义上来说,文人对"立言不朽"的追求其实是解决存在与死亡问题的一个重要途径。也正因为如此,对于"立言不朽"的书写观念,古代文人已经沉潜到内心深处。唐代学者孔颖达对"三立"作了精辟的阐述:"立德,谓创制垂法,博施济众;立功,谓拯厄除难,

---

① 杨伯峻:《春秋左传注》,中华书局1981年版。

功济于时；立言，谓言得其要，理足可传。"① 非常简短的三句话，将古代人生的价值追求与心灵寄托描绘出来。在古人看来，"立言"是立德立功的延续，是传承文明的载体和途径，是把人们立德做人、立功做事经历中发生的思想、经验、矛盾和方略用文字记载其要，传之与世，供人欣赏、借鉴，给人以启迪和鞭策，这是书在当时、功在后世的有意义工作。正如曹丕在《典论·论文》中所言："盖文章，经国之大业，不朽之盛事。年寿有时而尽，荣乐止乎其身，二者必至之常期，未若文章之无穷。是以古之作者，寄身于翰墨，见意于篇籍，不似良史之辞，不托飞驰之势，而声名自传于后。"②

毋庸讳言，莫言作为中国文人，其内心之中也潜藏着"立言不朽"的书写观念。他在互联网兴起前业已成名，已经习惯了传统的书写方式，传统的书写观念也已经根深蒂固。莫言在获得诺贝尔文学奖后的演讲中说："对一个作家来说，最好的说话方式是写作。我该说的话都写进了我的作品里。用嘴说出的话随风而散，用笔写出的话永不磨灭。"③ 莫言作为前网络时代成名的作家，其秉承的传统书写观念使得更看重笔行纸上的传统书写方式，而认为微博等新媒体书写是一种"无意义""随风而散"的闲言碎语。在一次演讲中，莫言曾就电脑书写与纸笔书写作比较，道出了自己坚持传统写作的心声："用电脑写作，我觉得仿佛在水面上写作，你写出来的文字似乎就会随着流水消失掉。电脑一关，你会感觉眼前一片茫然，是不是写作了，我觉得我都很难确定。但用纸和笔写作我觉得实实在在，而且这种纸和笔之间，和人写作的主题之间，这三者的关系我觉得是和谐的、融为一体的关系。另外，我觉得我重新用笔写作，看到我身边的稿纸在一张一张的增加，它的高度在慢慢的增高的时候，我充满了成就感。"④

---

① （唐）孔颖达：《春秋左传正义》，北京大学出版社 2000 年版。
② （魏）曹丕：《典论·论文》，李壮鹰主编《中国古代文论》，高等教育出版社 2002 年版，第 48 页。
③ 莫言：《讲故事的人——在诺贝尔文学奖颁奖典礼上的讲演》，《当代作家评论》2013 年第 1 期。
④ 莫言：《千言万语，何若莫言》，《山东图书馆季刊》2008 年第 1 期。

2. 传统书写观念下的新媒体之路

当传统作家遭遇新媒体书写之时,自然会使用传统的书写评价标准来审视,因而对新媒体书写不自觉秉持一种排斥的态度。这从莫言的新媒体之路我们可以窥见一二。当有记者询问莫言怎么看"新媒体对文学的影响"时,莫言风趣地回答:"当我开始写博客的时候好像博客已经过时了,当我学会了发微博的时候好像年轻的孩子们已经开始发微信了。我想微信我会拒绝去学它了,因为当我学会了人家又变花样了。"从这段话可以看出,莫言面对新媒体书写表现出一种欲迎还拒的矛盾心态。其实,细细考察莫言的新媒体书写实践,他自始至终都有着一种"被迫""绑架"的感觉。在一次采访中,莫言讲述了自己开设博客和微博的过程:

> 我去新浪接受采访,为了一本名叫《蛙》的新书。我进门刚刚坐定,一个小伙子,就拿着一张白纸,白纸上有黑字,很小,我看不清。他说:莫老师,我给你开通了博客,还有微博。我说博客我知道,可什么叫微博?于是他告诉了我什么叫微博。他要把我的手机和微博捆绑起来,我说,不,一听到捆绑我就害怕。小时候,被人家捆绑怕了。①

到了第二年莫言又讲述过自己的微博经历:"去年我被人绑架,开了个微博,开张几天就有数百万粉丝,最初让我有点沾沾自喜,有人告诉我,那些都是僵尸粉,真正关注你的人还是那百把个人。"② 微博这种"僵尸粉"的虚假操作更是加剧了莫言对新媒体的"不真实"之感。因此,当社会公众都在拥抱微博,在微博上众声喧哗的时候,在传统媒体时代成名中的莫言对新媒体有着天生的不信任感和不亲近感。

---

① 莫言的新浪博客:http://blog.sina.com.cn/blogmoyan。
② 孙丽萍:《微博时代的文学与阅读》,《中国文化报》,2012年9月7日。

莫言在书籍、报刊等传统媒体时代便已经在文学界声名远播,也建构了自己的书写风格。传统媒体是一种稀缺资源,莫言却有着接近使用媒体的权利,享受着传统媒体时代的优先话语权。因此当他面对蓬勃发展的新媒体书写的时候,心理上虽没有绝然的排斥,但也没有多少亲近之感。他说:"我觉得这种网络写作,它有它的优点,但也有它的许多缺点,我也曾经用电脑写作过5年的时间。但我2005年写作新的长篇小说《生死疲劳》的时候我又把电脑扔到一边,重新拿起笔来面对稿纸写作,这种写作使我再次体验到了写作的快乐,也让我再次体验到了这种拿着笔面对着稿纸的时候那种成就感。"①

(三) 价值调适与传统作家的新媒体书写实践

无论莫言接受与否,新媒体书写的兴起是无法阻挡的大势。新媒体书写逐渐抛弃了传统写作的评价标准,不再以传统书写中的质量高低、价值优劣、思想高下等标准进行判断和取舍。在这种情境下,莫言也不得不去调适心理,重新认知新媒体书写,以平抚内心之中价值冲突。

1. 认知调整:莫言对新媒体书写的肯定

新媒体时代,"立言不朽"观念显然已经不同于以前。这种立言不朽观念越重,引起的内心焦虑感也就会越严重。因此,在面对新媒体时,莫言也面临着艰难的价值调适。在因为"微博没有意义"之论引发质疑之后,莫言也重新思考微博的意义,也希望重新勾连微博书写与"立言不朽"的关系问题。如果之前"微博的社会学意义以及诸多意义,随着时间发展会日益彰显"的回答多少有些应付公众质疑的话,这里对微博意义的考掘则是其真心想在历史中挖掘意义资源以平抚自己心中的价值冲突。在与微博网友的互动中,他将微博书写与唐诗绝句相比较,指出字数少一样出现"传世之作"。他在微博中说:

感谢曹先生的理解,感谢网友的批评。微博的社会意义不须

---

① 莫言:《千言万语,何若莫言》,《山东图书馆季刊》2008年第1期。

我说，作为一种新的文体，即便从文学的角度，假以时日，依然可能产生传世作品。唐诗的绝句，五言20字，七言28字，依然产生了许多传世之作，何况140字的微博。①

之前是从社会学意义上肯定微博书写，在这里开始从文学层面肯定微博书写。众所周知，唐诗是中国古典文化中的瑰宝，一般有五言绝句、七言绝句、五言律诗、七言律诗等形式。但不管何种形式，其字数一般都不超过100字。莫言从唐诗的简短与经典来重新认知微博书写，这是莫言的自我反思，也是他为博取公众谅解而做的自我解释。

莫言清楚地看到，新媒体书写的发展是不可阻挡的潮流，而且传统书写与新媒体书写的边界正逐渐模糊，"网络文学和严肃文学实际上正在逐步融合，网络文学作家和传统文学作家有时候会坐在一起进行交流。而且有些网络作家在网上暴得大名后，出版社马上就会将他的作品印成纸质书籍。而我们这些所谓的传统作家、严肃作家的小说，也会经常被搬到网上去"。② 因此，在新媒体书写蓬勃发展的语境下，莫言自己所秉持的书写观念与文化心理必须进行调整与变动。我们看到，这位不习惯电脑书写、看不惯网络文学的作家，也开始重新审视新媒体书写。莫言说："我觉得作品的载体是什么并不重要，关键是要创造出好作品。无论是网上写作，还是用笔写作，无论是网上阅读，还是捧着一本书来阅读，都要好好写、好好读。"③

2. 知行错位：莫言在新媒体上的书写实践

尽管莫言以唐诗为例认可了微博书写也具有立言不朽的潜质，以"网络文学和严肃文学的融合"肯定了网络文学的文学价值，但这依旧难掩其观念转型中的心理错位之感。想要在新媒体时代继续维持自

---

① http://weibo.com/p/1035051672272373/home? from = page _ 103505 _ profile&wvr = 6&mod = data#place.
② 莫言、杨义、朱寿桐：《语言的魅力与限度——关于汉语新文学的成就、发展与传播的对话》，《文艺研究》2016年第2期。
③ 莫言、杨义、朱寿桐：《语言的魅力与限度——关于汉语新文学的成就、发展与传播的对话》，《文艺研究》2016年第2期。

己的名声,维持自己作品的销量,走近新媒体是必然之路。莫言在什么语境下被动开设了博客和微博? 如果了解当时的语境,便会发现其开设自媒体账号也并非绝对的被动,也有着配合市场的需求。其实这是许多传统作家走近新媒体的原因。新媒体已逐渐介入传统作家作品的传播、接受、反馈等环节中,莫言也不得不面对新媒体受众,肯定新媒体书写,但他自己在新媒体书写路上走得却步履维艰。

莫言在自己博客的文章《第一篇博文》中书写了自己的遭遇:"回家吃饭,就有人电话,说你也开博了啊。我说你怎么知道的。想想真可怕,这才多大一会儿,就很多人知道了。而且,那人告诉我,要开,就要写,否则,人家要骂的。我这才明白,上了新浪那个小家伙的当了。博客,基本上是条那个船。上去容易,下来,就要挨骂。"[1] 阅读莫言这段话,可能很多读者并不理解,人们在感谢博客、微博为我们提供了书写、发表的平台的时候,莫言却将之比喻成上去容易下来难的"贼船"。之所以将新媒体比作"贼船",因为莫言对新媒体的书写方式和传播规则不清楚。他已经熟悉了传统写作,对其传播规则也了然于心,但对新媒体则充满了一种未知与恐惧之感,其"微博无意义"之论已经让他领略到新媒体的力量。

尽管肯定了新媒体书写的价值,但出于新媒体传播的警惕,莫言还是秉持了其惜字如金的"莫言"法则。检视其发布的微博、博客文字,便会发现在他被动开设的博客、微博上也很少更新内容。即使是其发布的文字也多是回应争议的应用性文字,这些文字也多含官方话语色彩,以至于有网友在其微博下留言说:"莫言老师,你的微博被控制了吗? 怎么说话这么官方?"[2] 他实名认证的新浪微博显示发布微博 28 条,但实际显示的微博只有 4 条,而且仅有的 4 条微博有 2 条是对"微博无意义"引起争议的解释文字;1 条是澄清诺贝尔文学奖资深评委、瑞典文学院院士马悦然收取莫言好处费的谣言;1 条是感谢

---

[1] 莫言的新浪博客: http: //blog. sina. com. cn/blogmoyan。
[2] http: //weibo. com/p/1035051672272373/home? from = page _ 103505 _ profile&wvr = 6&mod = data#place。

微博朋友的肯定、批评的文字。其实名认证的新浪博客发文 19 篇，有一大部分是他已经在报刊上发表过的，包括在各种场合的演讲稿和接受记者采访的文字记录。还有几篇是文字图片，上面载有他手写的文字或书法作品。在一篇博文中，他贴出了自己做的一首古体诗：

> 多少风华成旧梦，无边光景一时新。
> 冷眼懒看文坛事，是非曲直史中论。[1]

这首诗是莫言的手写体，且留有他诗句改动的痕迹，以照片形式发在其博客上。无论是诗歌语言还是载体形式都折射出他面对新媒体书写的复杂心态。

（四）结论与讨论

综上所述，在新媒体影响下，人类的书写方式发生了革命性转型，但在媒体现代化趋势背后，以莫言为代表的传统作家却面临着书写载体取舍的文化心理问题。本部分从莫言"微博没有意义"之论引发的争议切入，希望集采探讨新媒体时代的"作家"书写心理问题。当然，作家是一个非常大的群体，每个作家都有着不同的媒体接触和文化心理，他们对新媒体书写也有着不同的认知和评判。本部分主要以莫言与新媒体为案例来探讨，难免存在局限性，这也为新媒体书写转型中的作家心理研究留下了空间，以待学术同人将本研究继续推向深入。

---

[1] 莫言的新浪博客：http://blog.sina.com.cn/blogmoyan。

主要参考文献

一　资料类（报刊、文集、日记、书信）

《察世俗每月统记传》《东西洋考每月统记传》《万国公报》《中外纪闻》《时务报》《国闻报》《知新报》《湘学报》《清议报》《新民丛报》《时报》《苏报》《申报》《大公报》《民报》《中国白话报》《安徽俗话报》《竞业旬报》《警钟日报》《京话日报》……

苑书义等编：《张之洞全集》，武汉出版社2008年版。

夏东元编：《郑观应集》上、下，上海人民出版社1998年版。

王栻主编：《严复集》，中华书局1986年版。

梁启超：《饮冰室合集》（12册），中华书局1989年版。

丁文江、赵丰田编：《梁任公先生年谱长编初稿》，上海人民出版社1983年版。

汤志钧编：《康有为政论集》上、下，中华书局1981年版。

王韬：《弢园文录外编》，辽宁人民出版社1994年版。

王韬：《王韬日记》，中华书局1987年版。

孙邦华编选：《弢园老民自传》，江苏人民出版社1999年版。

上海图书馆编：《汪康年师友书札》，上海古籍出版社1986年版。

马礼逊夫人编：《马礼逊回忆录》，顾长声译，广西师范大学出版社2004年版。

孙家振：《退醒庐笔记》，上海书店出版社1997年版。

包天笑：《钏影楼回忆录》，（台北）龙文出版社1990年版。

刘大鹏：《退想斋日记》，乔志强注，人民出版社1990年版。

张静庐主编：《中国近现代出版史料》（全8册），上海书店出版社 2011年版。

周林、李明山主编：《中国版权史研究文献》，中国方正出版社1999 年版。

王忍之等编：《辛亥革命前十年时论选集》（三卷五册），生活·读 书·新知三联书店1963年版。

李天纲编校：《万国公报文选》，生活·读书·新知三联书店1998 年版。

张之华编：《中国新闻事业史文选》，中国人民大学出版社1999年版。

复旦大学新闻系编：《中国新闻史文集》，上海人民出版社1987年版。

中国人民大学新闻系编：《中国近代报刊史参考资料》，1979年版。

松本君平、休曼等：《新闻文存》，中国新闻出版社1987年版。

戈公振：《中国报学史》，上海古籍出版社2003年版。

徐载平、徐瑞芳：《清末四十年〈申报〉史料》，新华出版社1988 年版。

二　中文著作类

陈谦：《中国古代政治传播思想研究》，中国社会科学出版社2009 年版。

陈钢：《晚清媒介技术发展与传媒制度变迁》，上海交通大学出版社 2011年版。

陈来：《古代思想文化的世界——春秋时代的宗教伦理与社会思想》， 生活·读书·新知三联书店2002年版。

陈万雄：《五四新文化的源流》，生活·读书·新知三联书店1997 年版。

陈玉申：《晚清报业史》，山东画报出版社2003年版。

陈媛媛：《转型时期的知识分子媒介形象研究》，湖北长江出版集团/ 湖北人民出版社2009年版。

程丽红：《清代报人研究》，社会科学文献出版社 2008 年版。

崔波：《清末民初媒介空间演化论》，北京大学出版社 2012 年版。

杜松柏：《中国近代文人生存状态与小说研究》，电子科技大学出版社 2010 年版。

段京肃：《大众传播学——媒介与人和社会的关系》，北京大学出版社 2011 年版。

段怀清：《传教士与晚清口岸文人》，广东人民出版社 2007 年版。

樊亚平：《中国新闻从业者职业认同研究（1815—1927）》，人民出版社 2011 年版。

方汉奇：《中国近代报刊史》上、下，山西人民出版社 1981 年版。

关爱和：《古典主义的终结——桐城派与"五四"新文学》，上海文艺出版社 1998 年版。

耿相新：《中国简帛书籍史》，生活·读书·新知三联书店 2011 年版。

郭华清：《宽容与妥协——章士钊的调和论研究》，天津古籍出版社 2004 年版。

韩琦、[意]米盖拉编：《中国与欧洲：印刷术与书籍史》，商务印书馆 2008 年版。

胡全章：《清末民初白话报刊研究》，中国社会科学出版社 2011 年版。

黄亚平：《典籍符号与权力话语》，中国社会科学出版社 2004 年版。

钱存训：《书于竹帛——中国古代的文字记录》，上海世纪出版社集团 2006 年版。

钱存训：《中国纸和印刷文化史》，广西师范大学出版社 2004 年版。

钱存训：《中国古代书籍纸墨及印刷术》，北京图书馆出版社 2002 年版。

赖光临：《中国近代报人与报业》，（台北）商务印书馆 1980 年版。

李孝悌：《清末的下层社会启蒙运动：1901—1911》，河北教育出版社 2001 年版。

李滨：《中国近代报刊角色观念的发展和演变》，岳麓书店 2011 年版。

李彬：《中国新闻社会史（1915—2005）》，上海交通大学出版社 2007

年版。

李军:《传媒文化史——一部大众话语表达的变奏曲》,北京大学出版社 2012 年版。

李楠:《晚清、民国时期的上海小报——一种综合的文化、文学考察》,人民文学出版社 2005 年版。

李仁渊:《晚清的新式传播媒体与知识分子——以报刊出版为中心的讨论》,(台北)稻香出版社 2005 年版。

李致中、周少川、张木早:《中国典籍史》,上海人民出版社 2004 年版。

廖梅:《汪康年:从民权论到文化保守主义》,上海古籍出版社 2002 年版。

刘再华:《近代经学与文学》,东方出版社 2004 年版。

刘文勇:《价值理性与中国文论》,巴蜀书社 2006 年版。

刘兴豪:《报刊舆论与近代中国政治——从维新变法说起》,中央编译出版社 2011 年版。

卢宁:《早期〈申报〉与晚清政府:近代转型视野中报纸与官吏关系的考察》,上海科学技术出版社 2012 年版。

罗志田:《裂变中的传承:20 世纪前期的中国文化与学术》,中华书局 2003 年版。

马睿:《从经学到美学:中国近代文论知识话语的嬗变》,四川民族出版社 2002 年版。

茅海建:《戊戌变法的另面:〈张之洞档案〉阅读笔记》,上海古籍出版社 2018 年版。

倪延年:《中国古代报刊发展史》,东南大学出版社 2001 年版。

欧阳云杰:《文化社会学》,中国社会科学出版社 2001 年版。

秦志希:《媒介文化新视点》,武汉大学出版社 2010 年版。

申小龙:《汉语与中国文化》(修订本),复旦大学出版社 2008 年版。

石文玉:《儒家道统与晚清社会制度变革——张之洞〈劝学篇〉研究》,吉林大学出版社 2011 年版。

孙吉胜：《语言、意义与国际政治——伊拉克战争解析》，上海人民出版社 2009 年版。

孙旭培主编：《华夏传播论——中国传统文化中的传播》，人民出版社 1997 年版。

王汎森：《中国近代思想与学术的系谱》，河北教育出版社 2001 年版。

王建辉：《出版与近代文明》，河南大学出版社 2006 年版。

王凯符、张会恩主编：《中国古代写作学》，中国人民大学出版社 1992 年版。

王敏：《上海报人社会生活（1872—1949）》，上海辞书出版社 2008 年版。

王天根：《晚清报刊与维新舆论建构》，合肥工业大学出版社 2008 年版。

王天根：《清末民初报刊与革命舆论的媒介建构》，合肥工业大学出版社 2010 年版。

王天根：《〈天演论〉传播与清末民初的社会动员》，合肥工业大学出版社 2006 年版。

王润泽：《中国新闻媒介史（1949 年前）》，北京大学出版社 2011 年版。

王维江：《"清流"研究》，上海世纪出版集团 2009 年版。

王岳川编：《媒介哲学》，河南大学出版社 2004 年版。

吴予敏：《无形的网络——从传播学的角度看中国的传统文化》，国际文化出版公司 1988 年版。

徐新平：《维新派新闻思想研究》，湖南人民出版社 2010 年版。

许纪霖等：《中国近代知识人的公共交往》，上海人民出版社 2008 年版。

许正林：《欧洲传播思想史》，上海三联书店 2005 年版。

熊月之：《西学东渐与晚清社会》，上海人民出版社 1994 年版。

姚公鹤：《上海报业小史·中国近代报纸发展概况》，新华出版社 1986 年版。

姚公鹤：《上海闲话》，上海古籍出版社1989年版。

叶中强：《上海社会与文人生活（1843—1945）》，上海辞书出版社2010年版。

俞香顺：《传媒·语言·社会》，新华出版社2005年版。

余英时：《士与中国文化》，上海人民出版社2003年版。

张昆：《大众媒介的政治社会化功能》，武汉大学出版社2003年版。

张天星：《报刊与晚清文学现代化的发生》，凤凰传媒出版集团2011年版。

张廷国、郝树壮：《社会语言学研究方法的理论与实践》，北京大学出版社2008年版。

张朋园：《梁启超与清季革命》，吉林出版集团有限责任公司2007年版。

张晓峰、赵鸿燕：《政治传播研究：理论、载体、形态、符号》，中国传媒大学出版社2011年版。

张育仁：《自由的历险——中国自由主义新闻思想史》，云南人民出版社2002年版。

张秀民：《中国印刷术的发明及其影响》，人民出版社1958年版。

章清：《"胡适派学人群"与现代中国自由主义》，上海古籍出版社2004年版。

章清：《学术与社会：近代中国"社会中心"的转移与读书人新的角色》，上海人民出版社2012年版。

赵勇：《大众媒介与文化变迁——中国当代媒介文化的散点透视》，北京大学出版社2010年版。

赵建国：《分解与重构：清季民初的报界团体》，生活·读书·新知三联书店2008年版。

赵晓兰、吴潮：《传教士中文报刊史》，复旦大学出版社2011年版。

郑大华、邹小站主编：《传统思想的近代转换》，社会科学文献出版社2007年版。

郑也夫：《知识分子研究》，中国青年出版社2004年版。

郑曦原编:《帝国的回忆:〈纽约时报〉晚清观察记》,李方惠、郑曦原、胡书源译,生活·读书·新知三联书店2001年版。

周宝荣:《走向大众:宋代的出版转型》,中国书籍出版社2012年版。

周月亮:《中国古代文化传播史》,北京广播学院出版社2000年版。

邹小站:《章士钊社会政治思想研究(1903—1927)》,湖南教育出版社2001年版。

卓南生:《中国近代报业发展史》,中国社会科学出版社2002年版。

中国出版科学研究所:《中国出版通史》(全九卷),中国书籍出版社2008年版。

[美]阿瑟阿萨伯格:《通俗文化、媒介和日常生活中的叙事》,姚媛译,南京大学出版社2000年版。

[美]本尼迪克特·安德森:《想象的共同体——民族主义的起源与散布》,吴叡人译,上海世纪出版集团2005年版。

[英]彼得·伯克:《历史学与社会理论》,姚朋、周玉鹏等译,上海人民出版社2001年版。

[英]戴维·巴勒特:《媒介社会学》,赵伯英、孟春译,社会科学文献出版社1989年版。

[加]戴维·克劳利、保罗·海尔编:《传播的历史——技术、文化和社会》(第五版),董璐、何道宽、王树国译,北京大学出版社2011年版。

[英]戴维·芬克尔斯坦、阿里斯泰尔·麦克利里:《书史导论》,何朝晖译,商务印书馆2012年版。

[荷]戴伊克:《话语·心理·社会》,中华书局1993年版。

[美]道格拉斯·凯尔纳:《媒体文化——介于现代与后现代之间的文化研究、认同性与政治》,丁宁译,商务印书馆2004年版。

[波兰]弗·兹纳涅茨基:《知识人的社会角色》,郑斌祥译,译林出版社2000年版。

[法]费夫贺、马尔坦:《印刷书的诞生》,李鸿志译,广西师范大学出版社2006年版。

[法] 弗雷德里克·巴比耶：《书籍的历史》，刘阳等译，广西师范大学出版社 2005 年版。

[英] 格雷姆·伯顿：《媒体与社会：批判的视角》，史安斌译，清华大学出版社 2007 年版。

[德] 哈贝马斯：《作为意识形态的技术与科学》，李黎、郭官义译，学林出版社 1999 年版。

[荷] 梵迪克：《作为话语的新闻》，曾庆香译，华夏出版社 2003 年版。

[美] 卡特：《中国印成术的发明和它的西传》，吴泽炎译，商务印书馆 1957 年版。

[美] 列文森：《儒教中国及其现代命运》，郑大华、任菁译，中国社会科学出版社 2001 年版。

[美] 罗杰斯：《传播学史——一种传记式的方法》，殷晓蓉译，译文出版社 2002 年版。

[英] 麦克·F. D. 扬编：《知识与控制——教育社会学新探》，谢维和、朱旭东译，华东师范大学出版社 2004 年版。

[加] 麦克卢汉：《麦克卢汉精粹》，何道宽译，南京大学出版社 2000 年版。

[加] 麦克卢汉：《理解媒介——论人的延伸》，何道宽译，商务印书馆 2000 年版。

[英] 尼克·史蒂文森：《认识媒介文化——社会理论与大众传播》，王文斌译，商务印书馆 2001 年版。

[法] 让-诺埃尔·让纳内：《西方媒介史》，段慧敏译，广西师范大学出版社 2005 年版。

[美] 沃尔特·翁：《口语文化与书面文化——语词的技术化》，何道宽译，北京大学出版社 2008 年版。

[美] 詹姆斯·凯瑞：《作为文化的传播——"媒介与社会"论文集》，丁未译，华夏出版社 2005 年版。

[美] 周绍明：《书籍的社会史——中华帝国晚期的书籍与士人文化》，

北京大学出版社 2009 年版。

［日］佐藤卓己：《现代传媒史》，诸葛蔚东译，北京大学出版社 2004 年版。

三 外文类（著作、期刊论文）

Christopher A Reed, *Gutenberg in Shanghai: Chinese Print Capitalism, 1876 – 1937.* UBC Press, 2011.

Elman, Benjamin A. , *A Cultural History of Civil Examinations in Late Imperial China.* Berkeley: University Press, 1983.

Ho, Ping – ti, *The Ladder of Success in Imperial China: Aspects of Social Mobility, 1368 – 1911.* New York: Columbia University, 1976.

Joan Judge, *Print and Politics: Shibao and the Culture of Reform in Late Qing China.* Stanford University Press, 1996.

Parthasarathy, Rangaswami, *Journalism in India: From the Earliest Times to the Present Day.* New Dehli: Sterling Publishers Private Limited, 1989.

Yeh, Catherine Vance, "The Life – Style of Four Wenren in Late Qing Shanghai", *Harvard Journal of Asiatic Studies* 57. 2 (1997), 428 – 434.

四 论文类（期刊、学位论文）

陈赟：《孔子的"述""作"与"六经"的成立》，《哲学分析》2012 年第 1 期。

郭英德：《论中国古代典籍文化的现代阐释》，《殷都学刊》1997 年第 4 期。

黄旦、詹佳如：《同人、帮派与中国同人报——〈时务报〉纷争的报刊史意义》，《学术月刊》2009 年第 4 期。

黄旦：《媒介就是知识：中国现代报刊思想的源起》，《学术月刊》2011 年第 12 期。

黄旦：《耳目喉舌：旧知识与新交往——基于戊戌变法前后报刊的考

察》,《学术月刊》2012 年第 11 期。

黄兴涛:《"话语"分析与中国近代思想文化史研究》,《历史研究》2007 年第 2 期。

姜红:《"想象中国"何以可能——晚清报刊与民族主义的兴起》,《安徽大学学报》2011 年第 1 期。

蒋晓丽:《传者与传媒——中国近代知识分子对大众传媒话语权的争取》,《湘潭大学学报》2003 年第 5 期。

李庆林:《传播技术塑造文化形态——一种传播学的视野》,《经济与社会发展》2005 年第 7 期。

刘坚:《古代典籍传播与媒介文化的孕育》,《华夏文化论坛》第七辑。

刘增合:《媒介形态与晚清公共领域研究的拓展》,《近代史研究》2000 年第 2 期。

闾小波:《20 世纪初中国传播媒介的繁荣与人的现代化》,《新闻与传播研究》1996 年第 1 期。

闾小波:《论中国早期现代化中的传播媒介》,《南京社会科学》1993 年第 4 期。

梅琼林:《传播技术理论的现代历程及其文化反思》,《东南大学学报》2006 年第 4 期。

梅琼林:《中国近代报刊发展与社会转型》,《云南社会科学》2005 年第 5 期。

孟庆澍:《报刊、学堂与租界——近代舆论兴起的物质性条件》,《现代中国文化与文学》2008 年第 1 期。

桑兵:《清末民初传播业的民间化与社会变迁》,《近代史研究》1991 年第 6 期。

单波:《救国的味道:中国早期白话报的文脉》,《新东方》2003 年版第 Z1 期。

隋少杰:《书籍传播与知识权力化》,《同济大学学报》2011 年第 1 期。

田中阳:《论辛亥革命至 1927 年报刊话语的政治思想启蒙诉求》,《湖南师范大学社会科学学报》2008 年第 1 期。

唐小兵：《清议、舆论与宣传——清末民初的报人与社会》，《华东师范大学学报》2010年第6期。

潘光哲：《开创"世界知识"的公共空间：〈时务报〉译稿研究》，《史林》2006年第5期。

夏静：《"尚文"与中国文论的教化传统》，《首都师范大学学报》2012年第6期。

许静波：《鸿宝斋书局与上海近代石印书籍出版》，《新闻大学》2012年第3期。

吴果中：《〈时务报〉与中国近代公共舆论空间的建构》，《湖南师范大学学报》2005年第6期。

吴廷俊、韦路：《传播技术的演进模式及其与社会的互动关系》，《河南社会科学》2008年第1期。

吴燕：《晚清上海印刷出版文化与公共领域的体制建构》，《江海学刊》第2004年第1期。

杨向荣、姜文君：《传媒时代的文化转型与知识分子的角色转变》，《湖南科技大学学报》2007年第4期。

张仲民：《从书籍史到阅读史——关于晚清书籍史/阅读史研究的若干思考》，《史林》2007年第5期。

杜衡：《清末图书出版新格局的形成及意义》，硕士学位论文，苏州大学，2011年。

彭博：《〈申报〉时评研究》，硕士学位论文，吉林大学，2012年。

屈伯文：《书籍即"媒介"——论当代西方"书籍史"研究的一种新观念》，硕士学位论文，上海师范大学，2012年。

夏静：《〈清议报〉研究》，硕士学位论文，武汉大学，2005年。

李凯：《儒家元典与中国诗学》，博士学位论文，四川大学，2002年。

雷启立：《印刷现代性与现代文学的发生》，博士学位论文，华东师范大学，2008年。

刘珊珊：《新民·新知·新文化：〈新民丛报〉研究》，博士学位论文，南开大学，2010年。

后　　记

"要等，要忍，一直等到春天过去，到灿烂平息，到雷霆把我们轻轻放过，到幸福不请自来，才笃定，才坦然，才能在街头淡淡一笑。春有春的好，春天过去有过去的好！"很喜欢韩松落这段话，将它誊写在笔记本上，时常拿出来看看。其实，自己也一直默默地等，等着这样一个坦然、笃定的时刻，可以在后记里淡淡一笑，从容地回顾自己读书的岁与月，品味自己治学的甘与苦……

这是博士论文后记的一段话。多年之后，在博士论文出版之时，我又把它摘下来放在这里，来纪念珞珈读博的短暂时光，也来纪念人生读书的悠悠岁月。我并非天资聪敏之士，也不是勤勉执着之人，但在命运女神的眷顾下还是磕磕绊绊地把小学、初中、高中、大学、硕士、博士读完了，真正做到了"把读书进行到底"。短暂的人生，漫长的学制，想想家里的亲人，摸摸额头的沟壑，有时我也会思考"读书值得不值得"的问题，有时我也会发出"大好的光阴全耽误在读书上了"的感叹。思考之余，感叹之后，其实还是在买书、读书，只是身份从学生转换成了教师，只是从"上学"层面的读书转换成了"教学""治学"层面的读书。身在大学教学，"书"俨然已经成为我人生的一部分，读书，买书，教书，编书，写书，研究书，不停地与书打交道。

"寂寂寥寥桃源居，岁岁年年一床书。"不觉间，来郑州大学工作已经七年了。家住在桃源路，进门，书架高耸，书籍林立，感受着90

平米小房子的简朴与温馨；出门，梧桐高耸、小店林立，感受着郑州都市乡村的国际繁华。七年，在这个小区进进出出；七年，与这座小城朝朝暮暮。好像自己一直在忙忙碌碌，又好像一直碌碌无为。唯一变化的是，家里的书越堆越多，逐渐侵占着本就狭窄的生活空间。好在我太太也是爱书之人，对此并无怨言，并以书籍和花植为元素把小家装点得舒适温馨；而我也乐得自在，过着"晨昏忧乐每相亲"的读书生活，在有限的物理空间体验着无限的精神世界。在书籍营造的精神世界漫游之时，我时常在想：作为读书人，我不停地读书到底为了什么，书籍给予了我什么，又如何框限了我的人生？之前读书人在阅读中是否也有与我同样的诱惑与困惑呢，多年来，我一直在回溯历史、考镜源流，在知识分子思想史中寻觅人文知音、钩沉精神踪迹。

　　从喜欢读书到关注读书人，是一个转向内在、审视自我的过程，也是打开历史、考察读书人群体的过程。其实，从大学时代，我便对读书人话题感兴趣。当时我借来余英时《士与中国文化》、许纪霖《中国知识分子十论》、祝勇《知识分子应该干什么》等书，如饥似渴地读着，不但迷恋于读书人的人生故事，更关注他们的精神领域。开始只是对五四时代的读书人感兴趣，后来则不断前后拓展，向前回溯到晚清士人，关注晚清读书人如何从书籍世界转向报刊世界的问题，其成果就是呈现在读者面前的这本小书；向后则延展至当代知识分子，探讨告别普遍知识代言人的专家如何利用专业知识评议新闻、参与社会的问题，这是另一本将要出版的书。读书人，古代曰士，现代叫知识分子，从士到知识分子，名称有变化，内涵在后人阐释比较中也呈现出明显差异，但他们都借助书写传播知识、阐释思想、表达主张，书写成为蕴含着修文、弘道、做人理念的"有意味的形式"。

　　知识、思想是知识分子问身于社会的凭藉，而书写是承载知识、思想并赋以知识分子问身社会的媒介。这本为探讨晚清文人书写转型而写成的小书，是我人生的第一本学术专著。曾经我对其充满厚望，希望在书中体现我的知识思想，展现压在纸背的学术情怀。但待真正出版之时却愈加惶恐不安，学术本是贵族士大夫在闲暇之余消遣把玩之事，于我而言，只能困勉从事。这个世上有两类问题：一类是吃不饱饿出来的问题（生存问题），一类是吃饱了撑出来的问题（意义问题）。而我呢，是在饿着肚子来探讨吃饱了撑出来的问题，想想真是好笑。在斯文扫地、金钱行世的年代，我很是明白，对于学术不能太认真。我的这点所谓"意义"研究，在实用主义价值观的审视之下，根本不值一哂，因为意义本身有时是没有意义的，我也从不敢奢望自己的所谓研究能对社会作出多大贡献。但同时我又提醒自己，对学术不能不认真，因为学术自有其庄重的一面，更何况自己牺牲了平凡的安逸选择了苦涩的治学之路，费了无数的精力来读书著论，总不能拿学术全当儿戏。

一路读书治学的风景，有苦涩与艰辛，也有温暖与感动。二十多年的求学路，走来好不容易，回望倍感温暖，感谢众多师友一路的提携教诲。如今我也忝为人师，一方面传承师道，一方面更念师恩。感谢我的硕士生导师张宝明教授，在我知识萌动之时，拨动了我的学术心弦。最初，张师为我描绘了一条美轮美奂的学术风景线，鼓励我选择学术之路，待我渐窥学术门径，又与我分享治学的喜悦与无奈，生命的美好与困惑，让我能更客观、审慎地做出自己的人生选择。如果说张师引领我踏进学术之门的话，那么我的博士生导师梅琼林教授给我了一个登堂入室、继续深造的机会。我与梅师之前素未相识，当时仅凭一封电子邮件，受到梅师的抬爱，让我有机会来到美丽的武汉大学读书，而在我迷恋于新闻传播学新奇的理论与方法之时，又给我及时的提醒，让我避免诱惑回归自己的思想史研究领域。感谢北京师范大学蒋原伦教授的关照指导，作为媒介文化研究领域的大家，蒋师参加了我的博士论文答辩，给我这篇媒介文化研究之作提出许多修改完善的意见建议，并慨然应允为本书赐序，为本书增色不少。感谢郑州大学新闻与传播学院提供学术平台，让我可以从容地读书治学，感谢学院领导同事的关照支持，这个和谐友爱的教研共同体让我在异乡也能感受到家庭般的温暖。

在我沉醉于自己的读书世界，思考着不着边际的学术话题之际，我知道花甲之年的父母还在老家耕田种地。古人讲"耕读传家",听起来或许很诗意,但所谓的"耕读"不单单是古代文人悠闲的"半耕半读",更多的是父辈辛勤耕种以支持子辈读书上进的"以耕养读",感谢我的父母给我生命,给我读书求学的机会,同时感谢我的姐妹在我外地求学、工作的漫长生涯代我承担了照顾父母的责任。感谢我的太太,当年她毅然决然地辞掉稳定的教师编制,辞别江南的家人朋友,来到郑州和我一起生活,承担了很多生活的劳苦与无奈;感谢我的儿子,他的降临给我们带来了太多的欢喜,两岁的他聪明可爱,时常冒出"月牙儿捉迷藏了""我要捞星星"的童真话语,既唤起我久违的童心,也让我感受到做父亲的责任。最后感谢本书的责任编辑张林老师的辛苦编校工作,限于个人学术能力,本书一定还存在一些疏漏、错讹之处,敬请学界同道批评指正。

2021 年 9 月 6 日